薄荷实验

Think As The Natives

唐人街

王保华 陈志明 编

张倍瑜 译

镀金的避难所、民族城邦和全球文化流散地

Chinatowns around the World

Gilded
Ghetto,
Ethnopolis,
and
Cultural
Diaspora

华东师范大学出版社

作者简介

王保华（Bernard P. WONG，威斯康星大学麦迪逊分校，人类学博士，1974）是旧金山州立大学人类学系的荣誉退休教授，同时还是中美政策研究中心（Center of US-China Policy Studies）研究员。他曾到秘鲁、旧金山、日本、菲律宾以及法国的华人社区做田野调查。发表了大量关于华人在纽约、旧金山、秘鲁利马、马尼拉以及硅谷的学术著作合著文集以及期刊文章等。王保华为本书撰写了绪言。

李胜生（Peter S. LI，西北大学，博士，1975；萨斯喀彻温大学，文学博士，2011）是加拿大萨斯喀彻温大学社会学系教授，他同时还是加拿大皇家学会会员。他出版了若干本关于加拿大华人以及其他题目的著作和文章。李胜生和李晓玲为本书合撰了第一章《变迁中的温哥华唐人街》。

李晓玲（Eva Xiaoling LI，萨斯喀彻温大学，社会学博士，2012）是萨斯喀彻温大学社会学系的研究员。她已在一些书中以及期刊上发表了关于加拿大华人移民的文章。李晓玲和李胜生为本书撰写了第一章《变迁中的温哥华唐人街》。

肯尼斯·J. 格斯特（Kenneth J. GUEST，纽约市立大学，人类学博士, 2002）是纽约市立大学柏鲁克分校文化人类学副教授。他出版的著作包括 *God in Chinatown: Religion andSurvival in New York's Evolving Immigrant Community*（NYU Press 2003），以及 *Cultural Anthropology: A Toolkit for a Global Age*（WW Norton 2013）。肯尼斯·J. 格斯特为本书撰写了第二章《从勿街到东百老汇大街：福州移民和纽约唐人街的复兴》。

令狐萍（Huping LING，俄亥俄州迈阿密大学，历史博士, 1991）是杜鲁门州立大学历史系教授。她是长江学者，同时还是由罗格斯大学出版的一系列书籍 *Asian American Studies Today* 的创始编辑人。她已经出版了 11 本著作，撰写了上百篇文章，题目涉及跨国移民、商业、社区、婚姻和种族。令狐萍为本书撰写了第三章《美国唐人街的新趋势：以芝加哥华人为案例》。

克里斯汀·英格利斯（Christine INGLIS，伦敦经济学院，社会学博士，1979）是悉尼大学社会学和社会政策系的荣誉副教授以及其下属的多元文化移民研究中心（Multicultural and Migration Research Center）的总负责人。她曾写过许多关于澳大利亚、东南亚和太平洋的华人移民的著作，同时她还对更广的领域，例如移民、民族关系以及社会政策深有研究。克里斯汀·英格利斯为本书撰写了第四章《悉尼唐人街：透视华人社区的窗口》。

乐山（Isabelle LAUSENT-HERRERA，巴黎第七大学，地理

博士）是法国国家研究中心（CNRS，French National Research Center）的研究员，她在巴黎第三大学的拉丁美洲研究所（IHEAL，Latin American Institute）教授美洲亚裔移民的课程。她出版了一本关于华人寺庙和社团组织的书，以及针对自共和国成立以来一直到最近几年的秘鲁中国移民，她还在一些书中和期刊上发表了相关研究。乐山为本书撰写了第五章《秘鲁唐人街和变迁中的秘鲁华人社区》。

恒安久（Adrian H. HEARN，人类学博士，澳大利亚拉筹伯大学，2004），澳大利亚悉尼大学澳洲研究所（ARC，Australian Research Council）的研究员，同时还是拉丁美洲研究协会（LASA，Latin American Studies Association）的亚洲与美洲研究主席。他曾针对古巴的社区组织以及华人与拉丁美洲的互动编辑过若干著作。恒安久为本书撰写了第六章《哈瓦那唐人街：隐匿一百六十年》。

庄雅涵（Ya-Han CHUANG），法国巴黎第四大学社会学系的在读博士生（自 2009 年开始）。她关于巴黎的中国新移民已经发表于多本书及期刊上，这些研究涉及到民族经济内部的分工，新移民的跨国流动性以及他们在各个巴黎街区的空间活动。庄雅涵和泰孟·安林为本书撰写了第七章《唐人街的问题化：关于巴黎唐人街的矛盾与叙事》。

泰孟·安林（Anne-Christine TRÉMON，巴黎社会科学高等

学院，人类学博士，2005）是瑞士洛桑大学的高级讲师，同时还于 2012—2013 期间担任荷兰高等研究学院（NIAS，Netherlands Institute for Advanced Study）的 EURIAS 研究员。她研究的法国波利尼西亚的中国社区的著作已出版，另外还发表了一些相关文章，她还于 2010— 2011 年间与人合作研究巴黎地区的华人社区的项目。泰孟·安林和庄雅涵为本书撰写了第七章《唐人街的问题化：关于巴黎唐人街的矛盾与叙事》。

保拉·莫塔·桑托斯（Paula Mota SANTOS，伦敦大学学院，人类学博士，2005）是葡萄牙波尔图费尔南多比索阿大学的助理教授。她出版了若干关于遗产、旅游业、摄影以及纪录片的文章，同时还拍摄了两部纪录片。保拉·莫塔·桑托斯为本书撰写了第八章《里斯本的唐人街？国家背景下全球化的现状》。

山下清海（Kiyomi YAMASHITA，筑波大学，人文地理理学博士，1986）是日本筑波大学地理环境科学系的教授。他出版了很多关于唐人街、日本和东南亚的华人社区的著作及文章等。山下清海为本书撰写了第九章《东京的池袋唐人街：日本的第一个"新式唐人街"》。

陈志明（Chee-Beng TAN，康奈尔大学，人类学博士，1979）是中山大学人类学系的特聘教授。他出版了关于海外华人以及福建南部华人社区的若干著作，内容囊括了民族、食物、宗教以及跨国网络。陈志明为本书撰写了第十章《唐人街：反思》。

目 录

绪言

王保华

在这本关于唐人街的论文集中，学者们通过考察世界各地的唐人街来揭示其不断变化的本质与功能。他们的研究视野涵盖了当代温哥华、纽约、芝加哥、利马、哈瓦那、巴黎、里斯本、悉尼以及东京。在这九篇论文中，十一位学者（包括李胜生与李晓玲、肯尼斯·J.格斯特、令狐萍、乐山、恒安久、庄雅涵与泰孟·安林、保罗·莫塔·桑托斯、克里斯汀·英格利斯与山下清海）用他们的实践案例试图回答以下问题：唐人街的本质为何？如何审视唐人街的变与不变？陈志明在结论中进一步提供了理论反思，并且对本书中的唐人街与东亚和东南亚的唐人街进行了比较观察。

"唐人街"现象一直吸引着公众与学术界的眼球。在电影中，唐人街充满了神秘的异域色彩，它们有时黑帮成群，有时是"遍地黄金"的贫民窟，有时是种族聚居的城邦，有时是文化流散地，有时也是一个模范社区。有些社区的激进主义者认为，唐人街是一个内部充斥着劳动力剥削的地方，或者是一个满足游客们贪婪窥视欲的"动物园"。其他一些社区组织者认为，唐人街对于自愿组织的发展和社区资源的调动非常重要。学者们对唐人街的研究集中体现在以下几种多样性：它们被看作是种族主义的遗迹、储藏种族资源的仓库，它们被跨国的、巡回的移民们当成目的地，它们还被当作是移民去往更大社群的跳板、遗产中心以及人才与领袖的能源库。有些人提出预想，认为唐人街正在消失，因为它们要么逐渐被更大的社群同化，要么正在融入城郊之中。然而，本书的学者们并不这么认为，他们试图论证在某些国家中，拥有悠久历史的唐人街将继续发展并且扩张。因此，认为唐人街将要消亡是一个尚不成熟的观点。在该书中，学者们费尽心血的纪录与研究告诉我们唐人街仍将存在，并且是一个有价值的学术课题。我们需要更多的社会分析与研究数据来揭露任何对唐人街的刻板印象，或是回答相关的严肃学术问题。从这几位学者的研究中，我们可以了解到唐人街的卫星模式，例如，位于利马—秘鲁，悉尼—澳大利亚，温哥华—加拿大，纽约，芝加哥与巴黎的唐人街较为传统与古老，它们是最原始的唐人街。然后许多唐人街在原有的基础上，开始对外延伸。我在旧金山研究的唐人街便展示了其"卫星城化"的趋势。从原有的唐人街开始，现在我们可以看到许多其他"卫星"唐人街，它们分布在克莱蒙特街区（Clement）（现称为新唐人街，或者新华埠），埃尔文街（Irving），诺列加（Noriega）与访谷区（Visitiation）。所有这些卫星社区都具有商业与居住功能，但是并没有发展出相互关联的社区组织。

唐人街的定义，类型与功能

何为唐人街？在我们能为唐人街的存在与消亡提供理论之

前，我们首先需要为唐人街下个定义。尽管看似简单，但对于何为唐人街，学者们从未就此达成共识。北美的学者侧重强调唐人街是一个被隔离出来的、同时具有住宅与商业功能的社区。该社区以主要的社团组织为代表，由一系列互相关联的社团关系网络所管理，比如中华公所和中华会馆（译按：直译为中华六大公司）。有些人则认为唐人街只不过是汇聚了华人与华人店铺的地方而已。还有一些人认为唐人街是一个带有华人文化象征的旅游胜地。还有某些学者（本书中的作者庄雅涵和泰孟）用"Chinese quarters"（译按：直译为"华人居住区"，第7章中译者处理为唐人街）这个词来指代唐人街。另外还有一些人用 ethnopolis 这个词指称唐人街，来形容它是一个城镇化的、具有一定社会和经济资源的族裔聚居地。在本书中，山下清海从历史演化的角度剖析，认为日本的唐人街在不同时代呈现不同的类型：从历史上的唐人街，发展到旅游胜地，再到华人商铺的聚集地。日本东京的池袋就被认为是最新产生的一个聚集了华人商铺的唐人街。当地华人居民通常用"华埠"或者"唐人街"来指称聚集了华人居民和商铺的地方。总的来说，伞状的华人社团组织并不一定存在于所有的唐人街中。事实上，许多欧洲的华人社区并没有伞状华人组织来协调各种地方的、宗族的、区域的或者同乡的社团。我个人认为，我们应该坚持采用社会科学理论中的"主位"的观点，从当地人的角度出发，在研究中更多地使用华埠（huabu）或唐人街（tangrenjie）这两个词来指代 Chinatown。如此一来，唐人街便被赋予了包容性的含义，更广泛地囊括了各种城镇化的华人聚居区。但是，如果我们要研究某一个地方的唐人街，就必须详细阐明这个词包涵的意义及其自身特色。这样一来，唐人街其实包罗万象，种类繁多。大部分欧洲和澳大利亚的唐人街不具备等级分明的、互相关联的社团结构，而这些特色在利马、哈瓦那、纽约、芝加哥和旧金山的唐人街则显得尤为明显。在当下，北美的唐人街（产生于 20 世纪 60 年代）也并不完全是与其他族群隔离开来的，而且它们有些也不具备社团组织。例如，温哥华的列治文（本书作者李胜生和李晓玲），芝加哥北部的各种住宅和市郊区（本书作者令狐萍），纽约市的法拉盛和艾姆赫斯特。位于旧金山克莱蒙特街区的"新唐人街"，位于埃尔文，诺列加和访谷的华人区并不像北美传统唐人街那样具备宗族社团组织。而且非华裔族群也居住在其中，所以它们并不是传统意义上的被隔离的族群聚居地。大多数欧洲和澳大利亚的唐人街即如此（Pieke，1998；Christiansen，2003；本书作者英格利斯、庄雅涵和泰孟）。总的来说，唐人街种类繁多，有产生于 19 世纪的传统类型的唐人街，也发展出了不具备社团组织的新唐人街。有些唐人街同时具有住宅与商业功能，而有些唐人街只是商业性质的，还有些是类似于神户和横滨的唐人街主题公园。有些城市拥有好几个唐人街，在旧金山，学者们发现了五个唐人街。有些唐人街不仅有基于原乡、宗族和友谊的社团网络，而且有建立在政治、贸易和方言基础上的社会关系。有些唐人街更建立了华文学校、医院和墓冢。巴黎共拥有四个华人聚居地，其中只有一个位于法国 13 区的唐人街设有专门为来自中南半岛的华人服务的社团。另外三个唐人街聚居了来自浙江，尤其是温州和青田的华人（庄和泰孟）。然而我们在那里并找不到标注着汉字的大门和街名。在葡萄牙，建造一个"里斯本唐人街"的计划实际上是要构建一个以华人零售店为主的区域（本书作者桑托斯）。一些学者，像弗莱明·克里斯滕森（Fleming Christiansen）和彭轲（Frank Pieke）分别在 2003 年和 1998 年就发表过言论，认为欧洲的"唐人街"并不是一个被隔离出来的，只有华人聚居的族群地。在日本的横滨和神户，装饰着"中国门"的两个大型的"唐人街"实际上主要是旅游胜地。鉴于此，我们无法得出一个清晰的、普遍适用于各种"唐人街"的定义。各个唐人街之间的差异性显而易见，而且非常值得研究。因为当地华人能够一下子指出他们自己的特色，所以从当地人的角度出发看他们如何给自己的社区贴标签能够帮助我们理解当地人的情感，而且通过他们，我们可以预测当地人将会采取怎样的社会行为。例如，位于旧金山市德顿街（Stockton）和都板街（Grant）区的唐人街被当地广府人称作大埠唐人街，沙加缅度（Sacramento）的唐人街被称作二埠唐人街，因为前者曾经聚居了最多的华人。因此，我们要尽可能地使用当地人的术语，因为它们往往最具有非同一般的意义和重要性。

正如本书作者们所指出的，唐人街的功能各有不同。有些唐人街为亟需互相帮助的"新客"们提供了一个安全的避风港。在唐人街，语言和习俗的亲切感帮助这些人更轻松地融入当地社会。有了同胞们的帮助后，这些新来的移民可以更快速地适应当地社会。有些唐人街专门扮演着文化适应过程中的中间人。在这些唐人街里，新来的移民通过接受教育来了解当地社会，不仅如此，凭借华人社团以及社会上的筹集的基金，唐人街还设立了一系列中介服务来帮助新来的移民们，他们为新移民们提供俱乐部、就业指导、语言训练、房地产服务等其他代理服务（Wong, 1982, 1998）。有些唐人街扮演着劳动力中心的角色，为移民提供了在中餐厅打工的就业机会（Wong, 1988）。在本书中，桑托斯、庄雅涵和泰孟这三位学者还指出，有些唐人街旨在成为零售和分销中心；而有些则为当地政客的选票拉力赛服务（Wong, 1998, 本书中的令狐萍），尤其是许多第二代华人通过回到唐人街拉票积累政治资本。有些唐人街还扮演着文化遗产保护者的角色（本书中陈志明的文章），它们之所以成为文化遗产中心，是因为这里往往汇集了一批中文学校以及社区组织者们为华人节庆活动积极奔走。唐人街还掌握着华人的经济命脉，比如在某些国家，华人餐馆、纪念品店、杂货店以及其他一些面向游客的行业支撑着华人的经济。可以看出，唐人街具有经济的、社会的和文化的多方面功能，这些功能随着地域差别也千变万化，比如 20 世纪 80 年代之前的纽约唐人街就侧重强调华人三馆（三种华人主导的经济活动：餐饮业、服装制造业和洗衣业）（Wong, 1988），而哈瓦那唐人街旨在成为联结中国与古巴的桥梁（本书中恒安久的文章）。

唐人街与外部社会

因为历史的、本土的因素以及主流社会的情况的差异性，唐人街进化发展的道路往往千变万化。实质上，影响唐人街形成的最重要的因素的确来自外部主流社会；外部社会和全球经济因素很大程度上决定了不同唐人街的发展。

长崎唐人街产生于 18 世纪的德川时期，是日本历史最悠久的唐人街。刚开始，德川幕府对铜的出口量以及华人的流动加以严格限制（Pan，1998），从 1688 年开始，华人只能在规定区域内定居，当时的唐人街是一个仅占 31025 平方米的贫民窟（Pan，1998），该限制直到 20 世纪初才解除。从该例子看出，从唐人街产生初期开始，它的发展与世界贸易以及德川政府采取的政策息息相关（Wong，1999）。相比其他唐人街，比如神户和横滨的唐人街，长崎这个历史悠久的唐人街规模更小，也不广为人知。

神户和横滨唐人街的形成与长崎唐人街产生的历史极为相似，是日本与外国势力签订条约所导致的（Wong，1999）。早在 1858 年，华人就给在日本的欧洲殖民者担任航海员、中间人和翻译官。凭借中日友好条约，神户和横滨的唐人街于 1873 年被作为商业区开发出来（Ohashi，1993；Wong，1999）。

横滨唐人街是全日本最大规模的唐人街，拥有 260 间餐馆，500 间店铺，每年吸引游客量达到 1200 万（Pan，1998；Wong，1999，Wong 于 1995 年、2006 年所做田野调查）。

成立于 1873 年的横滨华人会馆是日本第一个综合性的华人组织（Chen，2002）。横滨唐人街的华人移民主要来自广东和福建地区，并且在历史上深受中国政治运动影响，比如这里的第一个华校就与孙中山的革命运动关系密切。受中国政治局面影响，早在 19 世纪末 20 世纪初期，横滨的唐人街也分裂为保皇派与革命派。放眼当下，横滨唐人街还有两个华校，一个在政治上倾向于认同中华人民共和国，一个倾向于历史上的"中华民国"，但是近几年来，政治阵营矛盾已逐渐减少，他们致力于举办华社活动，并且达成一致，在活动时不悬挂任何党派的旗帜（Chen，2002；Wong 在 1995 年和 2006 年的田野调查）。在日本横滨，唐人街被当地人称作"中华街"（Chukagai），同样的在神户，唐人街被称作"南京街"（Nankincho），这里也和横滨唐人街一样，主要以来自广东和三江地区的华人为主。

如今，在外部社会的帮助下，横滨和神户唐人街逐渐发展成为重要的旅游胜地（Ohashi，1993）。横滨唐人街发展协会成立于 1971 年，在该协会的推动下，唐人街得到了大量日本和西方商业的入驻。不仅如此，发展协会的会员当中，既有日本人也有中国人，它还与横滨市政府建立了良好的关系，希望通过市政府来推动唐人街旅游业的发展。例如，市政府举办的欢庆春节活动已经成为日本最受欢迎的旅游节目。一些高中生甚至把唐人街当作他们的毕业旅行之地，许多外国和本地游客都争相游览唐人街（Wong 于 1998 年和 2006 年所做田野调查）。

同样，神户唐人街也得到了日本社会的支持。神户唐人街商人联合会成立于 1977 年；在 1981 年，该商会对南京城实施了修复计划，新添了一个樱花大门和广场，让神户唐人街焕然一新。商业联合会也致力于举办华人的春节，从而推动唐人街旅游业的发展。神户唐人街的发展对于商业联合会里的日本商人和华人商人来说都是一件极为有益的事情（Wong 在 1998 和

2006 年的田野调查）。

这些振兴唐人街的规划大大吸引了第二代和第三代华人后裔参与到传统华人文化活动中，比如说舞龙舞狮，建造以龙为象征的纪念碑，庆祝春节，建造关帝庙等。这些带有中华民族的象征符号原本是用来进一步发展华人社区的，现在却推动了华人的文化寻根和复兴。中华文化课，像书法、民族音乐、气功等课程既为华人开设，也吸引了大批游客。但相反，这些旨在复兴横滨和神户唐人街经济的项目，却被变成了一种社会构建，尤其是对日本少数民族文化的再构建（Ohashi，1993）。从各个角度来看，这些可以被看作是构建文化身份的项目。通过这些合作项目，华人更容易融入日本主流社会，而日本人民也通过横滨和神户的当地政府给华人提供经济和政治上的帮助。所以，日本唐人街可以说是在日本政府政策的推动与限制下发展起来的，当然同时也少不了外部社会和公众的帮助。以上提到的这三个唐人街，并不是严格意义上隔离开来的社区，有些华人住在这里而有些则不是。在这里也可以找到许多日本人的商铺。我在神户和横滨的田野调查显示，这里只有以省为单位的同乡会，像广东会馆和三江会馆，而没有以家族为首的会馆。神户和横滨的唐人街主要依靠旅游业生存，他们更像是一个为学校毕业生提供毕业野餐地的主题公园。

马尼拉的唐人街可以追溯到西班牙殖民者在菲律宾所采取的殖民政策。事实上，菲律宾华人这个群体很好地说明了公共政策将如何影响一个民族的社会构造和身份认同。

1571 年，西班牙殖民者占领了马尼拉地区并且把该区域发展成为菲律宾的首都（Alip，1959）。西班牙殖民者需要华人劳动力、手工业者和商人来帮他们开发这个地方，于是西班牙的商人阶级开始利用华商来发展他们在菲律宾的商业活动。大量华人涌入菲律宾出于两方面因素：第一，菲律宾政府对华人采取一视同仁的公平政策；第二，中国原乡过于贫困落后，没有发展机会。在西班牙人统治的前期，华人可以任意在马尼拉以及市郊区聚居（Alip，1959）。华人在菲律宾从事各种行业，有的开了烘焙坊，有的开了铸造厂修理间、洗衣店、裁缝店等，还有些商人扮演着西班牙人供货商的角色。从 1584 年开始，为了更好地控制华人，西班牙殖民者在马尼拉划定了第一个华人聚居区"巴里安"（Parian）（Liao，1964）。这同时也充当了当地土著与西班牙殖民者之间的缓冲带。这个地区由西班牙殖民者[①]（Blair et al. in Liao,1964：23）管理，所有的华人都必须住在这块叫作巴里安的地方。菲律宾唐人街由此形成，并且开启了华人、西班牙殖民者以及当地菲律宾人之间互相敌对的局面。由此可见，唐人街的建立、成型与发展深受殖民势力与外部主流社会的影响和控制。

西方势力与欧洲殖民扩张同样也影响了美洲与欧洲的唐人街的发展。利马、哈瓦那以及拉丁美洲其他地方的唐人街都与西班牙殖民势力的活动有关，例如，华人被殖民者雇用为劳动力，在农场、矿场干活或者去修铁路。在北美洲亦是如此，殖民势力利用华人苦力修铁路、开采金矿、开垦农田。渐渐地，

---

① alcaldía mayor，西班牙殖民时期省级行政长官。

从 19 世纪 30 年代开始，华人开始在特定区域活动，寻找商机，组织互助合作社来与外部社会的种族歧视相抗衡，从而在新世界生存下来（Wong，1978，1982，1998）。随着中央太平洋铁路的竣工以及矿场的倒闭，在美国的华人不得不来到城市找工作（Wong，1982；Lee，1960；Wu，1958），在劳动力市场上，华人面对来自白人劳动力的竞争，深受种族歧视之苦。欧洲人对新世界的殖民扩张迫使华人做出特殊改变来适应新环境：他们来到城市寻求商机，包括开饭店、杂货店、洗衣店以及其他一些不（对白人）构成竞争威胁的生意；他们来到城市发展，聚居在唐人街，并且在里面成立组织以实现互相帮助互相保护。华人根据亲属关系，宗族关系以及原乡地的原则来发展这些组织，他们利用自己的民族资源来面对当地问题，适应当地社会。许多学者（例如 Lee，1960；Chu，1975；Wu，1958）已经做过相关研究，他们探讨了这些历史因素是如何决定了唐人街的形成，华人如何在当地社会灵活应变来面对美国糟糕的经济环境。他们不是被动、无助、平庸的受害者，相反，他们是实干家、行动家和谈判家。然而，移民到欧洲的华人则选择了另外一条道路。第一，他们到的是西方殖民者的宗主国，这和移民到殖民地完全是两码事。第二，大部分移民潮是最近发生的，始于 20 世纪 60 年代（Pieke，1998；Christiansen，2003；以及本书中的桑托斯、庄雅涵和泰孟）。第三，许多新移民来到欧洲希冀着开发他们的零售行业（制造、购买、卖出，即做买卖），要么就是开一个中国餐馆。

庄雅涵和泰孟的文章清晰地展示了华人在法国巴黎社会中

的中间人角色，还有华人同外部社会展开了冗长的协商妥协。为了能够被外界社会所接受，为了能在巴黎波宾库（Popincourt，位于巴黎十一区）开辟一块立足之地，华人社区的领头人不得不让唐人街符合法国的民族国家历史。在那里建立的"华人聚居区"必须被看作是用来肯定他们同化外国人、让外国人融入外部社会的国家意识形态。同样，在巴黎附近的欧贝维列建立的华人聚居区，必须符合他们全球化的意识形态。在欧贝维列，华人被看作是全球贸易的棋子，他们连接着当地和全球经济之间的合作关系。因此，唐人街要不断塑造自己，使其适应外部社会的发展模式和意识形态。

葡萄牙的里斯本和波尔图唐人街的发展也遇到了类似的障碍，反映了它们受到了同样的外部社会的制约。桑托斯的文章表明，葡萄牙当前的经济情况和华人商业活动的竞争性是当局决定限制华人移民葡萄牙的主要因素。华人移民被看作是本地商业的竞争者，因为他们从中国进口廉价货物，享有不公平的竞争优势。唐人街及其内部的华人商铺被葡萄牙当地人看作是有害的威胁。而且，由于本国经济动荡，导致几十年里西方对华人的标签和刻板印象死灰复燃。华人被塑造成"不受欢迎的外来者"。里斯本唐人街计划也堂而皇之地被外部社会制止了。

然而，里斯本新移民的中间人功能也显而易见。本书中作者李胜生和李晓玲、恒安久以及令狐萍的文章揭示了华人如何利用外部社会资金发展现代化的社区服务中介来帮助唐人街的发展。

一些学者认为华人在一些社会里的经济活动受到制约，是

唐人街落后的主要原因。本顿（Benton）和彭轲（1998：13）
以及克里斯滕森（Christiansen，2003）认为欧洲的华人相比美
洲华人受到较少歧视，获得了更多的经济机会，所以他们没有
像北美唐人街那样发展出一个隔离开来的华人聚居区。如今，
被隔离的社区越来越少，但是华人的街区继续发展着。在某些
城市，我们看到随着华人移民的增加，华人聚居区和唐人街不
断扩展繁衍。正如英格利斯、庄雅涵、特雷蒙、令狐萍、李胜
生和李晓玲以及其他一些学者的数据所显示的，随着人们对华
人叫嚣般的歧视越来越少，我们看到各国出现了越来越多的华
人商业居住区，比如芝加哥的"华人文化区"，利马的"新华人
区"以及巴黎新发展的两个"华人聚居区"，它们都不是被隔离
开来的社区。再次要说明的是，这些数据并没有妨碍我们之前
的论点，即唐人街的形成深受外部社会和当地经济状况的制约。
恰恰正是外部社会决定着唐人街发展的类型，以及它们该采取
何种适应性措施。经济环境也没有规定华人必须建立一个隔离
的社区来自我保护。但这并不意味着不存在种族主义，也不意
味着"他者"的概念已消亡殆尽了。

　　在本书中，庄雅涵与特雷蒙的文章讲述了欧贝列维的新华
人零售区是如何形成的，他们认为法国人对华人文化的认知以
及他们的同化政策在一个新的华人零售区形成的过程中扮演着
至关重要的角色。外部社会往往会采用某种文化叙事来抗议街
区的某项变迁。比如说，波宾库和欧贝列维的居民通过交通阻
塞问题、街区特征的改变、单一的种族人口、单一工业 vs. 多元
工业活动这些叙事，来排斥华人渗透到巴黎当地社会中去。同

样，桑托斯的文章介绍了葡萄牙的华人社会情况，在他的文章中，葡萄牙唐人街的构建也是与当地人对华人的偏见紧密相关。许多对华人传统的刻板印象，比如华人是一夫多妻的、不讲卫生的社会异类等在当今葡萄牙仍然存在。更有甚者，葡萄牙人脑海中把华人塑造成"外来者"的形象，大大影响了发展唐人街的计划——即华人的零售业对空间的使用。过去的传统、刻板印象、种族主义以及葡萄牙当今社会的经济状况，都极大地影响着波尔图和里斯本的华人社区的发展。因此，涉及华人的叙事来自于外部社会对华人形成的心理模式。恒安久、庄雅涵和泰孟都认为，对唐人街的再造以及构建，都与中国的崛起和全球经济力量密不可分。桑托斯的研究尤其证明了这一点，他认为葡萄牙人对建造里斯本唐人街抱有恐惧，这种恐惧由多方面因素造成，但其中之一便是害怕来自中国这个全球经济力量的竞争。当地社会利用对中国商品的进口以及同中国进行的国际贸易来支持或反对是否应该发展新的华人社区和唐人街。害怕被中国主导经济毫无疑问是其中一个因素。

外部社会决定着唐人街以何种形式发展，具有怎样的规模，甚至是否应该允许它们的存在。在某些国家，发展华人商业娱乐街区以及唐人街受到了外部社会的反对。唐人街的发展深受法律、社会以及种族因素的制约。对里斯本和波尔图的华人而言，似乎建立一个正式的唐人街仍然困难重重。阻碍主要来自于外部社会。种族主义，经济竞争，中国作为全球经济力量的崛起似乎都阻碍着唐人街在波尔图和里斯本的形成。即使华人并没有发展出一个被隔离开来的社区，但是在过去二十年里华人的自愿性组织已经蔓延到了世界各地。在伦敦的唐人街，人们建立了中华商会、伦敦中华青年组织会、伦敦唐人街舞狮协会、伦敦唐人街华人会馆（Zhang，1992），在阿姆斯特丹，人们还建立了荷兰华侨协会、华人运动协会、阿姆斯特丹中华佛教中心、浙江华人会馆等等（Li，1999）。

新移民和现代唐人街

近现代唐人街的形成十分复杂。令狐萍的文章探讨了东南亚移民的涌入，同时由于外部社会给予了相当一部分资金，第二代美国华裔相应产生，现代社会服务趋向专业化，使得芝加哥唐人街呈现卫星式发展模式。克里斯汀·英格利斯研究的悉尼唐人街，以及我自己在纽约和旧金山的田野调查都见证了类似的发展模式。

在过去的三十年中，东南亚和浙江移民涌入欧洲，香港移民进入澳大利亚，广东移民来到旧金山，福建移民来到纽约，这些现象促进了唐人街的扩张（见本书中格斯特、令狐萍、英格利斯、乐山的文章）。唐人街变得愈发多样化。纽约唐人街内部的东百老汇地区现在被当地华人称作是"小福州"。在旧金山，许多新移民和老一辈广东移民来自同一个家乡，他们居住在唐人街老城区一块，还有一些来自香港和东南亚的移民，他们搬进了埃尔文、诺列加、克莱蒙特街。李胜生和李晓玲认为，这些香港来的新移民在加拿大温哥华的列治文地区建立了一个新唐人街，他们是这个唐人街的居民。在北美，华人社区呈现非常明显的卫星化发展模式。但是，他们同时也和老唐人街保持着社会和经济联系。

其他一些内部因素也会决定唐人街组织的框架。出生地、方言以及华人移民社区的多元化都会决定唐人街发展成某个特殊的形式。旧金山最大的社区组织为中华六大公司（Chinese Six company），代表了来自广东六大县的移民人口（Wong，1998a）。纽约唐人街的最大的领头组织是纽约中华公所（Chinese Consolidated Benevolent Association），其会员包括了六大县以外的广东移民。事实上，该机构由60个零散的小组织构成，包括地域性的、侨乡的、姓氏的、方言的和商业的组织团体（Wong，1982）。日本的唐人街没有发展出姓氏类的社团，但是它们有按地域和省份划分的社团（Wong 于 1999 年的田野调查）。而马尼拉唐人街发展出了许多姓氏（家族或者宗族）类的社团（Wong，1998b）。那儿的领头组织不是像纽约中华公所那样的机构，而是一个叫作中华商会（Chinese Chamber of Commerce）的组织（Amyot，1973；Wong，1986）。欧洲大部分唐人街并不看重这些以地域家乡宗族为联系的社团。为什么在某些社会我们看到这些错综复杂的、互相关联的组织而在其他地方却没有呢？显然易见，历史原因、华人人口的组成和规模都影响着传统组织的建立，比如宗族、地域以及贸易社团。同时，这些现象背后还存在着更微妙的因素，像受外界歧视程度，主流社会的经济开放性以及移民的原乡地的差别等等。许多社会科学家认为宗族血缘的社团在福建和广东移民社会中非常重要（Freedman，1970）。19 世纪的福建人和广东人非常看重亲属和同乡的联系。早期从这些地方出来的移民似乎更倾向于建立宗族 / 家族的社团。这些组织帮助同乡移民解决社会、经济和居住的需求。它们还会处理会员的丧葬服务。每个唐人街都有自己独特的发展历史。

在当代北美洲和南美洲，现代华人志愿组织发展壮大，为不同贸易、政治和社会的利益服务。其中包括华人计划委员会、华人权益促进会、华人进步会、美洲同源总会，以及各种各样的工会和社会机构。社会科学研究表明，现代的自愿性协会倾向于在文化变迁激烈的社会以及城市当中发展。尽管一些传统华人组织正在消失，但是越来越多的现代组织正在蓬勃发展。

绪言和本书一些章节都指出，境外的或者来自社区以外的外部因素，加上祖国的和华人移民内部的因素，都是影响唐人街发展成型的决定性因素。某些唐人街起源于汇集了华人商铺和餐馆的居住区，专门面向华人移民；某些唐人街的产生来自于人们为了应付外界歧视的应对性措施；还有一些是殖民者的产物；还有些唐人街在某个地理位置发展起来是由于当地有可以开发的空地。而一些唐人街仅仅是为中国消费者和游客提供的商业活动区；有些也被原乡地的政策左右。然而，本书中所涉及的当代唐人街，都是为了推销华人种族特点而再创造的产物；它们是旅游业的地标。我在韩国仁川—首尔大都会的田野考察表明，政府计划打造出一个像迪拜那样的全球性城市，并在其仁川历史街区开发一个以游客为主的唐人街。这些唐人街是国际贸易和旅游业的汇合点，也是一个族群的、政治的和社会的文化遗产中心。许多美国华人政客，包括市长等，在 2011 年当地选举中能大获全胜，正是因为他们得到了许多旧金山唐人街组织机构的支持。

唐人街的繁衍和变异

世界各地的唐人街继续增长。我个人研究的美国华人（Wong，2005，2006）数据表明，唐人街以卫星模式持续发展，这点也得到了本书中其他作者的佐证。从 19 世纪 80 年代到 1965 年，华人需要依靠唐人街的族群商业生存。在这些唐人街里，华人发展出一个族群商业，既为华人也为非华人客户服务。到 1940 年，美国本土有 28 个唐人街（Lee，1960）。随着歧视逐渐消减，外部社会对华人越来越接受，华人便开始搬离唐人街聚居区，更多地参与到其他经济活动当中去。到 1955 年，美国唐人街仅存下 16 个了（Lee，1960）。随着 1965 年后新移民的涌入，美国现有的唐人街人口得到了大幅增加。新来客被当地强大的族群社区以及该社区提供的网络支持所吸引，最易到已存在的唐人街安家，这是非常普遍的一个现象。如今，随着新移民源源不断地涌入，美国各大城市已有二十多个唐人街（Wong，2006）。

大部分唐人街都建有自愿性组织。但是，这些组织已经不像纽约和旧金山的传统社团那样，具有严格的组织和环环相扣的关系。

我的研究表明，基于地缘、宗族以及其他传统原则（如方言、兄弟会）的社团对北美、南美和东南亚的华人社区更加重要。因为他们拥有更强大的会员团体和更加丰富的社团活动。为什么社团联系在某些华人社群中较为重要，而在其他华人社群却没那么重要，这个问题仍然有待研究。我研究中的利马唐人街（Wong，1973）、纽约市唐人街（1974, 1999）、旧金山唐人街（2005, 2006, 2012）、马尼拉唐人街（Wong，1999）、横滨和神户的唐人街（1994, 1999, 2009），加上最近到访的巴黎，都揭示了唐人街之间非常巨大的变异性。由于历史原因，一些唐人街是被隔离的社区，而其他则不是。一些既是商业的又是居住性的街区，而有些仅仅具有商业功能。一些唐人街建有中国大门，一些则没有。一些倾向于批发，一些倾向于零售业和餐馆。一些有华文学校一些则没有。有些唐人街，比如神户和横滨唐人街的建立得到了外部社会的资助。为何有些唐人街要比其他的更加封闭隔离，这是一个值得深究的问题。本书有些学者认为这是由于某些唐人街遭受更强大的种族主义以及更加不利的经济环境。但是我们也看到处在同一个国家的唐人街可以呈现不同程度的"开放性"。比如说，神户唐人街就比横滨的来得要开放得多（Wong, 1999）。再比如说，旧金山唐人街（Wong，1998a；Wong 2012 的田野考察）就比纽约唐人街（Wong 在2012 和受访者的私下交流）更加开放。我所谓的"开放性"是指开放的社会界限，能允许华人更多地参与到外部社会的政治中去，外部社会和华人社区能够面对面地交流，进行经济交易。

在现代社会，唐人街的繁衍还延伸出另外一个问题，即身份认同。海外华人的先辈们大多认同"旧世界"的家乡，同这些老一辈海外华人不一样的是，现在许多华人把根扎在了移民国，他们认同主流社会的身份。这种落地生根的心理在本书所有篇章中都有所体现。尽管如此，唐人街仍然扮演着文化传播地的角色。当然对中华文化的好奇心并不代表他们是反对同化政策或者是文化孤立主义者。相反，本书的学者们强有力地论证了这些人是如何关注外部主流社会、输出国以及现代世界的情形的。本书的文章表明，各个唐人街的社会参与者们往往非常灵活，善于采取应对性行为，他们往往是先计算全球和当地的资源，同时在某个时间地点对他们的活动所受的制约和机遇进行详尽的评估后才采取的行动。

我们不得不反复强调的是，唐人街可以帮助华人融入当地社会。在采访了一些纽约唐人街和旧金山唐人街的居民之后，我发现唐人街对那些不熟悉英语的新移民尤为重要。唐人街是他们通往美国主流社会的踏脚石。唐人街为人们提供了就业、社会健康服务和娱乐项目。有些唐人街扮演着文化遗产的传送和保护中心，比如人们在唐人街里面开设华语学校，组织中华文化活动，同居民一起庆祝华人传统节日。一些唐人街还设有医院和殡仪馆，为讲华语的移民提供了工作岗位。唐人街还扮演着移民与外部社会的中间人角色。本书中的学者们都一致认同唐人街的"桥梁"功能。李晓玲和李胜生的文章揭示了不仅大批"中产阶级"移民涌入温哥华，而且人们在大温哥华地区的列治文建造了许多奢侈品购物中心。乐山和英格利斯的文章，展现了富裕的华人阶层如何和当地权力机关交涉来发展他们现有的以及新建的唐人街。在东京、里斯本和纽约市，当地华人同主流社会的抗争与妥协也都显而易见。恒安久所描述的哈瓦那唐人街被人们看作是古巴和中国之间的外交桥梁；同时，人们计划把它建成一个吸引国际游客的旅游景点，为政府创造更多外汇。外部社会的种族主义史、社会想象以及族群政策都会对不同的唐人街的发展产生深刻影响（见本书中庄雅涵和泰孟，还有恒安久的文章）。

　　拥有着多样的社会/经济背景的新移民融入到了现有的唐人街，许多新的社会问题也随之衍生，比如老龄化、住房短缺、就业困难，社会公平和福利问题。随着福建移民迅速加入到广东人主导的利马和纽约市唐人街，社区的族群景观被改变了。同样地，来自港台的、越南的和中国大陆的那些富裕的移民涌入到悉尼唐人街之后，唐人街与外部社会的发展和社会交流模式也被相应改变了。温州移民涌入巴黎和里斯本之后，也为华人与当地居民之间的交流模式创造了新的动态。这些新移民一直以来都在努力与当地社会抗争，试图建立许多个"唐人街"或者华人商业区。

　　对唐人街的民族志研究遍布悉尼、纽约、利马、哈瓦那、巴黎、里斯本、芝加哥、温哥华、马来西亚和东京，这些案例表明当地居民既是命运的缔造者又是代理人。悉尼华人决定参与到城市项目建设中去，同时扩大唐人街范围，发展出新的街区和聚居地。一些街区甚至扩展到了毗邻悉尼的费尔菲尔德的市郊卡市（Cabramatta）。但是英格利斯也指出，发展市郊地区并不是华人的想法。它们并不独属于华人的"族群市郊"

（ethnoburb）；而是一个由相似阶层背景的亚洲人组成的跨族群
的社区。真正促进其发展的不是种族性，而是阶级性。这种街
区与一些作者所描述的华人的"族群市郊"截然不同。温哥华、
纽约和利马的唐人街都在经历一场类似的卫星化过程。例如，
在纽约市，唐人街已经发展到囊括了百老汇东部地区的地步。
富裕的华人以卫星模式分散到各地，像日落公园、布鲁克林和
法拉盛，以及皇后地区的唐人街。如前文所提到，温哥华唐人
街的卫星镇在列治文，而利马的卫星唐人街在圣博尔哈和米拉
弗洛雷斯。芝加哥华人的活动范围也扩大到了东部地区，他们
称这块唐人街为"文化社区"，而且据令狐萍描述，这块地区的
华人与芝加哥南部的唐人街华人居民也有所不同。东京池袋的
华人社区被称为新"唐人街"（本书山下清海），而且这个社区
正处在由商业区转变为游客中心的转型阶段。我研究的旧金山
唐人街也出现了类似的并行的发展（Wong，2006）。除了市德
顿街／都板街的传统唐人街之外，列治文和日落公园地区也出
现了许多卫星"唐人街"。当地人称列治文为"新唐人街"。这
些卫星唐人街同时具有居住和商业功能，但是没有发展出本地
化的华人社团组织。但是在今天的旧金山，许多传统节日以及
社区组织仍需要通过传统唐人街里的各种社团协调。唐人街卫
星化是世界各地的大都会城市的新现象。移民、土地使用模式
以及住房供应加速了人口增长，从而迫使唐人街向"卫星城化"
发展。本书学者们指出，唐人街的卫星化也伴随着种族的和阶
级的因素。还有些学者指出，并不是所有唐人街都经历同样程
度的繁荣。东京和纽约市的唐人街就不得不处理一些在外部社

会的问题。因此，唐人街总是面对着来自外部的各种挑战。

在本书中，我们希望了解全世界各地唐人街的发展和转型，在追求这个目的的过程中，希望可以加深人们对族群关系、社区转型、城市发展、跨国主义以及多元文化主义的理解。由于时间和空间有限，我们在本书中只能描述部分唐人街。我们希冀此研究可以激发更多人去探索当代唐人街的本质、功能、类型、结构、形成过程，以及它们是如何得到延续和维持的。对全球唐人街的调查大概会引导更多学者去研究和开发理论来解码当代族群社区的发展。有了本书搜集的数据，我们可以更好地理解当代复杂的种族主义、经济全球化、跨国主义、离散地、多元文化主义和文化公民意识。

参考文献

Anderson, Kay J. 1988. "Cultural Hegemony and the Race Definition Process in Vancouver'sChinatown." *Environment and Planning D: Society and Space* 6(2): 127-49.

——. 1991. *Vancouver's Chinatown: Racial Discourse in Canada, 1875-1980.* Montreal: McGill Queen's University Press.

Ashworth, Mary. 1979. *The Forces Which Shaped Them: A History of the Education of Minority Group Children in British Columbia.* Vancouver: New Star Books.

Breton, Raymond. 1964. "Institutional Completeness of Ethnic Communities and the Personal Relations of Immigrants." *American Journal of Sociology* 70(2): 193-205.

Canada, Royal Commission. 1907. *Report of the Royal Commission on the Losses Sustained by the Chinese Population of Vancouver, B.C. on the Occasion of the*

Riots in that City in September, 1907.

Census of Canada. 1981. Census Tracts: Vancouver. Catalogue 95-937, Volume 3, Profile series A.

City of Richmond. 2008. 2006 Census Profile of Richmond: Hot Facts, available at www.Rich mond.ca.

Kwong, Peter. 1979. *Chinatown, New York: Labor and Politics, 1930-1950.* New York: Monthly Review Press.

———. 1992. "The Old Chinatown Ghettos." In *The Population of Modern China.* Dudley L. Poston Jr. and David Yaukey, eds. New York: Plenum Press, pp. 149-59.

Kwong, Peter and Dusanka Miscevic. 2005. *Chinese America: The Untold Story of America's Oldest New Community.* New York and London: The New Press.

Lai, Chuen-Yan, David. 1975. "Home Country and Clan Origins of Overseas Chinese in Canada in the Early 1800s." *BC Studies* 27(Autumn): 3-29.

———. 1988. *Chinatowns: Towns within Cities in Canada.* Vancouver: University of British Columbia Press.

Lee, Tung-hai. 1967. *Jianada Huaqiao Shi* (History of Overseas Chinese in Canada). Vancouver: Jianada Ziyou Chubanshe (Canada Free Press).

Li, Peter S. 1980. "Immigration Laws and Family Patterns: Some Demographic Changes among Chinese in Canada." *Canadian Ethnic Studies* 12(1): 58-73.

———. 1990. "The Emergence of the New Middle Class among the Chinese in Canada." *Asian Culture* 14: 187-94.

———. 1992. "Ethnic Enterprise in Transition: Chinese Business in Richmond, B.C., 1980-1990." *Canadian Ethnic Studies* 26(1): 120-38.

———. 1998. *The Chinese in Canada* (Second Edition). Toronto: Oxford University Press.

———. 2005. "The Rise and Fall of Chinese Immigration to Canada: Newcomers from Hong Kong Special Administrative Region of China and Mainland China, 1980-2000." *International Migration* 43(3): 9-32.

Lyman, Stanford M. 1974. *Chinese Americans.* New York: Random House.

Lyman, Stanford M., W.E. Willmott, and Berching Ho. 1964. "Rules of a Chinese Secret Society in British Columbia." *Bulletin of the School of Oriental and*

African Studies 27: 530-39.

Ng, Wing Chung. 1999. *The Chinese in Vancouver, 1945-80: The Pursuit of Identity and Power.* Vancouver: University of British Columbia Press.

Sung, Betty Lee. 1976. *The Chinese in America.* New York: Macmillan Co.

Statistics Canada. 2008. *The Daily.* Wednesday, April 2. Catalogue no. 11-001-XIE.

———. 2003. 2001 *Census Analysis Series* — *Canada's Ethnocultural Portrait: the Changing Mosaic.* Catalogue no. 96F0030XIE2001008. Ottawa: Minister of Industry.

Ward, W. Peter. 1978. *White Canada Forever.* Montreal: McGill-Queen's University Press.

Wickberg, Edgar. 1979. "Some Problems in Chinese Organizational Development in Canada, 1923-1937." *Canadian Ethnic Studies* 11(1): 88-98.

———. 1980. "Chinese and Canadian Influences on Chinese Politics in Vancouver, 1900-1947." *BC Studies* 45 (Spring): 37-55.

Wickberg, Edgar et al. 1982. *From China to Canada: A History of the Chinese Communities in Canada.* Toronto: McClelland and Stewart Limited.

Willmott, William E. 1964. "Chinese Clan Associations in Vancouver." *Man* 64-65: 33-37.

Wong, Bernard P. 1979. *Chinese American Community: Ethnicity and Survival Strategies.* Singapore: Chopmen Enterprises.

———. 1982. *Chinatown: Economic Adaptation and Ethnic Identity of the Chinese.* New York: Holt, Reinhart and Winston.

Yuan, D.Y. 1963. "Voluntary Segregation: A Study of New Chinatown." *Phylon* 24(3): 255-65.

Zhou, Min. 1992. *Chinatown: The Socioeconomic Potential of an Urban Enclave.* Philadelphia: Temple University Press.

第一章

变迁中的温哥华唐人街①

李胜生　李晓玲

① 本文原发表在 *Journal of Chinese Overseas,* Volume 7 Issue 1（2011）。

在北美，尽管人们对唐人街的概念并不陌生，但是这个词本身包含不同层次的含义，很难准确把握和理解，因为唐人街这一概念涉及到通过从部分地域、部分社会及文化空间的界定来建构种族界限。到目前为止，大部分北美唐人街的研究都倾向于探讨它们的内部组织，或者是研究华人如何为了应对种族仇恨而发展出各式各样的社会组织，这些组织把唐人街转变成为一个自给自足的社区。来自外部社会的种族排斥和歧视为种族隔离创造了条件，但是华人凭借文化和社会组织的资源克服了困难，使其可以在不利的社会环境中生存发展，茁壮成长。然而，自 19 世纪以来，不管是来自外部的因素，还是华人社群的内部构成，唐人街都经历了许多变化。这篇文章将以温哥华唐人街为案例，探讨种族结构的变迁将如何改变华人的社会地位和机会而这种变化又将怎样改变唐人街的本质和社会地理边界。同时，该研究也提醒我们，是时候重新审视我们对唐人街的理论认识了。

唐人街作为意识形态的产物和自给自足的社区

唐人街是北美城市景观的一部分，它通常位于几个相邻街区商业中心的边缘地带。唐人街的产生从本质上与 19 世纪华人在美国社会遭遇敌对的种族环境息息相关。它之所以能够生生不息地发展，部分是因为与当时盛行的种族意识形态密不可分，部分也是因为华人努力建立一个自给自足的社区。早期唐人街是华人的避难所，当华人所处的外部社会环境十分恶劣时，早期华人移民时常从唐人街寻求社会、情感以及物质的支持，当他们受到种族敌意时，也会向唐人街寻求保护。袁（Yuan，1963）认为唐人街是种族自愿隔离的一种形式结果，但背后包含了不自愿的因素，因为种族歧视和偏见是外部强加于华人的，他们没有选择权而且只能接受，而互帮互助以及其他文化途径成为了自我防卫的机制，通过这些机制华人把自己与外界的种族敌对隔离开来。但是，安德森（Anderson，1988；1991）认为唐人街不该被看作仅仅是华人对种族歧视做出的文化回应，因为唐人街的社会建构以及这种建构所传达的对唐人街的负面成见，说到底是白人主义意识创造的一部分。换言之，唐人街是一种在地理上所表达出来的种族主义，而华人不得不接受和适应这一现象。而华人接受和适应唐人街这一现象反过来延伸了高压的种族主义寿命，也进一步建构种族化过程。正是出于这样的原因，邝（Kwong，1979，1992）认为美国唐人街的产生并不是自愿的，因为唐人街并不是中国移民登上美国大陆的那一刻便产生的，而是经历了几十年的种族排斥之后才逐渐建立起来的。

安德森（Anderson，1991）认为历史上城市华人聚居区被称为"唐人街"是一种强烈的视华人为低等种族的表达。"唐人街"一词起源于19世纪，最早被欧洲人用来形容一个令人厌恶的街区，这里肮脏腐朽，充斥着令人反感的丑陋恶习，居住着一群低等的种族。唐人街这个概念的创造反映欧洲定居者的文化霸权主义，他们通过抽象化华人所面对的社会不平等，针对华人以及他们所认为的华人对加拿大社会的道德威胁而建立的种族主义。"唐人街"这个词在19世纪被广泛地使用于媒体和公共对话中，通常带有贬义，或者带有对异域文化的猎奇。随着时间的推移，"唐人街"一词带来的刻板印象以及种族神秘感在加拿大白人的意识形态下变得更加稳固，不仅是对唐人街意识形态有话语权的欧洲人，连华人也接受了这种标签的合法性和权力关系。

除了人们常常熟知的难民营形象（Yuan，1963），许多研究表明，从唐人街内部组织结构的复杂性以及内部各个社会机构的完整性看，唐人街并不是杂乱无章，而是一个高度有序的社会组织。黎全恩（Lai）指出19世纪的老唐人街基于华人族群，是个自成一体的社区，这个社区同时具有居住性、机构性以及商业性功能。确实，许多唐人街的研究案例都有报道华人种族组织机构，包括出版社、会馆、教堂、学校，以及政治组织上（Lai，1988；Lee，1967；ickberg，1980；Wickberg et al.，

1982；Willmott，1964）。从这些实例来看，唐人街一系列社会组织机构的发展反应了被主流社会边缘化的华人非一般的创造力，他们动用有限的资源，努力想要在恶劣的种族压迫环境下生存下来。从理论上讲，种族族群制度性地发展成自给自足社区的程度是了解和研究北美不同族群社区的主要理论研究方法（Breton，1964）。

现有的文献展现了华人社团组织的多样性和丰富性，在二战结束前，这些组织清一色都建在唐人街。这些组织激发了华人的自助活动，提高了华人在受歧视的社会环境下的生存能力。威尔莫特（Willmott，1964）鉴别了温哥华早期华人社区的五种类型的华人社团，包括基于姓氏成立的会馆，基于家乡成立的地域性组织，像致公堂这样的兄弟会，像中华慈善会这种社区组织以及一些其他的组织类别。根据中华会馆早期的记录显示，中华会馆曾经举办过许多非常重要的活动，包括筹集资金、向法院抗议歧视性法律、仲裁纠纷、维持唐人街秩序、为其他华人社会筹集赈灾资金、设立医院、开办公墓和学校（Lai，1975）。当华人受到严重歧视，被主流社会组织机构机构排斥时，许多华人社团雪中送炭，为华人提供各种亟需的服务，包括发展准司法机构，解决华人内部争端，提供各种各样的社会服务以及基于情感上和物质上的支持，游说反对种族歧视（Ashworth，1979；Lai，1975；Lee，1967；Lyman，Willmott andHo 1964；Wickberg，1979；Wickberg et al. 1982）。纵观华人在北美的历史发展，这些志愿组织极具多样性和生命力，展现出华人异常的自我组织能力，部分抵消了种族压迫，使华人得以在恶劣的环境下通过互助的方式生存下来。^① 相应的，这种能力促成了唐人街的发展，使其成为一个自给自足的族群社区，同时，它也进一步加强巩固种族主义，尽管这种意识形态一开始促成了唐人街的形成。

历史上的温哥华唐人街

与北美其他城市的唐人街一样，温哥华的唐人街位于市中心的边缘地带，北临喜事定街（Hastings Street），南靠联合大街（Union Street），东部与西部分别被哥雅街（Gore Street）和卡罗街（Carrall Street）包围起来。尽管唐人街的边界随着时间推移一直在变动，但是我们现在看到的唐人街的地理位置，基本上与它 19 世纪刚建立时候的样子是一致的。

据黎全恩所述，1866 年的大火基本上把温哥华夷为了平地，于是，从 19 世纪 80 年代后期开始，人们开始重新建造唐人街。出于重建温哥华的考虑，政府把位于威斯敏斯特大道（Westminster Avenue，现在的缅街［Main Street］）区域的 60 公顷的土地租赁给华人，使用期为十年，但条件是要求华人清理开发福溪北部的潮滩（Lai，1988：79）。到 19 世纪 80 年代时，华人在威斯敏斯特

① 学者们现在普遍使用移民少数民族聚居地这一概念来研究当代的唐人街（Zhou，1992）。在这一概念形成的过程中，唐人街被看作是一个被保护起来的经济体，能够为一些华人提供另外一种向社会上层流动的机会。在唐人街内，各经济活动中有着紧密的联系，因此它们是独立于主流经济、自成一体的次经济体系。

大道以西的都彭道（Dupont Street）（片打街［Pender Street］以东）开发了一个小型的华人聚居区，当时聚集了许多商店以及1000多位华人男性人口；到20世纪中叶，都彭道汇聚了28家华人商铺卡罗街有30间，哥伦比亚街（Columbia Street）有5间，广东巷（Canton Alley）有27家（Lai, 1988：81-83）。1911年，温哥华大约有3500名华人居民，他们大多聚居在唐人街地区，当时的唐人街大约被四条大街所环绕，西临广东巷，东临缅街，北靠喜事定街，南靠奇化街（Keefer Street）（Ng, 1999：10-12）。同一时期，唐人街的商铺增加到了236家（Anderson, 1991：75）。温哥华唐人街也是许多华人组织和政治团体的活动基地；这些组织在唐人街设立了几家华文报纸，通过报纸宣传不同的政治观点，探讨中国的未来和前途（Ng, 1999：13）。[①]

温哥华在1921年拥有华人6500人，到1931年，增长到了13000人，然后在40年代又骤减到了7000人（Ng, 1999：14-16）。毫无疑问，《1923年华人移民法案》基本上禁止了任何来自中国的移民进入加拿大，这项法案的确减缓了华人人口在加拿大的增长速度，直到1947年该法案才得以废除（Li, 1998）。在1923年到1947年排华法案实施期间，唐人街面临许多社会问题，包括男女比例失调，人口老龄化，第二代人口增长缓慢等（Li, 1980；1998）。在20年代至30年代期间，唐人街的边

---

① 当时几家主流媒体报纸，例如在清政府支持下的改革派报纸《日新报》，以及其对立派，即由孙中山领导的革命派报纸《华英日报》和《大汉报》（后来改名为《大汉公报》，由致公堂领导）。他们通过报纸宣扬通过革命取缔帝制，改施行共和国体制的理念（参见Lee, 1967：347-54；Ng, 1999：13）。

界从原始位置向东延伸到了邓利维街（Dunlevy Street），但是主要的活动区间仍然集中在片打街和卡罗街的交汇处（Anderson，1991：125）。在1936年的唐人街里面，我们可以找到6间课后辅导班，4间教堂，6间酒店，1个剧院，2家舞厅，9家咖啡店，6间肉铺，9间炒杂碎餐厅，18个裁缝店，12个理发店以及其他许多商业店铺（Anderson，1991：147）。直到1939年，全温哥华有156家持有执照的蔬菜水果杂货店，40家洗衣店，其中133家杂货店和26家洗衣店由华人经营（Anderson，1991：147）。在排斥华人的时代，唐人街为许多华人提供了工作，而同时唐人街也依靠华人的商业和社团活动得以维持（Anderson，1991：147-48）。

从19世纪末期到20世纪初期，华人在温哥华遭遇的恶劣环境与那些在加拿大其他地方，甚至全美国的华人都如出一辙。历史记载了华人遇到的各种不平等待遇，包括禁止华人移入、制度性歧视的排华实践，以及对东方族裔采取敌视态度，这些现象给华人家庭结构和社区带来了不利的影响（Kwong and Miscevic，2005；Li，1998；Lyman，1974；Sung，1976；Wong，1979；1982）。

20世纪上半叶，在官方和公众眼里，温哥华的唐人街显然被视作是一种威胁，必须遭到人们的声讨和遏制（Anderson，1991）。在他们眼里，华人是低等的种族，他们肮脏，道德败坏（Anderson，1991；Ward，1978；Li，1998）。在这个时期，人们也想尽办法限制华人的公民权利和经济权利。在20世纪初期，喜事定街以北的居民强烈抵制唐人街向北扩展，因此华人社区不得不向西部延伸（Lai，1988：83）。1907年，排斥亚裔联盟温哥华分部煽动了一场排华的游行，导致唐人街商铺遭受了巨大的打击，加拿大联邦政府不得不设立一个皇家委员会来调查温哥华华人的损失（Canada, Royal Commission，1907）。1921年，温哥华贸易协会向东方移民特别委员会提交了一份报告，报告中对日本人和华人的经济活动提出了警告，认为他们不满足于仅在族群内部活动，想要把野心扩张到城市的中心地带（Anderson，1991：112）。20世纪初期，温哥华市政府采取了各种措施来遏制华人的经济活动，包括拒绝雇用华人劳工，严禁华人拥有持有酒牌的处所，禁止华人从事市政工作，以及限制蔬菜小贩的营业时间，因为那些小贩大多数是华人（Anderson，1991：116-22）。

聚居在温哥华唐人街的华人社区在面对白人社会的歧视时，展现了极大程度的团结性。反过来，这种团结一致也加强巩固了唐人街的社会关系。例如，1921年，媒体攻击温哥华唐人街为毒品滋生的肮脏的街区，中华慈善组织建立了一个"自强协会"来反击媒体描述下的负面公共形象（Anderson，1991：130-31）。大萧条时期，当身处服务业和一些边缘行业的华人劳工遭受巨大的压力时，中华慈善组织再一次要求当地市议会采取措施，缓解现状（Anderson，1991：142）。紧接着，520名唐人街居民签署了一份请愿书，希望得到更好的救助帮助（Anderson，1991：143）。

由于唐人街不断被描述成温哥华的公共威胁，于是华人社区开始采取措施提高唐人街的形象，试图使它符合主流的白人意识形态。从 30 年代开始，许多华人组织开始努力把唐人街打造成一个充满文化异域色彩的旅游地，他们向公众提供东方的佳肴和中国手工艺品，还举办民俗节庆活动（Anderson，1991：155-58）。唐人街策略的改变正巧赶上一个新的时代，一些政治党派，比如像合作联盟党（后来被称作新民主党），宗教组织像联合教会等，开始谴责对华人的种族歧视政策，甚至为华人争取应得的政治以及其他权利（Anderson，1991：151-55）。二战期间，中国在抗日战争中的作用使加拿大华人获得了一些正面的评价，甚至市政府官员公开赞扬了中国筹集的抗战救灾基金（1943）（Anderson，1991：172）。直到二战结束时，唐人街的形象已经发生了转变，变成了安德森（1991：175）所说的"温哥华的文化之谜"，作为一个文化旅游地，它吸引人们前来参观，窥探来自东方的充满异域色彩的历史、文化和菜肴。

二战后不断变化的加拿大华人 [①]

二战的结束标志着一个新时代的开启，排华法案被废除，华人的公民权得到了恢复，歧视移民的政策也得到了重新修正。1947 年，加拿大废除了《1923 年华人移民法案》，允许一部分华人，尤其是加拿大华人的亲戚们移民到加拿大。到 60 年代，加拿大进一步修改了移民政策，消除了剩下所有的阻碍华

① 这部分论述的材料都来自于 Li（1998）。

人移民的规定。但是直到 1967 年加拿大才统一采用了通用制
度，根据客观的标准来评估潜在移民，以确保华人和其他移民
一样，得到一视同仁的对待。1967 年后，华人人口快速增长。
到 1971 年，加拿大华人有 124600 人；到 1981 年，增长到了
285800 人，1986 年进一步增长到 412800 人，1996 年达到了
922000 人。2001 年人口调查显示，加拿大有 1003000 名华人
少数族裔，其中 76% 的移民并不是在加拿大出生的（Statistics
Canada，2003）。到 2006 年，加拿大拥有 128 万华人少数族裔，
其中 74% 由华人移民组成（Statistics Canada，2008）。这样一来，
四分之三的加拿大华人是第一代移民，大约有三分之二的华人
现居住在多伦多和温哥华，大约超过四分之一的华人是加拿大
出生的；而大部分出生在国外的华人是在 1967 年后才移民到加
拿大的。

　　1967 年后开始的新移民潮促进了新一代加拿大华人的产生。
他们接受了更好的教育，更加都市化，更倾向于向上层社会流
动。这些新移民的到来以及越来越多土生土长的加拿大华人促
进了一个新的中产阶级华人的产生。他们开始越来越多地从事
专业的、技术性的，以及管理层的工作，而在从前这些工作是
不对华人开放的。80 年代中期移民政策又发生了新的变化，开
始倾向于商业移民，另一方面，1997 年更多华人倾向于移民加
拿大，这些变化引发了又一波移民浪潮。这些新移民带来了大
量的财富和人力资源；他们有的来自香港地区，有的来自台湾
地区，还有的来自亚洲其他地区，这些地方都在 20 世纪 70 和
80 年代经历了飞速的经济增长。到 80 年代末期，许多因素都指

向了一个新兴的富裕的加拿大华人阶层，他们的消费力和投资
能力促进了一个新的以华人为主的消费市场（Li, 1990）。于是，
加拿大城市发生了许多变化：中产阶级华人搬到了传统的白人
街区，华人商业遍布郊区的购物中心，新移民和向上层社会流
动的华人带来了巨大的财富，他们创造了一个正在快速增长并
且利润丰厚的消费市场，使得加拿大公司和投资者趋之若鹜。
80 年代，世界的政治经济环境发生了巨大变化，加上 90 年代加
拿大移民策略对经济阶层的重视，进一步鼓励了中国的移民。

华人社区发生的最显著的变化莫过于新兴中产阶级的发展。
隶属中产阶级的岗位包括管理类的、专业的、指导性的以及行
政类的职业。我们发现在 1971 年，华人从事此类职业的人数占
据整个加拿大劳动力 18%，到 1981 年比例为 23%，1991 年增
长到 28%（cf. Li, 1998：124）。到 2001 年，华人从事管理类
专业类职业的人数占整个加拿大劳动力的 33%。但是如果算上
那些在半专业性的、指导性的、行政类以及高级办公室岗位的
人数，那么大概有 48% 的加拿大华人算得上是中产阶级。

加拿大华人移民中有许多非本地出生的中产阶级，他们
的来源地随着时间的推移也各不相同。在七八十年代，大约有
42% 的非本地出生华人来自香港。从香港来的移民从 80 年代
末期开始增长，一直延续到 90 年代初期，在 90 年代中期，即
1997 年前夕抵达高潮。1995 年后，香港移民开始减少，从 90
年代中期高潮时期每年 40000 人，落回到 2000 年的两千至三千
人。相反，从 90 年代初期开始，中国大陆来的移民逐年增长；
在 21 世纪初期，单单从中国这一单一来源国来看，来自大陆的

移民占据了加拿大新移民中最大的比例（Li，2005）。

变迁中的温哥华唐人街

二战后的变化转变了温哥华的种族构成模式，尤其人们是对待华人的态度和印象。华人得到了政治和公民权利，新制定的移民政策也有助于华人社区的成长以及新晋华人中产阶级的扩张。到 20 世纪下半叶，唐人街最基本的功能逐渐减弱，即为华人提供避难所。通过自给自足的社区来帮助华人抵御种族歧视和排斥等功能已不适用于新的社会环境。唐人街依旧在发展，但是不再作为一个封闭的与外界隔离的自给自足社区，而是作为一个商业街区，通过吸引消费者对东方菜肴、亚洲文化以及中国商品的兴趣而繁荣。

1960 年之前，华人人口仍然集中在唐人街周边街区以及斯达孔拿县。到 50 年代末期，华人人口占斯达孔拿县人口的一半；70 年代时，华人人口达到了四分之三（Ng，1999：97）。尽管斯达孔拿县的唐人街仍在扩张，在温哥华的华人正以唐人街为中心，开始向城市四周扩散开来（Ng，1999：98）。

七八十年代涌入的香港移民开始改变温哥华华人的组成和分布。尽管唐人街依旧是许多华人商业的中心，但是许多华人商业也开始向城市其他地区发展。二战后，温哥华的唐人街得到了成功转型，但是这项成功并不是因为它吸引了香港新移民，而是因为华商和会馆自觉努力地再塑唐人街形象，把它变成一个充满异域情调的文化族群聚居区。通过大量增加民族产品和服务的曝光率，唐人街这一文化族群集聚区推动了民族商业的成功。高调的公共形象对旅游类商业极为重要，例如中国餐馆和礼品店，它们极其依赖于成功的推销策略把东方菜肴和异域文化展现给游客以及白人客户。而且，中国餐馆、杂货铺和零售店齐聚一地，也为唐人街内部和外部逐渐壮大的华人社区提供了便利的购物渠道。

华人商业分布数据表明，在 1981 年，温哥华拥有 1952 间华人商业机构（表一）。其中餐馆占 18%，杂货铺占 17%，其他零售类店铺占 12%。这三类商业总共占据 1981 年华人商业的半数以上。但是，1952 间商业机构中，仅有 20% 开在唐人街。而且，在每个行业中，对于是否在唐人街建立和开展商业的倾向性不一。例如，1981 年，大约有四分之一的高级职业办公楼建在唐人街，三分之一的食品类商店以及一半的华人百货店也建在唐人街。在唐人街里面，共有 397 家商业机构，其中大约一半以上是餐馆、食品店、百货店以及其他零售店铺。因此，80 年代的温哥华唐人街展现了一个东方的小众市场的形象，在这里人们可以轻而易举地享用中国菜，中国手工艺品以及其他中国零售货品。

就居住分布而言，唐人街不再是大部分华人的聚居地。通过使用母语这一变量来鉴别第一代华人，1981 人口普查数据显示，十项华人人口最为密集的调查区中，这里的人口仅占全部华人人口的 28%，而唐人街并没有列入其中之一（Census of Canada，1981）。换言之，在 1981 年，大部分华人并不居住在唐人街里面，并且大部分华人商业机构也并不建立在唐人街，尽管唐人街依旧是华人餐馆和商业的族群集聚区，吸引着大量的游客。

唐人街一直以来都被看作是华人社区活动的中心，但是这个形象也被正在崛起的列治文取代，越来越多的华人选择在列治文安家立业。列治文位于温哥华南部，靠近机场，从八九十年代开始是发展最为迅速的自治区之一。在 1971 年到 1986 年期间，列治文人口增长了 75%，而温哥华的同比增长率为 28 %（Li，1992）。1986 年，列治文拥有华人 9000 人，占总人口的 8%（Li，1992）。到 2006 年为止，列治文人口达到了 174000 人，而其中 79000 人或者说 45% 是华人（City of Richmond，2008）。

表一：1981 年温哥华华人商业机构分布

经济活动种类	唐人街		唐人街外		总数	
	数目	百分比 %*	数目	百分比 %*	数目	百分比 %**
医生、律师、会计、建筑事务所	67	25	198	75	265	14
其他专业公司	47	32	99	68	146	7
个人服务行业包括理发师、清洁工	25	19	107	81	132	7
餐饮业	59	17	295	83	354	18
食品零售和批发	39	33	79	67	118	6

续表

经济活动种类	唐人街		唐人街外		总数	
	数目	百分比 %*	数目	百分比 %*	数目	百分比 %**
华人商店	40	48	44	52	84	4
杂货店	10	3	324	97	334	17
其他零售店	68	30	158	70	226	12
酒店和公寓	10	20	41	80	51	3
花房	…	…	37	100	37	2
承包商和贸易商	12	8	149	92	161	8
其他杂类	20	45	24	55	44	2
总数	397	20	1555	80	1952	100

* 华人的每项商业机构在唐人街内外所占比例
** 华人商业机构在总数中所占百分比
资料来源：收集于 1981 年 Vancouver and B. C. Mainland Chinese Directory and Telephone Book, Volume 47, pp. 311-345，由 Chinese Publicity Bureau, Ltd 出版。

温哥华列治文市不断的发展，日益重要，成为华人定居和商业选择的新地区，使得唐人街作为华人社区中心的传统形象也受到挑战。即使到了八九十年代，华人商业在列治文的发展也是非常显著的。例如，在 1981 年，列治文有 68 家华人经营的商业机构；到 1990 年，增长到了 182 家（Li，1992）。华人商业的增长不仅仅限于餐馆和杂货铺之类的传统强势行业，专业服务，汽修店，以及其他一些原不属于唐人街的传统行业也在快速增长。简而言之，在八九十年代期间，华人商业趋向多样化发展，除了传统的食品业和零售业外，华人商业走出了温哥华唐人街，向许多其他领域拓展。华人商业在列治文的繁荣显而易见与快速发展的华人中产阶级相关，这些中产阶级带来了对更高级的服务以及娱乐产品的需求（Li，1992）。以华人为主的商城以及华人经营的生意的成功已经超越了唐人街，它取代唐人街成为了东方食物和民族商业服务的中心地带。因此，列治文作为是华人中产阶级的中心而崛起，以高档华人餐厅和商店为特色，还提供专门面向富裕客户群的专业服务。

2006 年调查表明在温哥华都市华人人口中，大部分华人并不居住在唐人街（表二）。温哥华的唐人街属于三项人口调查区，分别为 57.01 区，该区囊括了缅街东部和喜事定街的南部，还有 57.2 区的斯达孔拿县，以及 59.06 区的缅街以西地区。如果这三个地区可以用来划分唐人街华人的话，那么有 4585 位有色少数华人群体居住在唐人街里面，仅占华人总人口的 1.2%。相比之下，有 76000 位华人居住在列治文，占华人总人口的 20%（表二）。如果我们用"华语母语"作为划分标准的话，可以得到类似的分布模式。

同一数据还表明，唐人街附近街区仍然有大量华人居住着。在唐人街人口调查区，大约居住着 38% 的有色少数群体，相比而言，列治文却有 43%；大约有三分之一居住在唐人街和列治文的居民在家讲的是汉语（表三）。就工作中使用的语言来看，唐人街有 14% 的华人讲的是汉语，而列治文仅有 10%。

表二：2006 年温哥华调查区华人的分配

温哥华各地区	调查区数目	可见的华人少数群体数量		把汉语作为母语的华人数量	
		数目	百分比 %	数目	百分比 %
唐人街	3		1.2	4275	1.3
列治文	33	75709	19.9	65960	20.6
温哥华西（除唐人街外）	75	68736	18	56521	17.7
温哥华东（除唐人街外）	45	91728	24.1	79686	24.9
其他地区	271	140568	36.9	113766	35.5
温哥华所有地区	409	381326	100	320208	100

资料来源：数据收集自 Statistics Canada, Census of Population, 2006, table 94-581- XCB2006005, Profile for Census Metropolitan Areas, Tracted Census Agglomerations and Census Tracts (machine readable data file), Statistics Canada (producer) and Data Liberation Initiative (distributor), 2008。

表三：2006 年温哥华调查区可见华人的比例和母语使用者比例

温哥华地区	每个调查区的平均比例			
	可见华人人数	母语使用人数	在家使用华语人数	工作中使用华语人数
唐人街	38.2	36.0	33.8	13.9
列治文	42.9	37.5	32.3	10.6

温哥华地区	每个调查区的平均比例			
	可见华人人数	母语使用人数	在家使用华语人数	工作中使用华语人数
温哥华西	22.1	17.8	13.6	3.2
温哥华东（除去唐人街）	36.4	31.7	25.5	9.7
其他区域	10.3	8.3	6.4	1.5
温哥华所有地区	17.6	14.8	11.8	3.5

资料来源：数据收集于 Statistics Canada, Census of population, 2006, table 94-581- XCB2006005, Profile for Census Metropolitan Areas, Tracted Census agglomerations and Census tracts (machine readable data file), Statistics Canada (producer) and Data Liberation Initiative (distributor), 2008。

表四：温哥华 2006 年调查区的社会经济特征

温哥华地区	每个调查区的平均比例				
	香港出生的移民	中国大陆出生的移民	年龄在65岁以上	拥有住房	税后低收入家庭
唐人街	2.4	25.1	22.9	13.8	49.1
列治文	12.7	15.1	12.6	77.4	20.4
温哥华西	4.5	7.0	13.1	50.1	20
温哥华东（除去唐人街）	5.7	16.7	13.4	55.1	22.1
其他地区	1.7	3.2	12.8	73.7	13.6

续表

温哥华地区	每个调查区的平均比例				
	香港出生的移民	中国大陆出生的移民	年龄在65岁以上	拥有住房	税后低收入家庭
温哥华所有地区	3.4	6.3	13.0	68.3	16.2

资料来源：数据收集于 Statistics Canada, Census of Population, 2006, table 94-581-XCB2006005, Profile for Census Metropolitan Areas, Tracted Census Agglomerations and Census Tracts (machine readable data file), Statistics Canada (producer) and Data Liberation Initiative (distributor), 2008。

　　住在唐人街和住在列治文的华人有几点显著的差异。出生地为中国大陆的华人占唐人街华人的 25%，而在列治文仅占 15%；相比之下，出生地为香港的华人占列治文华人人口的 13%，而在唐人街仅占 2%（表四）。唐人街的老年人口（超过65%）也比列治文要高许多；接近一半的在唐人街的华人家庭属于低收入者，而在列治文为 20%。从置业角度看，在列治文，超过四分之三的华人居住在自己买的房产里，而在唐人街的比例为 14%。

　　显而易见，数据表明，现在的唐人街居住着一群低收入者，拥有大批老年人口，同时汇集了更多的来自中国大陆的移民。相比之下，列治文的华人多为富裕阶层，拥有自己的产业，但也拥有小部分的低收入家庭。

结论

在北美各大城市中，唐人街体现了部分地域空间和部分社会文化空间的混合体。历史上，唐人街是排斥华人的种族主义意识形态下的产物，在这种意识形态下，华人被认为是低等、道德败坏而令人反感的种族。在种族歧视和排斥的社会环境下，唐人街发展成为一个自给自足的社区，可以给华人遮风挡雨，也可以提供就业机会。华人在唐人街建立了多种多样的志愿组织和社会机构，当大部分主流社会组织对华人关上了大门时，这些组织为华人提供各种基本服务和帮助。温哥华唐人街于19世纪80年代建立，位于市中心西部的斯达孔拿县。从19世纪80年代末开始，唐人街仅拥有人口1000以及一些店铺，到20世纪初，它已经发展成为拥有3500人口和许多商业活动的街区。20世纪初期，唐人街都被看作是一个肮脏的，被一群低等民族居住着的丑陋的地方。面对外界的歧视，华人会馆团结在一起，为华人提供服务和帮助，游说反对种族歧视论以及华人遇到的不公平待遇。

在1923年到1947年的排斥华人时期，所有中国人都被禁止进入加拿大，温哥华华人人口减少，唐人街的形象继续受到歧视。在20世纪30年代的大萧条时期，华人自觉努力地尝试改变唐人街的形象，使其符合白人意识形态下对唐人街的期许，即把唐人街塑造成一个充满异域文化特色的街区，为公众提供东方的手工艺品、菜肴和文化节日。

二战后，华人因为获取了政治和公民权，地位大大提高，在加拿大的华人也可以担保亲戚移民到加拿大。移民政策得到进一步修正后，华人最终可以和其他种族人群一样，在相同的条件下移民加拿大。

作为汇集了大量华人商铺和华人人口的旅游胜地，温哥华唐人街的旅游业得到了进一步发展。到20世纪七八十年代，大部分华人已经不再居住在唐人街，很多商业活动也开始向温哥华其他地区拓展。同时，八九十年代从香港移民过来的华人大大改变了温哥华华人人口的构成。随着华人中产阶级的产生，温哥华南部的列治文成为华人首选的集居住和商业为一体的地区。尽管唐人街仍然凭借着大量的中国餐馆和商店吸引着游客，但是最近的人口普查表明，仅有1%至2%的华人仍然居住在唐人街。相比而言，列治文有着大约43%的华人人口，还有许多面向更加富有的华人的中国餐馆、商店和专业服务。

今后，温哥华的唐人街可能仍然以旅游业为主，这是因为本地企业和市政府双方都有意把唐人街塑造成一个旅游景点。但是，唐人街已经不再是从前那个自给自足的华人聚居地了，现在居住在这里的大多数是低收入者，或者是近期新来的移民，以及一些老人。通过以上分析，本篇文章意图说明，唐人街的产生和衰退是由外部社会的种族构成以及华人社区内部的人口组成和社会组织所决定的。

李胜生 李晓玲

参考文献

Anderson, Kay J. 1988. "Cultural Hegemony and the Race Definition Process in Vancouver'sChinatown." *Environment and Planning D: Society and Space* 6(2): 127-49.

——. 1991. *Vancouver's Chinatown: Racial Discourse in Canada, 1875-1980.* Montreal: McGill Queen's University Press.

Ashworth, Mary. 1979. *The Forces Which Shaped Them: A History of the Education of Minority Group Children in British Columbia.* Vancouver: New Star Books.

Breton, Raymond. 1964. "Institutional Completeness of Ethnic Communities and the Personal Relations of Immigrants." *American Journal of Sociology* 70(2): 193-205.

Canada, Royal Commission. 1907. *Report of the Royal Commission on the Losses Sustained by the Chinese Population of Vancouver, B.C. on the Occasion of the Riots in that City in September, 1907.*

Census of Canada. 1981. Census Tracts: Vancouver. Catalogue 95-937, Volume 3, Profile series A.

City of Richmond. 2008. 2006 Census Profile of Richmond: Hot Facts, available at www.Rich mond.ca.

Kwong, Peter. 1979. *Chinatown, New York: Labor and Politics, 1930-1950.* New York: Monthly Review Press.

——. 1992. "The Old Chinatown Ghettos." In *The Population of Modern China.* Dudley L. Poston Jr. and David Yaukey, eds. New York: Plenum Press, pp. 149-59.

Kwong, Peter and Dusanka Miscevic. 2005. Chinese America: *The Untold Story of America's Oldest New Community.* New York and London: The New Press.

Lai, Chuen-Yan, David. 1975. "Home Country and Clan Origins of Overseas Chinese in Canada in the Early 1800s." *BC Studies* 27(Autumn): 3-29.

——. 1988. *Chinatowns: Towns within Cities in Canada.* Vancouver: University of

British Columbia Press.

Lee, Tung-hai. 1967. *Jianada Huaqiao Shi* (History of Overseas Chinese in Canada). Vancouver: Jianada Ziyou Chubanshe (Canada Free Press).

Li, Peter S. 1980. "Immigration Laws and Family Patterns: Some Demographic Changes among Chinese in Canada." *Canadian Ethnic Studies* 12(1): 58-73.

———. 1990. "The Emergence of the New Middle Class among the Chinese in Canada." *Asian Culture* 14: 187-94.

———. 1992. "Ethnic Enterprise in Transition: Chinese Business in Richmond, B.C., 1980-1990." *Canadian Ethnic Studies* 26(1): 120-38.

———. 1998. *The Chinese in Canada* (Second Edition). Toronto: Oxford University Press.

———. 2005. "The Rise and Fall of Chinese Immigration to Canada: Newcomers from Hong Kong Special Administrative Region of China and Mainland China, 1980-2000." *International Migration* 43(3): 9-32.

Lyman, Stanford M. 1974. *Chinese Americans*. New York: Random House.

Lyman, Stanford M., W.E. Willmott, and Berching Ho. 1964. "Rules of a Chinese Secret Society in British Columbia." *Bulletin of the School of Oriental and African Studies* 27: 530-39.

Ng, Wing Chung. 1999. *The Chinese in Vancouver, 1945-80: The Pursuit of Identity and Power.* Vancouver: University of British Columbia Press.

Sung, Betty Lee. 1976. *The Chinese in America.* New York: Macmillan Co.

Statistics Canada. 2008. *The Daily.* Wednesday, April 2. Catalogue no. 11-001-XIE.

———. 2003. 2001 *Census Analysis Series — Canada's Ethnocultural Portrait: the Changing Mosaic.* Catalogue no. 96F0030XIE2001008. Ottawa: Minister of Industry.

Ward, W. Peter. 1978. *White Canada Forever.* Montreal: McGill-Queen's University Press.

Wickberg, Edgar. 1979. "Some Problems in Chinese Organizational Development in Canada, 1923-1937." *Canadian Ethnic Studies* 11(1): 88-98.

———. 1980. "Chinese and Canadian Influences on Chinese Politics in Vancouver, 1900-1947." *BC Studies* 45 (Spring): 37-55.

Wickberg, Edgar et al. 1982. *From China to Canada: A History of the Chinese*

Communities in Canada. Toronto: McClelland and Stewart Limited.

Willmott, William E. 1964. "Chinese Clan Associations in Vancouver." *Man* 64-65: 33-37.

Wong, Bernard P. 1979. *Chinese American Community: Ethnicity and Survival Strategies.* Singapore: Chopmen Enterprises.

——. 1982. *Chinatown: Economic Adaptation and Ethnic Identity of the Chinese.* New York: Holt, Reinhart and Winston.

Yuan, D.Y. 1963. "Voluntary Segregation: A Study of New Chinatown." *Phylon* 24(3): 255-65.

Zhou, Min. 1992. *Chinatown: The Socioeconomic Potential of an Urban Enclave.* Philadelphia: Temple University Press.

第二章 从勿街到东百老汇大街：福州移民和纽约唐人街的复兴

肯尼斯·J.格斯特

绪言

　　曼哈顿唐人街作为纽约市的标志性景点之一，深深印在美国大众的脑海之中，它和小意大利、自由女神像、帝国大厦和华尔街齐名。提及唐人街，人们总会联想到拥挤的街道、狭窄的巷子、色彩缤纷中文标志、排列在路边的鱼肉摊位和蔬菜市场，以及橱窗里悬挂着整只烤鸭的餐馆。全国和世界各地的游客蜂拥至坚尼街抢购打折的名牌包包、手表和太阳眼镜，在勿街品尝中式糕点、面条和珍珠奶茶。旧唐人街表面上堆砌着各种旅游商店，点心餐厅和鱼肉水果摊，但在这样的刻板印象之下，隐藏着这个街区的挣扎，它努力试图保留其原有的活力，为新一代工薪阶层移民进入美国打开一扇大门。

　　自 20 世纪 80 年代早期起，成千上万的中国人从东南沿海的福州周边的农村和乡镇移民至纽约。受到中国和美国经济改组的影响，同时在大规模的、高度组织化的国际偷渡集团的帮助下，这一大规模移民活动改变了纽约华人人口的比例，为纽约市的唐人街注入了新活力。如今，福州人已经取代了广东人，成为纽约唐人街最大的华裔社群，在该地区的经济、政治、社交生活，甚至语言使用方面都力争领导权。空间上，福州移民扩展了曼哈顿下东区的唐人街，并在布鲁克林的日落公园，以及皇后区的法拉盛建立了卫星社区。经济上，福州企业家重建了唐人街的移民经济，尤其是将东百老汇大街变为了一个展现华人民族经济的舞台，这里呈现了一个充满活力的、富有中国民族特色的餐饮经济，华人的自助餐和外卖等服务遍布全国各大郊区和小城镇的商业区以及（州与州之间的）公路出口处的小卖部。纽约是资本、劳动力、商品以及专业技能流通的中心，在这里，福州工人怀揣着憧憬和梦想追求着美国梦。但是我们可以看到，尽管近来经济有所复苏，各种经济活动也呈现出活力，但是它的前景仍不明朗，因为唐人街地区激烈的房地产投机和炒卖活动，加上曼哈顿和布鲁克林地区华人的中产阶级化，极大地削弱了唐人街帮助新移民家庭进入并融入美国社会的功能。

研究方法

我已从事研究人口迁移模式以及移民融入移居地的过程超过 15 年，我研究的关注点主要在中国东南地区的福州以及附近的农村和渔村。作为一名人类学家，我的主要研究策略包括到中国和纽约的福州人社区生活中去进行大范围地参与观察，六次到福州及其周边的移民迁出地考察，以及上百场用普通话进行的深度访谈。我最初的研究从宗教的角度探索了福州人的生活经历，尤其是研究新兴的福州人宗教团体是如何调动社会资本、构建非法移民之间的跨国联系，以及帮助打破美国主流想象下构建出来的贫穷的、非法的福州移民，从而创造另外一种身份认同。

目前我正在研究当代唐人街的变化，包括曼哈顿、日落公园和法拉盛的历史，广泛调查当代唐人街的经济和社会生活，包括采访当地的服务员、厨师、司机、公交车司机、社区领导人，除此之外我还坚持规律地吃中餐。我还乘坐当地的公共汽车，找出就业中介、公共汽车的线路、售票处和候车室，多次参与到当地的社区会议中去。同仁邝治上（Peter Kwong），谭婉雯（Tarry Hum）和陈美嫦（Margaret Chin）慷慨地分享了他们对曼哈顿唐人街及其日落公园和法拉盛卫星社区目前发展的看法，他们的智慧与分析使我受益良多。

唐人街早期的历史

两百多年以来，纽约一直是华人移民进入美国的必经之路。但在 19 世纪中叶之前，即中国人在曼哈顿下东区的勿街角落建立起那块族裔聚居地之前，中国和纽约城之间已经有着十分复杂的联系。1609 年，在荷兰东印度公司的资助下，亨利·哈德森的船驶进了纽约湾，这趟远征原本是希望寻找一条让荷兰人望眼欲穿的海上航线，使他们可以更加方便地进入富饶的中国和印度。到了 18 和 19 世纪，中国奢侈品由英国快速帆船运到纽约，成为新兴商人和政治精英社会地位的象征。独立战争结束后，美国试图建立自己的世界经济地位。在这种情况下，纽约的商人阶级竭力效仿并超越其前殖民统治者英国，也开始同中国进行贸易。1784 年 2 月 22 日，"中国皇后号"载着大量西班牙银币和 57867 磅人参——一种广受中国人欢迎、生长于美国东海岸的药材——驶出了纽约港。15 个月后，这只船载着大量珍贵的瓷器、丝绸、茶叶和其他奢侈品回到纽约。此次航行开辟了美国和中国的直接往来，把纽约各个港口城市的商人同广东商人联结到了一起。虽然中国当时限制国际贸易，只开放广州港口，但是通过这个港口带动起来的全球货物流动，在成千上万的福建山区的采茶农民和美国东海岸采集人参的同伴们之间搭起了一座桥梁。他们的远距离经济贸易和跨文化互动，必将被视为两国往后两百年经济文化交流发展的先驱（Tchen，1999）。

19 世纪早期，中美贸易船只上的华人水手、厨师和服务员成为第一批冒险来到纽约的中国人。他们之中有些人留在了纽约，这些人大部分都在下曼哈顿区的多民族聚集社五叉路（Five Points）安顿了下来，附近是海上贸易蒸蒸日上的东河码头。19 世纪中叶，一大批由中国人经营的客栈开始出现在下巴士打街，这些客栈专门为中国水手、加州淘金热的失败者，以及秘鲁、古巴的苦力们提供住宿。华人小贩在街头售卖廉价手工雪茄和冰糖。中国茶商向纽约中上阶层推销售卖他们的茶叶。原本主要迎合当地众多中国单身汉的餐厅渐渐吸引了其他纽约人。后来到了19世纪80年代，爱尔兰妇女社会地位提高，原来由她们承包的洗衣业成为中国人一个世纪以来最重要的生计之一。到1869年，60%到70%的中国人定居在下曼哈顿区，还有许多分散在纽约和港口地区（Anbinder，2001；Yu，1992）。19世纪70年代，纽约的华人数量开始稳定地增加。1869年，横贯大陆的铁路建成，给华人提供了一条新的出路，他们纷纷逃离了西部沿岸的反华情绪和歧视政策，前往东部沿岸寻找工作和机遇。其他中国人则继续遭受美国工业家的剥削，被带到美国各地，成为不知情的罢工破坏者。面对"黄祸论"带来的威胁和暴力，中国人建立了唐人街，为中国人在异国他乡提供了一个安全的庇护所，人们通过唐人街调动了以语言、亲属和同乡为纽带的社会关系，创立起小生意，谋得了立足之地。到了1900年，一个明显但是规模不大的华人社区在曼哈顿下东区的披露街、宰也街和下勿街形成，人口数量为2000，大部分是男性。

　　19世纪晚期和20世纪早期，美国人对华人的歧视日益严重，限制了华人数量的大规模增加。1882年，美国国会通过了《排华法案》，把反华情绪编入法律，这是首部也是唯一一部禁止某一国籍人民移民的联邦移民法。这部法案一直被沿用至1943年。在1880年到1920年间，欧洲移民数量达到空前水平，而亚洲移民数量却因受到州法律和联邦法律严格的限制停滞不前（Takaki，1998）。

　　面对严格的移民限制，中国人依然以各种方法建立与美国的联系。据估计，成千上万的人公然挑战美国和中国的法律限制，纷纷移居海外，其中大部分来自广东最南边的县城。刚到美国时，这些人旅居在唐人街，生活在美国法律、经济和社会边缘，在餐厅、洗衣店和杂货店打工。《排华法案》对美国华人的自我认知有着深刻的影响，它把他们局限在旅居者的身份当中，使他们坚定地相信自己的根在中国，其命运与其亲人、血统和家乡紧紧地联系在一起。跟 100 年后来到美国的福州人一样，为了支撑自己的族群，粤籍移民一直与家人和家乡保持着跨国联系。他们往家里汇款，有机会就回乡，还鼓励一批又一批同乡穿越太平洋来到美国（Kwong，1996 [1987]；Hsu，2000）。

20 世纪的增长

　　第二次世界大战后，在美国出生的华人开始搬出唐人街，在郊区安家。当美国许多唐人街的人口在减少时，纽约唐人街却吸引了越来越多新移民，特别是低薪移民。美国移民法的修改为这一增长提供了法律支撑。而且，面向劳动力移民提供的低薪水低技能的工作也给移民提供了拉力，使移民在抵达美国的大门纽约之后能够生存下来。

《移民法》变化带来的影响

　　从 20 世纪 40 年代开始，美国移民法有了重大改变，开启了中国人再次移民美国的新篇章。为认可中国在第二次世界大战期间与其结盟，美国于 1943 年废除了《排华法案》。美国政府还授予战争期间在美国军队服役的华人以公民身份，允许他们根据《战争新娘法案》把在中国的配偶与子女接到美国团聚。1945 年，有 4000 名华人居住在唐人街。由于每年都有上万华人移民到美国，到了 1953 年，华人人口数量已增长至 15000 人，其中很多人是在 1940 年代后经香港移民至美国，这些人因符合特殊法律条例而被允许留在美国。

1965 年，美国通过《移民与国籍法》，唐人街的数量及规模因此急剧扩充。先前的联邦移民法律，即 1924 年的《国籍法》给予美国人口中已经得到代表的族群以优先权，保证了更多北欧和西欧人得以移民到美国。这部在 1965 年通过，在 70 年代进一步完善的新移民法取消了这种优先权，在没有种族和国籍的限制下，给予每个地区每年 20000 个移民配额，还为亲属团聚设立特殊优待。当时台湾被授予 20000 个移民配额，附赠 600 个给香港。在 1979 年中美建交后，中国也获得了 20000 个配额。20 世纪 80 年代末期，英国即将把香港归还给中国，为了吸引香港的专业人才和经济精英，美国单独授予了香港 20000 个移民配额。因此，中国人移民美国的年配额一共达到 60000 个。除了授予基本移民配额，1965 年的新移民法还允许美国公民及合法居民为他们的配偶、双亲以及未成年子女申请移民。和许多其他移民群体一样，福州人善于最大化新移民法中亲属团聚条例的价值，他们通过连锁移民，维系了一个大家庭和亲属网络的流动。这些《移民与国籍法》条例是解读美国华人人口和纽约华人人口数量整体迅速增长的关键。纽约华人人口急剧膨胀。1960 年，一共有 32831 名华人居住在纽约城。2000 年，共有 357243 人。到了 2010 年，总数增长至 474783，十年间增长了 30%。2010 年，布鲁克林日落公园（34218）和皇后区法拉盛（33526）的华人人口数量首次超过了曼哈顿唐人街的华人人口数量（28681）。

人口数量的增长让纽约华人社区变得多元化。唐人街早期的居民多数是男性，主要出生于广东省南部的台山市附近几个县城。现在唐人街的居民分别来自新加坡、越南、台湾、香港、广东、福州，甚至是位于中国东部沿岸的温州。新居民有的是非法移民，有的是合法移民，有老也有少。尽管普通话渐渐成为沟通的主要语言，居民们依然说着各种方言。基于来源地、语言、教育背景、经济来源、政治立场和法律地位的差异，华人社区复杂多样的内部动态常常在华人之间引发矛盾和竞争。

纽约城的新华人移民大多数是福州人，现在他们的数量已经超过了广东人在曼哈顿唐人街和布鲁克林华人社区的总数量。由于将近半数福州人都是通过中国的偷渡网络非法移民至纽约的无证件移民，他们的总人口数很难确定。纽约主要的福州会馆声称自 20 世纪 80 年代以来，一共有 30 万至 50 万福州人来到或者经过纽约。虽然他们很多在纽约城外工作，大部分人很可能仍然将纽约城视为他们的家，或者至少是他们的总部。

制衣业

移民通常把家安在工作好找、房子不贵、社区沟通语言熟悉的地方。唐人街因为能够向新移民提供工作机会而得到发展并且充满活力。制衣业、餐饮业以及建造业的扩张是唐人街一直充满活力的关键。这些行业为廉价、低技能劳动力提供工作机会，尤其是非正规经济活动。服装制造业成为第一个为新移民提供大量工作机会的增长型行业。20 世纪 60 年代之前，美国制衣业的主要劳动力来自于工会里的意大利裔移民和犹太裔移民。但在 60 年代和 70 年代，随着年老的制衣工人退休和纽约大部分制衣业迁移到海外，为了维持本地的运营基地以在海外供应链断裂时迅速地提供低价货品，越来越多制造商把注意力转向了唐人街的商店，这些商店有大量年轻女性移民工人。20 世纪 80 年代初，唐人街的服装店共雇用了约 20000 名工人。

通过把工作分包给华人经营的服装店，美国的服装公司在不违反美国劳工法的情况下大大压低了成本。为了吸引弱势工人，服装店店主承诺让他们与其他中国人在说中国话的环境中工作。为了解决年轻妈妈的难题，店主们"批准"妈妈在孩子放学后或者在周末把孩子带去帮忙工作，这种非法使用童工的方式不难看穿。鲜廉寡耻的店主会声称服装公司未发工资而拖欠女工的工钱数月之久。在许多情况下，店主为了不付工钱会直接把店关掉，等数周或数月之后，再用新的店名重新开张。70 年代，这些服装店的工作环境日益恶劣，到了 80 年代，纽约服装店的工作环境变得跟香港的一样差，女工每周工作 6 到7 天，每天 10 到 12 个小时，拿到的工资却远远低于最低工资标准，并且没有加班费。尽管工作环境十分恶劣，工人们却不能申请劳动诉讼或者组织起来反抗。这是因为唐人街内缺乏其他工作机会。工人们由于不会英文也不能在唐人街外找到工作。再者，店主们常常威胁要揭发非法移民工人。某些工会仍然管理着一些服装店，但由于害怕失去仅存不多的工作机会，他们大多数没能让店家们提供合理的工资和更好的工作条件（Chin，2005）。

唐人街餐饮业的崛起也根植于制衣业的扩张。由于女工们需要长时间工作，没有时间做饭，这些家庭的需求刺激了唐人街餐馆的发展。大量迎合唐人街居民口味的家常小餐馆一同出现在游客经常光顾的大餐馆旁边。随着唐人街人口增加，华人企业家抓住商机，在租金廉价的地方经营小型零售店，包括成衣店、杂货店、药店和在路边或者小商场里的水果鱼肉摊。

在过去20年间，由于租金上涨，商店纷纷搬离曼哈顿，2001年9月11日世界贸易中心的恐怖袭击又破坏了下曼哈顿地区的经济活动，唐人街的制衣业逐渐衰落。当时唐人街受到了特别严重的打击。警察把整个地区隔离了几个月，导致上万缝纫女工失业。由于复苏和再投资的资金到来得极度缓慢，曼哈顿的华人服装店加速灭亡。只有少数店铺得以生存至今。部分搬迁到布鲁克林日落公园的商店如今正与上涨的租金做斗争。

福州移民

自20世纪80年代早期，福州移民已经成为纽约唐人街变革和复苏的主力军。福州移民最早于20世纪40年代来到纽约：

他们有的是到岸便弃船跳海的海员，有的是二战期间在美国商船队服役过的军人。第二次世界大战期间，几百名福州人因在美国商船队服务而获得居住权。在接下来的30年里，纽约的福州人数量一直很少。只有几个水手在50年代从内地逃到香港，然后设法偷渡到美国。70年代，福州移民尝试把家人接到纽约团聚，这一动机是促成今天这个庞大的偷渡网络形成的初期动因，他们通过中国的旅行社把亲人带到香港，再设法帮他们获得去往美国的证件和票（Kwong，1997）。

20世纪70年代后期，中国实行经济体制改革并开始接受海外投资，福州人移民海外的机会因此大大增加。有亲戚在香港或者澳门的人设法到两地"旅游"或者取得两地的临时工作许可。如果他们的申请通过了，他们就会留在那里，再慢慢地把家人接来团聚。相应地，那些在香港和澳门的人则开始想办法去纽约。他们多数以探亲为由取得去美国的旅游签证，然后逾期逗留。与此同时，海外福州人网络被卷入了人口偷渡的行业。

到了20世纪80年代中期，越来越多农村福州人跟随他们同胞的脚步移民海外。鉴于福州人的关系网还延伸到了日本、澳大利亚和欧洲，纽约并不是唯一的移民选择。但对于很多人来说，纽约是最具吸引力的。许多关于就业机会的消息被传回福州，甚至关于非法移民也可能在餐馆或者制衣店找到工作的消息也不胫而走。大批来自纽约的侨汇也开始涌入福州侨乡。有些福州人在自己亲戚获得美国合法身份后利用美国移民法里的亲属团聚条例移民。其他人则通过在福州地区迅速扩张的人口偷渡网络移民。这些人口偷渡网络得到了投机取巧的台湾犯罪集团的支持才得以迅速扩张，并且这些集团早已高度渗透进了全球走私贸易。在人口走私贩的安排下，有的福州人从内地或者在到香港后，直接坐飞机偷渡到美国。但由于航空路线管控越来越严格，人口走私贩开始走水路。他们通常先去墨西哥，在那里，福州偷渡者与他们的蛇头（人口走私犯的中文称谓）加上中美洲的偷渡者以及他们的"土狼"，一起越过美国边境。为了最好地躲避美国政府的边境管制措施，中国人口走私贩不断地调整他们的路线。随着偷渡路线变得越来越不寻常和艰难，偷渡费用也在不断增加。20 世纪 80 年代中期，人均偷渡费用为18000 美元（Chin，1999）。到了 2010 年，据刚到的偷渡者透露，人均偷渡费超过 70000 美元。早期福州人直接从蛇头那里借偷渡费。如果偷渡者不能尽快从家人和朋友处借钱还给蛇头，他们可能会被迫为蛇头从事犯罪活动，包括卖淫。最近，越来越多新非法移民调动在美国已有的亲属关系，同乡关系，甚至是宗教团体关系，通过广泛的福州人关系网络先借好给蛇头的偷渡费。然而，这些借款利息通常很高。即使长时间工作，缩衣节食，新移民能在五年内还清债务已是十分幸运（Kwong，1996 [1987]，1997；Chin，1999）。

他们为什么要去美国？

尽管人们知道到达美国后，他们要在餐馆里、服装店里或者建造业里做着艰苦的工作，而且近年来福州地区的经济机遇在增加，但是大批农村福州人依然选择离开他们的家乡，踏上昂贵又危险重重的国际偷渡之旅。那么我们该如何理解这种现象呢？

福州人离开家乡是为了赚钱。为了赚更多的钱，多到在家乡干活的人无法想象。一个福州人在农村或渔村工作一年的收入大概是 500 美元到 750 美元。年轻人选择到福州的出口加工厂工作。2010 年，在劳动力市场的动荡尚未席卷全中国之前，他们在血汗工厂里干得筋疲力尽一年也只有 1500 美元左右。福州市及其周边出口加工地区得到了大量海外投资，工业也不断发展，但这对福州农村地区的发展基本上没什么作用。相反，美国中餐馆的勤杂工一个月就可以赚到 1500 美元，还外加食宿，一年就是 18000 美元。厨师一个月则可以赚到 2500 美元。在一个福州村民看来，一旦她的偷渡费还清了，她在美国餐馆工作一年的报酬就等于她在福州的血汗工厂工作至少 12 年的收入。

福州农村人移民纽约是因为美国劳工市场具有强大的吸引力。尽管偷渡之旅充满艰难又昂贵，但他们知道自己会在美国找到工作。因为美国经济需要大量廉价、低技能劳工。而福州企业家们也已经成功地独创出一种移民产业。该产业不仅把移民从福州的农村运送到纽约这个大都市，还通过低薪工作岗位进一步把他们引领到日益扩张的民族餐饮经济中去。

外迁已经成为福州外围村镇本土文化的一部分。偷渡产业让那些在美国没有合法身份亲戚的人也能轻易地移民。只要预付偷渡费的 10% 到 20%，村民可以在当地任何一个蛇头的安排下进行偷渡。居民们了解当地的代理人。蛇头们把他们的电话号码和广告分别喷漆和张贴在商店、寺庙和大会堂的墙上。在大部分地区，超过 70% 的人口都已经外迁。极少数 18 岁到 40

岁的年轻人还留在村里。据当地外事局官员估计，出国的福州人的数量已远远超过 50 万。移民带来的影响随处可见。移民寄回的侨汇改造了他们的家乡。四五层楼的大住宅耸立起来，俯瞰着传统庭院和瓦房。人们重建了祠堂，兴建起了教堂和寺庙。自来水厂、新马路、新学校也都已落实到位。为了跟同乡比拼面子，移民们建设家乡的义务和资金投入也变得更重。

从勿街到东百老汇大街

如今，福州人的大规模移民已经把曼哈顿唐人街扩张到远远超出其勿街早期的核心区。福州移民沿着小意大利往北推进，穿过下东区的犹太人聚居地，沿着东百老汇大街向东扩张，在南边则深入到政府住宅工程，继而向布鲁克林大桥延伸。坐落在勿街街尾、东百老汇大街街头的且林广场是一个具有标志性的、连接着新旧的交汇点。它位于旧五叉路区的一个关键的交叉路口附近，将近两百年来，其周边地区作为新来的贫困移民的聚集地而被人们熟知。勿街自且林广场向北贯穿了原唐人街的核心地区，与之平行的是包厘街，在这里人们可以看到基督传教会、潦倒的失业者和他们破败的房屋。在西边，帕克洛大街（Park Row）一直延伸至市政厅和市政、联邦办公大楼的集中地。向东延伸，东百老汇则进一步巩固了这个新兴的福州人的地盘。

且林广场上站立着两尊由唐人街对立的政治精英建造的雕

塑。它们表现了几代华人移民间突出的政治和文化差异。其一是由早期香港、广东和台湾的移民于 1984 年立起的孔子雕像。以老一辈粤籍移民为首的纽约中华公所带头促成了该雕像的建造，其中台湾移民承担了大部分费用，他们希望通过此举来表达对中国传统文化的致敬。另一尊雕塑是福州移民个人和民间团体花费 20 万美元的造价于 1997 年建立的。这是一尊林则徐雕像，他是一位来自福建省的著名爱国主义者。他在 19 世纪 40 年代带领中国人反抗英国把鸦片运进广州港。林则徐像比孔子像高两英尺，面向着唐人街的主干道——东百老汇大街。

　　勿街有许多由广东移民经营的商店、餐馆和社区组织中心，迎合了大规模旅游业的需要，东百老汇大街则成为纽约新福州移民的集聚地。这个由五个街区组成的区域充满了活力，汇集了很多新移民以及专门为这些新移民服务的经济活动。对福州移民来说，东百老汇大街是通往纽约大门的心脏。东百老汇大街还为福州移民寻找纽约以外的工作机会提供了一个流动的平台，尤其是在以华人为主的民族经济领域，例如正在全美国呈扩张趋势的自助餐和外卖餐饮业。移民服务机构、蛇头、专门为非法移民劳工办理合法身份的律师、像西联国际汇款公司和速汇金公司这样的汇款机构、银行、放债人以及为移民提供合法或伪造证件的供应商，这些参与者一起推动了纽约和中国之间的跨国移民以及金钱、人口和通讯的持续的跨国界流动。

　　如今美国中餐馆的数量比麦当劳、汉堡王和温蒂汉堡加起来的数量还多（Lee，2008）。这些中餐馆，尤其是自助餐馆和小型外卖餐馆，大部分都是福州移民经营的，而且数量还在上升。他们在东百老汇大街招聘厨师、侍应生、送货员、打杂工和接待员。在东百老汇大街的各个街区分布了超过20家就业中介所。它们是新福州移民餐饮经济真正的关键。每天有成千上万的工人，无论男女，通过这些就业中介所找工作。工作岗位被张贴在中介所里的白板上或者用便利贴贴在塑胶玻璃橱窗上。餐馆打杂工一个月能赚大约1500美元，接待员大约2000美元，厨师则大约2500美元，具体的数目要根据地点而定。工作地点越远离纽约，工资就越高。在纽约以外的地方工作则包食宿。通过张贴在中介所墙上的美国区号地图，人们就能知道各个工作所在地：813是佛罗里达州的坦帕市，630在芝加哥附近，404是亚特兰大，317则是印第安纳州。由于大部分福州移民只会讲一点点英文，或者完全不会英文，区号则成为他们判断工作地点的重要线索。很少工人知道他们工作过的城市的名字，但他们认得那些城市的电话区号以及州际公路出口号码。如果一个工人跟某个餐馆的条件相互匹配，就业中介所的工作人员就会为这个工人与饭店老板安排一次电话面试和协商。如果谈成了，工人就付给中介所25美元。

福州商人创建了一个把东百老汇大街和全美上万中餐馆联系起来的大规模公交车和货车运输系统，用于运送餐馆的工人、物资和资金。许多纽约人对唐人街的公交车路线都很熟悉，这些公交车沿着东北走廊行驶，途径波士顿、费城、巴尔的摩和华盛顿特区。这些公交路线早在90年代便已产生，当时是因为汽车和货车常常需要穿梭于东百老汇的中介所和华人餐馆之间来回运输工人。如今，唐人街公交已经越界涉足美国的主流交通运输业，沿着这一度获利丰厚的路线上，挑战美国的公交车公司。去往波士顿的往返车票价可能低至 25 或者 35 美元，跟去往华盛顿的往返车票价一样。家庭经营的公司以极小的利润维持了如此低廉的票价。由于正面竞争十分激烈，四轮大马车（Coach USA），美国最大的公交公司之一，于 2009 年直接收购了经营纽约和华盛顿往来路线的两大华人公交公司。依靠提升的公众形象、网络营销和让人难以置信的低票价，如今唐人街公交车的主要客源不再是华人餐馆工，而是学生以及自助旅行的游客。

到了傍晚，当最后一班沿着东北走廊去往波士顿或者华盛顿的公交车启程之后，东百老汇大街的公交候车室跟路边的卸载客区就会被福州移民挤满，他们正等着去往美国各地中餐馆的长途汽车。十几家小型公交公司中，每条线路至少运营一辆与灰狗巴士风格相似的长途汽车。这些长途汽车每周有六天都会发车，分别去往缅因州、哈里斯堡、宾夕法尼亚州、芝加哥、威斯康星州、明尼苏达州、俄亥俄州、阿肯色州、田纳西州、亚拉巴马州、亚特兰大和去往佛罗里达州的 95 号洲际公路沿途所有地点。这些汽车的运行路线彼此高度协调。在佛罗里达州这条线上，汽车一到了杰克逊维尔，公交公司的工作人员就会把乘客转移到小型货车上。然后这些货车就会沿着 10 号州际公路开往密西西比州，或者沿着两边海岸线往下穿越佛罗里达州。汽车会在州际公路出口停车，工人们就打电话让餐馆老板前来接应，从而结束他们奔波的旅程。但工人们很快就会因与社会隔离和长时间辛苦工作对餐馆感到厌烦。即使工作条件很好，他们最多也只能坚持 4 到 8 周。当他们感到筋疲力尽、寂寞、对工作不满而决定离开时，只要打一个电话给长途汽车公司，第二天他们就能在附近的州际公路出口上车，返回纽约。

这些长途汽车把美国各地的中餐馆与东百老汇大街这个充满活力的中心联结了起来。除了搭载工人，它们的货舱里还塞满了来自唐人街各个店铺的货物。其中有餐馆的补给物品、招牌店做的中文招牌以及一箱箱由东百老汇大街印刷店（九家印刷店之一）影印的中文菜单。由于工人们的工资以现金发放，这些长途汽车还成了他们把钱送回东百老汇大街的一种途径。在东百老汇大街，工人们用这些钱还债，寄回家乡或者存起来希望有一天能开一间自己的餐馆。

在任何时候都有约 50000 名福州工人在纽约之外的各个中餐馆之间游走。在辛苦工作之后，工人们会定期回到东百老汇大街休息和恢复。回到纽约的工人只会逗留很短时间，他们通常没有什么时间也没什么钱。东百老汇大街的福州商人往往提供大量商品和服务以满足工人的需要，例如中西医、英语班、驾校、保险公司、音像店、理发店，还有二十多间同乡会、寺庙、临时住宿、婚纱店、赌场、妓院，去大西洋城和康涅狄格州赌场的汽车，就业中介所以及送工人去到全国各中餐馆的长途汽车。东百老汇大街附近出现了大量提供单人间的酒店，房间每晚只需 15 美元或者 20 美元。这正是工人们回到东百老汇大街时所需要的临时住宿。

东百老汇购物中心坐落在纽约福州移民社区的中心，曼哈顿大桥之下。这座三层砖砌的建筑提供了各种商品和服务，例如理发、新衣服、DVD 租赁店、电话卡和转账到中国的电汇。其楼上是一家大餐馆。中午这里会挤满吃点心的客人，傍晚则有喜宴跟社区宴会。

福州商人还在纽约城内建立了一个方便移民出入的交通运输系统。在东百老汇购物中心周围，到处都是载客的车辆。它们从曼哈顿唐人街开往皇后区法拉盛和布鲁克林日落公园的华人社区。这些载客货车让移民在完全不熟悉纽约的地铁和公交系统，以及在不会英语的情况下依然能轻松地在城里来回。这些货车收费比纽约城的地铁和公交便宜，只要两美元，还会上门接送乘客。乘坐这些货车就跟在福州坐公交车一样。车上使用的是福州方言，播放着的中国电影嘟嘟作响。司机们在路上不断上下客，直到整辆车被塞得满满的。即使如此，由于华人社区如今横跨纽约城三个行政区，而新移民又必须往来于其中，这些货车填补了非常特殊的缺口，大大满足了人们的需要。

福州商人不仅仅在获得弱势廉价劳动力这方面依赖东百老汇大街。东百老汇大街还是他们调动资金买入或者翻新餐馆的主要场所。亲属关系、同乡会，甚至宗教团体在不受美国信用评级的影响下，甚至在不管移民是否拥有美国合法身份的情况下，为移民提供了非正式的信贷网络和周转性贷款。这样，移民就可以获得可用资金。当地的商业活动还为餐饮业提供了其他资源，例如筷子、茶杯、酱油包装以及印有十二生肖的餐具垫布。

宗教景观的改变

福州移民改变了纽约唐人街的许多方面，包括其宗教生活。在研究美洲华人的学术中，宗教生活基本上被忽略了，但其实纽约华人的宗教生活十分活跃。唐人街如今的宗教景观反映了纽约街区复杂的移民历史。在唐人街走一圈，人们会发现陈旧的犹太教会堂。它们有的依然热闹非凡，有的却空空如也；爱尔兰裔和意大利裔移民修建的天主教堂如今已成为广东、福州和西班牙移民的集会地。新教教派有卫理公会、圣公会、长老会等传统主流教派，也有从香港跟台湾引进的中宣会和灵粮堂。唐人街还有一些新成立的独立宗教团体，它们的信徒主要由来自中国东南部的非法入境工人组成，内部用福州方言沟通。还有一些由接受过高级神学训练的僧人管理的佛教寺庙，由年老的广东移民以及新近的香港、台湾移民组成；临街还可以看到无数个佛教、道教以及民间宗教的寺庙，这些寺庙召集同一原乡地的移民，举行节日庆典、算命以及神降通灵仪式，它们展现了来自福州农村移民人口复杂而充满活力的宗教生活。

最近一项研究（Guest，2003）揭晓了 84 个宗教组织，它们都分布在庞大的曼哈顿唐人街中，其中 59 个组织以华人成员为主。除此之外，还有 3 个天主教堂，一个教区下面拥有多个会众，包括华人和意大利裔移民，或者华人跟西班牙移民。另外，布鲁克林日落公园有 12 个华人宗教组织。在曼哈顿 62 个华人宗教组织中, 26 个是佛教, 23 个是基督教, 8 个是中国人的民间宗教, 3 个是天主教, 2 个是道教。有 14 个教会专门为唐人街的福州人服务。另外当地还成立了两个独立的基督教新教教会。有两个天主教会不仅有福州移民信众, 还有说广东话的成员跟少数年纪较大的意大利移民。此外, 还有许多小规模的天主教跟新教教会, 他们在成员家里集会, 大多数不受大规模宗教组织的限制。有四个宗教机构明确表示他们是佛教教会, 但他们实际上还吸收了道教跟其他民间宗教的符号和神像。还有一个自称是道教教会, 却也在神台上供奉佛祖跟观音菩萨。另有五个民间宗教会堂则供奉家乡当地的神明。

规模最大的新福州移民宗教团体是基督闽恩教会。该教会是制衣女工于 20 世纪 80 年代早期成立的家庭教会。如今它已经有几千名信徒, 并在布鲁克林日落公园建立了一个分教会。这个家庭教会的成员在一个翻新的澡堂里做礼拜, 每周日人群涌进澡堂的大厅和讲课室通过大银幕电视观看仪式的进行。浸礼每年会举行两次, 教会举行仪式, 迎接多达 100 名福州移民成为基督教信徒。和其他受调查的福州移民宗教团体一样, 基督闽恩教会除了是举行宗教仪式的中心, 还是调动社会资本的地方。做完礼拜后, 上千新移民点一大碗福州面, 或者叫一杯茶水, 聚集在一起, 彼此交换关于住宿和工作机会的消息, 向朋友推荐医生和律师, 或者传达来自家乡的讯息。教友们会为有需要的教友筹钱, 还为家乡的教堂建设项目捐款。像其他教堂跟寺庙一样, 到访基督闽恩教会的人整个星期源源不断。人们希望从教会人员那里获得建议与忠告, 从带孩子到移民事务他们无所不问。这些宗教团体同时还是建立和利用跨国关系网络的据点，通过这些网络，人们不仅能影响发生在纽约的事件与组织，还能影响移民的家乡的事情，尤其是侨汇和回乡访问。因此，如今福州周围地区正在经历一场充满活力的宗教复兴，很大程度上是因为纽约的福州移民把钱寄回家乡大建教堂、寺庙、祠堂，他们还为复杂的宗教仪式跟典礼买单。值得关注的是，福州移民的经历常常以边缘化和流离失所的表述为主，在华人族裔聚居地和美国文化中，他们又常常与非法、他者等表述联系起来，如此一来，纽约的华人宗教团体为这样一种福州移民经历构建了另外一种身份认同。

唐人街地理上的扩散：日落公园和法拉盛

在过去 20 年里，纽约的唐人街经历了一场让人瞩目的地理扩散，它从早期位于曼哈顿的唐人街中心逐步向周围扩散，在布鲁克林日落公园和皇后区法拉盛建立了卫星式的唐人街。由于 20 世纪 80 年代越来越多的移民，特别是福州移民涌入曼哈顿唐人街，唐人街的房租不断上升，工薪阶级开始在唐人街以外的地方寻找更为廉价的住宿，同时有交通工具直达他们在唐人街干活的地方，这也是那些努力想要学好英语的移民的首要考虑。日落公园成为了移民的首选地点。19 世纪末，斯堪的纳维亚移民已经在布鲁克林海滨延绵两英里的土地上安顿下来。他们在纽约繁荣的海上贸易中找到各种工作，例如水手、码头工人、造船工程师和港口引航员。有的移民则在社区内的轻工业和制造业找到工作。港口经济一直以来都是日落公园葆有生机的关键，直到20世纪60年代，纽约的海上贸易开始急剧衰落。20世纪70年代，日落公园开始面临迅速去工业化进程，失业增加，被宣布为联邦贫困地区。当20世纪80年代中国移民开始迁移到日落公园时，波多黎各人已经成为这片地区的主要居民。现在该地区有越来越多的多米尼加移民，还有墨西哥移民跟少数中东移民。随着华人在这个原本正不断衰竭的社区投入劳动力跟资金，日落公园在过去20年经历了一场戏剧化的复兴。华人沿着第八大道定居下来，这里直达地铁线路，去到曼哈顿唐人街可以搭乘B、D、R三趟线路，可以方便地去到上班和购物的地方。华人商人也很快随之而来，他们沿着第八大道开发了一个店铺和餐馆林立的，充满活力的商业区。曼哈顿唐人街服装店的租金也不断上涨，店主们于是纷纷搬迁到布鲁克林日落公园。这里有大量移民劳工和未被充分利用的生产空间。华人人口如今正不断向西往第四大道和布鲁克林海滨蔓延。如今日落公园的租金也开始快速上涨，许多华人正沿着宾臣墟以及U大道的地铁线在其更外围的地方居住下来（Hum，2004；Kwong，2005）。

当福州移民的餐饮业已经扩张到了纽约以外的地方，尤其是先沿着东北走廊后沿着北边、南边扩展，同时向西最后深入美国中心地带，此时，日落公园扮演着一个特殊的角色，即为流动的劳工及其家人提供住所。日落公园的许多旧公寓楼被非法地间隔开，用作单身工人的宿舍。在其他情况中，庞大的家庭网络让部分移民从华人银行借得贷款，购买相对便宜的褐砂石房屋跟联排别墅。随着大量较年轻的移民劳工搬到日落公园，这片地区的公立学校里读书的大多数是第 1.5 代跟第二代福州移民。这些孩子的父母通常在纽约外面工作，因此他们都是被亲戚带大的。这些孩子有的在美国出生，有的跟着父母从中国移民到纽约。他们正开始陆续进入纽约市立大学各个学院学习，而且数量十分庞大。作为家里上大学的第一代，这些年轻人背负着家人想要真正融入美国社会的愿望，同时也承受着家人希望他们取得成功的沉重压力（Guest and Liang 即出）。

日落公园的复兴也是毁灭这个工薪阶级社区的潜在因素。大家庭集团对房地产的投资给房产股票注入了新的活力，但同时也推高了租金。银行和房地产开发商正在加速推进中产阶级化的进程，希望从上涨的土地价值中获得利润。社区团体中正在进行一场激烈的争辩，政治和经济精英正在重新规划日落公园，试图沿着主要干道打造高楼大厦。开发商和纽约市政府代表辩论道，重新分区规划可以促进建设新的、条件更好的住宅。然而日落公园的社区积极分子则预料，不断升温的中产阶级化项目很快就会把低收入的居民淘汰出该社区，偏向吸引那些中上层收入的居民，因为这里房价适中——以纽约市的标准来看的话——而且靠近海滨和其他城市改造项目。遵循着纽约市其他地区的发展模式和中产阶级化进程，日落公园正在经历一场巨变，这场巨变威胁着工薪阶级华人的生存，没给这些东百老汇大街餐饮业的生命之源留下任何生活空间。过去 25 年里，皇后区法拉盛的华人人口数量增长也十分快速。但法拉盛的华人与曼哈顿唐人街和日落公园的华人有着显著的区别。唐人街和日落公园的华人居民基本上是工人，而且现在主要是福州移民劳工，但法拉盛的华人大部分是台湾移民、广东移民和来自中国北部的移民。他们明显更加富有，基本上都是中产阶级的专业人士。法拉盛不仅仅有华人，还有大量韩裔移民、印度移民和巴基斯坦移民。除此之外，还有一些年纪较大的白人。因此，法拉盛基本上可以被看作是一个中产阶级"亚洲城"，而不是一个只有华人的唐人街。在 40 年代，联合国刚刚成立，中国移民最早是作为联合国雇员来到法拉盛的，他们在联合国原来的总部长岛附近寻找合适的住宿。这些移民主要来自台湾地区。1951 年联合国搬到曼哈顿之后，他们的人口数量依然不断增加。他们设定了法拉盛的中国移民的基调，即这部分人讲普通话，是高收入的专业人才，还支配着法拉盛的政治、经济情况。该地区的商店、餐厅、美容院和购物中心都十分迎合台湾人的品位。法拉盛还在持续吸引来自台湾地区、香港地区和中国大陆北部省份的专业人才移民。法拉盛的主要干道位于缅因街，在地铁 7 号线东部的终点站附近，这里挤满了房地产经纪公司、银行、旅行社、亚洲食品店和高级中餐馆。已经搬到新泽西州、康涅狄格州、威切斯特郡和长岛等纽约近郊区的华人常常来缅因街进餐和购物。虽然一些福州劳工在缅因街的华人商店中打工，但能住在法拉盛的福州移民往往也只是那些不断往上爬，最终成为中产阶级的餐馆老板、邮局职员和小生意人。他们成功"逃离"了曼哈顿唐人街和日落公园（Chen，1993；Kwong，2005）。

展望未来

虽然现在曼哈顿唐人街和布鲁克林日落公园在新移民的影响下重新焕发了活力，但这些地区的未来仍然是不确定的。它们能否继续为移民企业提供有效的移民途径和地点吗？还是他们会重蹈小意大利的覆辙，从一个充满活力的移民社区衰落为一个只有着餐厅和糕点店的旅游目的地？情况似乎不太乐观。移民使得日落公园和曼哈顿唐人街得以复兴，却也使那儿的居民和生意人面临着越来越高的租金，这是因为大批房地产开发商和投机者（其中多数为海外华人）利用这些地区上涨的房产价赚钱。许多改变正在发生，虽然曼哈顿唐人街很多地段，特别是东百老汇大街和坚尼街白天看起来十分热闹，但唐人街的旧中心，包括勿街、伊丽莎白街、宰也街和佩尔街，大部分在傍晚时候都十分荒凉。上涨的租金使很多常住居民都搬走了。一项关于曼哈顿唐人街住房与发展的调查（CAAAV，2008）发现，从 2003 年到 2006 年，保障性住房的数量从 17696 减少到 16236。同时，唐人街和下东区的新建筑许可证的数量在 2006 年增加到 920。在 1990 年，这个数字仅仅是 40。新唐人街的边缘已经发生了显著的改变，许多旧公寓正在装修，预备把它们改造成唐人街外面的年轻专业人士喜爱光顾的豪华公寓、时髦夜总会和酒吧，于是这些地方就这样突然出现在当地原有的老商店旁。高档住宅建设的不断发展刺激了华人中产阶级化进程，也使当地商业的成本和不稳定性增加。在这种情况下，唐人街的商人尤其脆弱，因为只有 7% 的商人有自己的店面。如今唐人街到处都是精品酒店、高租金办公地点和豪华公寓，而这里的仓库和服装厂曾经为当地制衣业和餐饮经济提供了许多就业岗位和贸易平台。

　　跟日落公园一样，一场关于重新规划曼哈顿唐人街的争论正在步步逼近。房地产开发商和政府规划师与社区组织形成的联盟形成对抗。整个社区面临着中产阶级化进程带来的威胁。开发商们承诺会建设一些低收入住房以换取政府税收优惠，以及在唐人街主干道上修建高层豪华公寓建筑群的权利。开发商们受益是毋庸置疑的。现有居民跟商家是否能受益却远不能确定。唐人街现有建筑的高度远远低于可以划分的高度。它 69%的建筑都是低矮建筑，低于目前受承认的、适度的规划高度（CPCLES，2010）。把唐人街的现状提高到可以满足规划条件的提案正在商讨当中。这一做法或许会大大增加唐人街的发展空间。社区群体争辩道，额外的发展会加重现有社区服务设施的压力，会抬高整个社区的租金以及消费价格，还会把现在的居民跟小生意排挤出去。这是一个在纽约市，特别是曼哈顿反复使用的模式。市政府通过税收优惠、重新分区规划以及与私营开发商合作实现社区的发展和复兴（Kwong，2009）。

　　唐人街正处于生死攸关的关头——两百多年来，它依靠着以下条件让自己充满活力：它不断迎来数量稳定的新移民，为他们提供负担得起的住宿；它为低薪低技能工人提供大量工作机会；它为移民提供了一个友好的中文沟通环境；它还形成了一个让移民在纽约内外都能轻松出行的交通运输网络。即使是这场在福州移民的影响下发生的复兴（本篇文章所探讨的），它在强势的房地产势力前依然显得岌岌可危。但是，唐人街的毁灭并非不能避免。但变化确实在发生，将来唐人街是否仍是一个充满活力的移民社区，很大程度上取决于如今正在进行的辩论会有怎样的结果。

肯尼斯·J.格斯特

参考文献

Anbinder, Tylor. 2001. *Five Points*. New York: Free Press.

CAAAV. 2008. *Converting Chinatown: A Snapshot of a Neighborhood Becoming Unaffordable and Unlivable*. New York: Urban Justice Center.

Chen, Hsiang-shui. 1992. *Chinatown No More: Taiwan Immigrants in Contemporary New York*. Ithaca, NY: Cornell University Press.

Chin, Ko-lin. 1999. *Smuggled Chinese: Clandestine Immigration to the United States*. Philadelphia: Temple University Press.

Chin, Margaret. 2005. *Sewing Women: Immigrants and the New York City Garment Industry*. New York: Columbia University Press.

Coalition to Protect Chinatown and the Lower East Side/Hunter College Center for Community Planning and Development. 2010. *Proposal for Chinatown/Lower East Side Special Zoning District*. Unpublished report.

Guest, Kenneth J. 2003. *God in Chinatown: Religion and Survival in New York's Evolving Immigrant Community*. New York: New York University Press.

Guest, Kenneth J. and Ke Liang. Forthcoming. Immigration, Education, and Opportunity Among Chinese Americans of Fuzhounese Descent.

Hsu, Madeline Yuan-yin. 2000. *Dreaming of Gold, Dreaming of Home: Transnationalism and Migration between the United States and South China, 1882-1943.* Stanford, CA: Stanford University Press.

Hum, Tarry. 2004. "Immigrant Global Neighborhoods in New York City." *Race and Ethnicity in New York City.* Jerome Krase and Ray Hutchison, eds. New York: Elsevier Press.

Kwong, Peter. 1996, [1987]. *The New Chinatown.* New York: Hill and Wang.

——. 1997. *Forbidden Workers: Illegal Chinese Immigrants and Chinese Labor.* New York: New Press.

——. 2009. "Ask About the Gentrification of Chinatown." *http://cityroom.blogs. nytimes .com/2009/09/16/answers-about-the-gentrification-of-chinatown/.*

Kwong, Peter and Dusanka Miscevic. 2005. *Chinese Americans: The Untold Story of America's Oldest New Community.* New York: New Press.

Takaki, Ronald. 1998. *Strangers from a Different Shore: A History of Asian Americans.* Boston, MA: Back Bay Books.

Tchen, John Kuo-Wei. 1999. *New York Before Chinatown: Orientalism and the Shaping of American Culture, 1776-1882.* Baltimore: Johns Hopkins University Press.

Yu, Renqiu. 1992. *To Save China, To Save Ourselves: The Chinese Hand Laundry Association of New York.* Philadelphia: Temple University Press.

第三章
美国唐人街的新趋势：
以芝加哥华人为案例

令狐萍

每当我漫步在街头，仿佛听到芝加哥在呼唤我回家，

芝加哥永远不会负我，因为它是我的家。

——弗兰克·辛纳特拉/萨米·卡恩/吉米·凡·赫森

芝加哥是一个充满机遇的城市，它坐落在美国的中心地带，坐拥富饶的土地，享有丰富的水源及四通八达的铁路、航空，有活力四射的多种族多文化的人口。即使时光退回到一百年前，芝加哥也已经给移民们展现了它无限的可能性。早在 18 世纪中期，芝加哥就开始吸引着许许多多来自世界各地的移民。加拿大人、德国人、英国人、爱尔兰人、瑞典人、挪威人、苏格兰人、波兰人还有意大利人蜂拥而至，随着时间的推移，他们把芝加哥建成了一个多元种族的社会。19 世纪 70 年代，华人在美国西海岸登陆，对这些先民们而言，芝加哥吸引着他们去大展一番拳脚。在芝加哥，华人在市中心的卢普区建立了一个小而充满活力的社区。华人在这里开起了杂货店、洗衣店和餐馆，建立了社区组织为早期居住在唐人街的华人移民服务。19 世纪

80 年代开始执行的排华法案在美国社会挑起了一系列的反华情绪，影响了华人与外部主流社会的关系。20 世纪初期，业主们纷纷提高租金，华人经济受到了极大打击，于是大部分华人决定搬离市中心，到租金更为便宜的芝加哥南区安家置业。在南区，华人很快便建立了一个新的唐人街，也就是我们今天熟知的旅游景点：南唐人街。从 20 世纪 70 年代开始，芝加哥北区涌入了许多从越南、老挝和柬埔寨来的华人移民，这些移民的到来为北区的亚皆老街注入了新的活力，形成了北唐人街。同时，位于城郊的华人社区也在快速发展。学者们称之为"三方"社区（Rohsenow，2004；Ling，2012：229-237）。

早期的研究给我们提供了许多关于芝加哥华人的历史信息，但是它们都限于 20 世纪 50 年代以前，例如，范丁秋（Tin-Chiu Fan）的博士论文《芝加哥的华人居民》（*Chinese Residents in Chicago*，1926），萧成鹏（Paul C.P. Siu）的博士论文《华人洗衣工：一个被隔离的群体"（*The Chinese Laundryman：A Study of Isolation*，1953），这部论文后来在 1987 年出版，由陈国维（John Kuo Wei Tchen）编辑，还有亚当·麦基翁（Adam McKeown）的研究《华人移民网络和文化变迁，秘鲁，芝加哥和夏威夷，1900-1936》（*Chinese Migrant Networks and Cultural Change, Peru, Chicago, Hawaii, 1900-1936*，2001），但是华人群体并没有得到学界足够的重视。这篇文章的资料一方面来源于现有的研究，另一方面来源于各种各样的中文和英文的原始资料，尤其是美国移民归化局（INS）、芝加哥华人案卷（CCCF）的档案、当地报纸、美籍华裔博物馆的资料、采访记录、中文地方志、宗谱、海外华人杂志以及政府数据。通过这些资料，我希望重构和分析三方社区组织结构的形成，从而进一步明确芝加哥华人给我们带来的启示以及重要性。

寻找芝加哥的唐人街：梅氏兄弟和初期的华人社区

华人颠沛流离的历史好比是一块马赛克，而芝加哥唐人街的历史正是内嵌于其中必不可少的一部分。19 世纪的第一次华人国际移民潮把无数华人送到了美洲、澳大利亚、新西兰和非洲。刚开始，华人作为廉价劳动力大受欢迎，但是到了 19 世纪末期，华人却受到了接收国的迫害和排斥。伴随着西海岸的经济大萧条，太平洋西北沿岸城市的反华情绪最盛（Saxton，1971；Sandmeyer，1991；Pfaeler，2007），导致了华人移民人口在美国的分布不得不经历一番再分配。

芝加哥地理位置优越，是陆路、海路和铁路（以及后来的航空）的交通中心，它是华人在北美活动的中心所在。在分散各地的华人劳工中，有一位名叫梅宗周的华人（也称作 Hip Lung）对这个有着风之都之称的芝加哥产生了浓厚的兴趣。梅宗周的家乡是台山，这是广东的一个沿海城市，也是大部分美国华人的家乡。梅宗周来自台山的梅氏宗族，他在同乡的眼里是出了名的倔强、机智和精明。从梅少有的照片中，我们看到了一个外表威严的男人，他面部神态坚毅，似乎象征着他做每件事情的决心（见 CAMOC）。他和一群同伴结伴而行从加州向芝加哥出发，沿途中他的同伴一个个离开了他，分别在沿路城市安定下来，而他更加坚定地向着目的地前进。

在19世纪70年代中期，梅来到了芝加哥，他的两个弟弟梅宗凯（也称作Sam Moy）和梅宗瑀也紧随其后。

鉴于芝加哥的社会环境相对友好，梅宗周在1878年给旧金山的华人同胞写了封信，鼓励他们来芝加哥发展（Fan，1926：14）。于是，到1880年，芝加哥共有100个华人。梅还写信给家乡的亲戚，让他们也纷纷过番而来。到1885年，梅氏大家族已有40个从家乡渡洋过来的亲戚居住在芝加哥。到19世纪80年代末，已经有超过500个华人居住在南克拉克街，这就是芝加哥的第一个唐人街（Fan，1926：14）。洗衣店、杂货店和餐馆构成了早期唐人街的景观。1870年坐落在卢普区（位于旧时期电车服务区附近的城市商业中心）的两个洗衣店，一些华人商铺以及19世纪70年代中期的华人教堂组成了芝加哥唐人街的初步结构。

在华人商业中，洗衣店是最容易经营的，因为它不要求专业的技术和资本投入。一个洗衣工的工具包括一个盆，一块擦板，一个熨斗以及一个熨烫板。洗衣工仅需要寻找一个租金便宜的地方就可以把洗衣服务渗入到整个街区，然后便可以开张做生意。于是，华人洗衣服务迅速发展起来。在1874，共有18家运营的洗衣店，其中15家位于卢普区的麦迪逊和罗斯福路附近，2家位于近西区，另外一家在近南区。1883年，在不到十年的时间里，华人洗衣店以十倍的速度增长，增加到了198间。尽管超过半数的170家洗衣店仍然位于卢普区，但是其余的已经扩散到城市的各个角落。1893 年，洗衣店的数量略微减少到了 190 间，但是相比十年前，更多的洗衣店分布在了城市各地（Siu，1987：28—30）。芝加哥华人洗衣店的地理分布模式和美国其他主要城市如出一辙（Ling：2004a：36—37；Yu，1992）。

华人洗衣业的发展也促进了华人人口的快速增长。美国政府的数据显示，在二十年间内，华人人口增长到 600，但是当地媒体数据（见表一）（The Graphic，1894）表明华人人口增加到了 2000。每逢双休，华人便聚集在南克拉克街，约上几个老乡，吃上一顿正宗的家乡菜，三五成群玩起了番摊（当时华人中间甚为流行的赌博游戏），或者吸吸大烟，打发时间。对华人而言，每年的新年是最让人难忘和快乐的时节。新年通常是在阳历的二月初期，每到新年那一天，华人男子纷纷盛装出席，他们披上东拼西凑缝补上的丝绸长袍，换上干净的白色长裤，穿上厚厚的胶底靴子，散开长辫，匆匆忙忙地跑到南克拉克街头庆祝新年。

芝加哥涌入了越来越多的华人，这引起了许多白人的疑心，在布道所里，白人女性向男性华人劳工，尤其是男洗衣工教授英文课，这让许多白人对华人男子非常不满。与 19 世纪末 20 世纪初发生在纽约、波士顿和密尔沃基的暴力排华不同的是，芝加哥白人对华人的怀疑和排斥以经济制裁的形式展开[1]。1905 年，中国国内因为加州排华事件，爆发了抵制美货运动。芝加哥白人因为抵制美货运动大为恼怒，卢普区的业主纷纷抬

---

[1]　关于发生在纽约、波士顿和密尔沃基的暴力排华事件，分别参见 Lui（2005）；Wong（1996）；和 Jew（1999）。

高租金，企图把华人商业和租客全都赶出去。20 世纪初期，一个位于南克拉克街的中等规模的华人杂货铺，像庆元春记公司（Quong Yuan Chong Kee）公司这样的，租金为每月 225 美元，而位于南区的西 22 号街的同等大小的店铺租金为每月 125 到 190 美元。[①] 于是，到 1910 年为止，大约一半的华人被迫从克拉克街迁出，搬到了卢普区的南部（Fan，1926：15）。1912 年 2 月，由华商和劳工组成的最主要的华人社团安良工商会，以及和安良工商会有关的华人商铺都从克拉克街搬到了 22 号街、永活街和舍麦路，于是这块地方立马变成了"新唐人街"。看似经济压力是驱逐华人的主要因素，但是一些学者也观察到了其他的一些因素，比如像安良和协胜公会之间的内部矛盾，以及在南克拉克区域新建的一座联邦政府大楼，这些都是唐人街撤离原址的背后原因（Moy，1978：43；McKeown，2001：212）。

表一：芝加哥华人人口

年份	数量	增长
1870	1	0
1880	172	171
1890	584	412

---

① Lim Yee 的证词，1913，12 月 5 日 CCCF，file 2005/183，Chinese Exclusion Case Files (or Chicago Chinese Case Files) for District No. 9, Chicago, 1898-1940, Chicago District Office, Records of the Immigration and Naturalization Service, RG 85, National Archives, Great Lakes Region, Chicago, Illinois; Au Tat 的证词，1924 年，6 月 5 日 CCCF, file 2005/1608.

续表

年份	数量	增长
1900	1179	595
1910	1778	599
1920	2353	575
1930	2757	404
1940	2018	−739
1950	3334	1316
1960	5082	1748
1970	9357	4275
1980	13638	4281
1990	22295	8657
2000*	34370	2075
2009*	43227	8857

* 表明数据不包含台湾地区人口。
资料来源：1870—2000 年的数据来源于 U . S . Censuses。2009 年的数据来源于 U.S. Census Bureau，2009 American Community Survey。

　　1912 年，从克拉克街搬到普林斯顿大道 22 号街的新唐人街大概是整个城市中最被忽略的地方。20 世纪上半叶，华人在这里建立了一个商业居住区，庇护了整个城市近 2000 个华人，占当时人口的三分之一。受益于 20 年代大环境的繁荣，唐人街在接下来的二十年期间得到了持续发展和扩张，到 30 年代已经成为了一个独特的、具有一定规模的华人城市社区。唐人街的发展也和整个芝加哥城市的发展保持了一致的步伐，因为自1890年以来，芝加哥成为了美国"第二大城市"（仅在纽约之后），且被称作西部发展中的最大城市（Joiner，2007：21）。

三足鼎立的华人社区的形成，1945—2010s

同战前华人移民相比，二战后的新移民不仅从事更加多样化的社会经济活动，而且他们来自不同的原乡地，这使得芝加哥华人社区越来越复杂多变。随着1975年越战的结束，许多东南亚国家（像越南、老挝、柬埔寨等国）的华侨纷纷来到芝加哥，促进了北唐人街的发展。一些台湾地区和中国大陆的学生，毕业后转向专业性工作，留在了芝加哥，构成了市郊的美国华人文化社区。

三方社区通过地理界限划分成南唐人街、北唐人街和市郊的华人文化社区，勾勒出了芝加哥华人社区内部在政治上、职业上以及语言上的差异性，但同时这样的划分也给华人社区带了新的挑战：如何在这样一个多元的、复杂的、跨国的美国华人社区中保留并且推广共同的文化价值观，保护并且发展华人的经济活动？

新一代华裔

华人家庭早在19世纪80年代就出现了，但是第二代美国华裔的快速增长是发生在 20 世纪 40 年代以后，尤其是随着更多的中国女性进入美国，有的是战争新娘，有的是军人未婚妻（译按：指二战中出生在外国的，来自美国盟军国家的女性，例如越南、印度新娘），有的是流离失所的人，有的是难民以及美国公民的妻子（Ling，1998：2, 113—4）。中国在二战中成为了联盟国的成员之后，国际形象逐渐好转，反华情绪也逐渐减少了。这股有利的趋势一直延续到了战后。国会迫于公共的和其他利益集团的压力，废除了大部分歧视排斥华人的法案，重新给予华人基本的公民权利和法律保护（Riggs，1950：43—183）。1943 年 12 月 17 日，国会废除了 1882 年的排华法案，允许在美国的中国人申请入籍，重新分配给中国移民 75% 的优待配额（Tung，1974：79—80）。

尽管排华法案被废除了，但是美国政府分配给中国人的定额每年只有 105 个。根据当年的人口普查，这个数据仅占 20 年代美国华人 1% 当中的六分之一（Tung，1974：79—80）。虽然如此，额外的非定额内的中国人也可以移民到美国。于是越来越多的中国学者来美国教书，每年平均有 137 人，而同比十年前，每年只有 10 人。更重要的是，1945 年 12 月 28 日，美国颁布了《战争新娘法案》，1946 年 6 月 29 日，又颁布了《军人未婚妻法案》，凭借这两项法案，美国退伍军人的孩子和外国妻子也可以作为非配额移民进入美国。在法案施行的三年期间，大约有 6000 位中国战争新娘进入了美国（INS：1945-1949）。1947 年，进入美国的中国移民攀升到 3191，她们当中大部分属于非配额内移民（INS：1948）。

许多中国女性还通过其他法律进入了美国。1948 年美国国会通过了《战时错置人员法案》，1953 年又颁布了难民救援法案，这些法案帮助几千名的中国女性成功移民了美国。1948 年法案让那些已经在美国拥有暂时居住权的留学生、访问者以及其他一些"流离失所"的人得以调整他们的地位，成为了永久居民。1953 年法案分配给亚洲难民 3000 个签证，其中 2000 个签证分配给了过去持有国民党政府颁发的护照的人员，而国民党在 1949 年内战中已经战败（INS：1945-1954）。1959 年 9 月 22 日，美国国会又通过了一项法案，允许配额候选名单的中国人获得非配额地位（Tung，1974：39）。这样一来，根据 1960 年的人口普查，美国华裔增加到了 237292 人。这其中包括 135549 名男性和 101743 名女性，其中 60% 为美国出生的（US Census，1960）。

在这段时期内移民到美国的女性当中，许多所谓的"战争新娘"都是赶在 1949 年法案有效期截止之前，匆匆忙忙嫁给那些美国华裔退伍老兵的。据谭金美（Rose Hum Lee）叙述，"退伍军人'闪婚'的案例已经是公众最熟知的故事了，这位退伍军人先坐飞机去中国，选好新娘，马上结婚，然后在那个月假期用尽的最后一天傍晚回到旧金山。他娶的新娘迟一些再追随他来到美国，这个办法对许多没办法在短时间内拿到签证的移民来说非常有用"（Lee，1956）。[①]30 年代每年平均只有 60 个

---

① 更多关于中国战争新娘的细节和故事，参见雷霆超（Louis Chu）的小说《吃一碗茶》（*Eat a Bowl of Tea*）（1979），以及根据这部小说改编的同名电影。

中国女性进入美国，但是 1948 年这一年就有 3317 名中国女性移民。从 1944 年到 1953 年，女性占据移民美国的中国人口的82%。这也是有史以来第一次在美国的中国女性和家庭的数量得到了显著的增长。男女比例从 1940 年的 2.9 ∶ 1 下降到 1950年的 1.8 ∶ 1，再降至 1960 年的 1.3 ∶ 1（US Censuses）。

　　同美国其他华人族群一样，芝加哥华人也得益于以上这些法案，通过这个法案，他们把长期分隔两地的家人们带来了美国，李汤清鑟（Yolanda Lee）家庭的历史就是一个很好的例子。李汤清鑟的父亲 1903 年出生在中国，于 1924 年来到美国。然后他父亲回到广东台山与她的母亲结婚，但是他不得不把妻子留在家乡，自己只身再次回到美国。1933 年，李汤清鑟出生在台山，并且在那里度过了她的童年。二战期间，为了让家人可以来美国团聚，她的父亲决定加入美国军队。在 1946 年 6 月29 日颁布的军人未婚妻法案的条例之下，她父亲成功地安排她同她母亲在 1947 年移民到芝加哥。一家人刚开始住在一个卡车营地，即现在西北大学所在地，在李汤清鑟上高中期间一家人又搬去了唐人街亚历山大街的一个地下室居住。李汤清鑟在16 岁时在斯图本高中就读，她用了三年时间就从学校毕业并且在两百多名高年级学生中排名第四。于是她获得了位于海军码头（Navy Pier）的美国伊利诺伊大学提供的奖学金。在大学期间，李汤清鑟不管是放学后还是双休都会在自己家开的餐厅打工（Lee, Y. 2007）。

　　由于大部分芝加哥华人都从事洗衣业、餐饮业以及零售业，所以大部分年轻人都是洗衣店主、餐厅老板和杂货店老板的孩子。他们有的出生在狭窄的，又旧又破的唐人街公寓，有的出生在自家店铺后面小房间里。他们大部分人在放学后或者大学期间，都会在自家店铺里帮忙，要么在中国餐馆打工要么在其他行业打工，正如尤兰达的故事告诉我们的那样，而且我们以下要讲的故事也正是如此。

张梅淑云（Celia Moy Cheung）的故事呈现了一个典型的第二代华人移民的成长经历。1871年，她的父亲保罗出生在广东台山，后来成为了长老会会长。他通过包办婚姻，在台山娶了小他二十岁的一个女人，王丽莲。在19世纪末20世纪初，台山爆发了瘟疫，保罗和丽莲带着他们最大的女儿玛丽离开了中国。他们来到了美国，在芝加哥落脚。由于没办法在美国长老教会找到工作，保罗在芝加哥西北边开了一家洗衣店。全家人居住在唐人街22号街的一间公寓，后来在那里面又诞生了十多个小孩。在这个自律又充满着爱的家庭里，张梅淑云的母亲扮演着女家长的角色，姐姐玛丽负责照顾弟弟妹妹们，而她的父亲则忙于洗衣业，养家糊口。1933年7月24日，张梅淑云出生在芝加哥，是家里面11个孩子中的第10位成员（10个女孩，1个男孩）。作为经济大萧条时代下的孩子，张梅淑云放学后曾经在旧餐馆里打工做收银员，一到夏天就去一家冷冻食品厂打工（Cheung，2007）。

亨利（Henry Yee）的家族故事在许多方面都和张梅淑云很相似。1939年，亨利在中国出生，在他三岁的时候，被一位名叫叶秀康的人收养。亨利于1951年和母亲一起移民到美国，同在美国的父亲团聚，1953年，一家三口在唐人街定居下来。他的父亲和另外一个亲戚合力开了一家洗衣店，这家洗衣店位于伊利诺伊的伯温市，属于芝加哥西部的城郊地区。在 1953 年到 1959 年期间，他家又诞生了五个孩子。由于父亲长时间忙于洗衣店事业，亨利开始帮母亲照看弟弟妹妹们（Yee，2007）。

　　哈利也讲述了一个相似的故事。1929 年，哈利的父亲和母亲为了奔赴更好的生活，决定一起离开中国广东，来到芝加哥，在舍麦路上开了一家洗衣店。1933 年 11 月 20 日，哈利出生了，他在家里四个孩子中排行老三。1940 年，当哈利只有 7 岁时，母亲便过世了，父亲再婚，并且又给家里添了两个儿子。当时全家住在唐人街地区的亚历山大街，孩子们都在一家位于安良工商会大厦的天主教会学校圣德力小学读书。而哈利当时在位于芝加哥的哈得逊街的一家高中圣多米尼克中学读书，于 1954 年毕业。为了帮父亲养家糊口，哈利和其他兄弟姐妹们一到放学就去华人餐馆，或者唐人街其他店铺里打工。哈利高中毕业后在美国邮政总局工作，1956 年他被征召入军队。他在部队里服务了 14 个月，包括在韩国釜山的 9 个月。退伍后，哈利马上又回到了美国邮政总局，干了 35 年直到退休（Wu，2007）。

　　1938 年，洪慧珍（Grace Chun）在芝加哥出生。她全家居住在芝加哥北区，父母在附近的东西大道 953 号开了一家洗衣店。为了运营这家洗衣店，全部家庭成员都被动员起来干活，洪慧珍和她的两个弟弟每逢放学和双休都要在洗衣店帮忙。她和弟弟的工作是用煤炭把炉子的火生起来，让熨斗更快加热。洗衣店之所以能存活还要多亏它的价格低廉——例如，一件衬衣仅收费 22 分（Chun, G. 2008）。

尽管这些唐人街的年轻人的生活被繁忙的学习和工作包围着，但是这新一代的美国华裔的社会经济情况已经在二战后得到了明显改善，正如伍子强（Corwin Eng）的家族历史所揭示的：

我的父亲出生在中国，他于 1925 年来到美国。我的母亲出生在芝加哥。他们开了一家名叫 Kai Kai 的咖啡店，从 1942 年一直运营到 1992 年。

1952 年 2 月 16 日，我在芝加哥出生。我家位于永活街，那是一个三层楼的砖瓦屋，当时我们全家住在二楼。我们的公寓总共有两间房，有热水还有暖气。我曾经在华人基督徒联合教会上幼儿园，后来在兴氏小学上学，长大些在中西部基督教学院读书，1970 年从森中学高中毕业。后来去了北伊利诺伊大学读社会科学，1974 年毕业。

我记得童年最开心的事情就是在春节或者节庆时去街上看游行；我当时还是鼓号队的成员。我们常常在那个时候溜出芝加哥去纽约玩，还在华盛顿国会大厦的阶梯上嬉戏。

1974 年，我开始在芝加哥公共卫生部工作，任职公共卫生行政官员，一直干到 2004 年退休。我还同伯妮斯·王一起工作，在华人咨询服务处工作了 26 年，专门为华人社区提供服务（Eng 2007）。

本杰明（Benjamin C. Moy）的家族史非常典型地反映了新一代华裔如何欣然地接受了这变迁中的社会经济环境。本杰明出生时叫作梅晨全（Moy Chin Quong），后来人们才称他为本，他 1921 年出生在中国。他的祖父在 19 世纪 60 年代就来到了美国，参与修建美国横贯大陆铁路的西段，到 20 世纪 20 年代，他祖父当上了领队。他父亲出生在俄勒冈州的波特兰，但是在他两三岁的时候就被送回了中国抚养，这种做法在很多早期来美的华人中很常见，为的是能够攒更多的钱，而且孩子可以在中国接受教育，于是他的父亲在中国待到了二十多岁，长成小伙的时候才回到了美国。后来他只回去家乡两次，一次是回家娶妻，还有一次就是把他的儿子本接来美国。本在中国只读了五年半书便和他父亲在 1934 年登上了"麦金利总统号"轮船远渡来到了美国。本聪明又充满好奇心，在和他一个堂兄弟的邻居住在一起时，他便学会了说英文。由于他聪明，英文又好，本只花了一年半的时间就从麦克拉伦小学本毕业了。本继续在克兰高中上夜校，白天则去华人开的洗衣店里打工。他获得了基督教青年会学院的高中毕业文凭，这个学校后来被并入了罗斯福大学。1949 年，本同苏珊喜结连理，他们生了两个女儿。本一直都很喜欢音乐，于是他在学习和工作之余学会了拉小提琴。在他正式开始自己做生意之前，本做过各式各样的工作。他白手起家，从一辆卡车开始做生意，一直到他在唐人街开了一间杂货铺。他的店铺前门是卖杂货的，后面则是宰鸡的铺子。后来他还做过许多其他生意，直到他开了第一家餐馆，这家餐馆处于芝加哥的西北城郊地带。后来他又把餐馆搬到了芝加哥西部的梅尔洛斯公园附近。最终，本把餐馆开到了橡木溪附近，虽然也是在芝加哥西部城郊，但是已经离城市相对较近了，在那里他又开了一家烹饪学校，自那后他一直教授如何烹饪课直到退休，退休后，本终于有时间沉浸在喜欢的乐器当中了（Moy，2007）。

相比较父母那一代人，第二代美国华裔的教育水平相对较高。他们中很多人获得了本科文凭，甚至有些是硕士毕业。在三四十年代的上过大学的人之中，大部分是学工程和化学（Moy，1978：131）。这是因为人们认为这些领域更加客观，少有社会文化偏见和歧视，因此给华人提供了更加公平的平台。而且，这些专业对华人英文水平的要求相比社会科学领域要低一些。

乔治（George Eng）的故事很好地阐述了这种模式。乔治于1920年出生在芝加哥的一个移民家庭。他的父亲先后试了三次才得以在1910年以合法身份进入美国。乔治家开了三家餐馆，分别是位于加利福尼亚和麦迪逊加州快捷，位于克拉克和麦迪逊以及在劳伦斯和百老汇的金雉餐厅。虽然只在唐人街住了一小段时间，但乔治还是在芝加哥西部上学，因为那里离他家的餐馆很近。从约翰·马歇尔高中毕业后，乔治又在弗吉尼亚军事学院主修土木工程专业。三年后，他被征召入伍，直到二战结束后才回到学校完成学业。1964年到1970年，乔治成为了一名工程师，供职于芝加哥市的公共建设的专员部门。到70年代，他又被市政府委任为公共建设部门的副局长，这是有史以来第一位华人在芝加哥市政府担任如此重要的职位。

郑万贤（Howard Chun）的故事与此类似。郑万贤1936年出生在纽约的一个移民家庭。他的父亲是一个华人餐馆的厨师，母亲是一名女裁缝。因为父亲身体不好，母亲便成为了家里的顶梁柱，但是全家人的生计还是要常常依靠公共补助。郑万贤学习很勤奋，他 1959 年获得了物理专业的理学士学位，辅修电子工程专业。后来他被征召入伍，加入了工程队。在密苏里河的伦纳德伍德堡驻守时，郑万贤遇到了当时正在北伊利诺伊大学修读历史专业的第二代华裔洪慧珍。1961 年，他与郑万贤结婚了，他以上校的级别退伍，之后便和妻子在 1977 年搬去了芝加哥，从事计算机和系统工程工作（Chun H. 2008）。

尽管这些第二代华裔有较好的教育背景，但是很多人仍然很难在自己的专业领域找到工作，这是因为在商业和专业行业，歧视仍普遍存在（Moy，1978：101）。许多大学毕业生在餐厅做服务员或者自己做餐厅老板的现象已经是家常便饭了。许多第二代芝加哥华裔对美国感到很失望，他们毕业后纷纷回中国寻找出路。G. P. 梅就是其中之一。G. P. 梅的父亲 T. L. 梅是芝加哥本地的一名商人。他曾经在阿芒技术学院主修电子工程，1936 年以优异的成绩毕业。他一毕业，就离开了芝加哥只身前往中国，打算在上海或者广东谋得个职位（CDT 1936）。

大湖银行的三位华人雇员被认为是最早从事专业领域的例子，大湖银行位于芝加哥，它是由美国白人和一些中国商人共同经营的。1922 年，大湖银行开业，这家银行居然克服了文化和种族偏见，开设了一个中国部门，由梅莫福（Howard Ying Fook Moy）领头，其下有雇员 Won Soon Lee 和 Shule Eng 两人。银行的中国部门专门为不会讲英文的中国人提供翻译服务，帮他们把汇款寄回中国内地和香港。几年后，大湖银行同中央信

托银行合并，后者保留了中国部门一直到那三位员工退休为止
（Moy，1978：97）。

新移民

二战后的新移民在社会经济背景上比先人们更加多元化，
出生地也比早年来美的华人更加多样。他们中不仅有来自中国
广东、福建、香港、台湾，还有些来自东南亚。以下的例子恰
当地说明这一特色。

劳铎（Cho Tuk Lo）的家族历史代表了许许多多的为了躲
避中国战争政治灾难不得不不断迁移的家庭。劳铎 1926 年在广
东出生，在他 11 岁时，全家来到了英国殖民地香港谋生。全家
人住在父亲和叔叔开的当铺店里，在那里，罗接触到了西洋乐
器，而且当日本人在 1938 年入侵香港时，学会了演奏抗日歌曲。
劳铎的音乐天赋让他在香港和中国名声大噪，甚至有人请他去
中国教粤剧和民间音乐。20 世纪 70 年代，在有着美国公民身份
的姐姐的帮助下，劳铎也移民到了芝加哥。他在一家中国餐馆
打工，期间一有空余时间就免费教中国学生学习音乐。有一次
他还为市长演奏中国传统二弦乐器二胡。

陈黄汉贞（Catherine Wong Chin），1931 年 12 月 23 日出
生在香港的一个移民家庭，她的父母都是来自广东台山的移民，
家里还有一个哥哥和两个姐姐。日本南侵，香港被日本占领，
她家人以及香港其他居民都受尽折磨。日本人不允许孩童去学
校上课，于是陈黄汉贞和母亲只能去跳蚤市场把自己的旧衣服
卖掉来赚些钱养家，这种情况一直持续到战争结束。二战结束

后，陈黄汉贞上了高中和大学，毕业后她在香港一家男子学校教书，教授三年级和六年级课程。1956年6月，她嫁给了陈戴维，夫妻在同年一起搬到了芝加哥居住。在芝加哥，陈黄汉贞做过各种各样的工作，一开始为移民归化局做翻译，后来又分别在贝立兹语言学校以及大都会人寿保险公司担任讲师（Chin，2007）。

接下来我要讲述的故事分别属于四个具有跨国背景的新移民，他们是伊恩（Ian Roosevelt Chin），苏珊娜（Susanna Fong），拿督斯里·斯坦利（Dato'Seri Stanley Thai）以及谢丽尔·汤姆（Cheryl Tom）。

1943年，伊恩出生在西印度群岛的牙买加。伊恩的曾祖父因为家乡经济困难，于19世纪90年代离开了中国广东。尽管他的族人在全球各地寻找适合安家的地方，但是他们因为排华法案一直没能进入美国。最终，他们在西印度群岛的牙买加落脚，这里不仅允许妇女移民，而且还有着和中国南方相似的气候。伊恩的父亲1900年在中国出生。1911年，他父亲11岁，随着父母一同移民到了牙买加。父亲在一个叫作莫尼洛的小村庄里开了间杂货铺。作为家中九个孩子中（五个女孩，四个男孩）最小的一个，伊恩一心想来美国求学，最后，在1961年，他如愿以偿考上美国迈阿密大学主修建筑工程。三年后，他转学到了伊利诺伊大学，因为他喜欢上了那里的雪山，冬天的时候可以滑雪。他先后获得了建筑专业的文学学士以及结构工程专业的理学硕士。毕业后，他为芝加哥市政府工作了好几年，然后加入了知名的建筑工程公司担任副总裁和高级负责人。伊恩曾经在无数个专业委员会里任职，包括芝加哥高层建筑委员会，芝加哥标准检测委员会，以及美国检测与材料协会。1977年，伊恩与希拉结婚，他们共同养育了三个孩子（Chin，2007）。

1953年10月7日，苏珊娜出生在马来亚槟城，她是家中第五个孩子，她的父母亲都是福建人。在福建，父亲在很小的时候就被卖到了骆姓家族。1949年时，父亲才14岁，迫切渴望离开中国与马来亚的四个手足兄弟团聚，于是他独自一个人上路，没有鞋子，也没有钱，走投无路地漂泊了四个月。他一路搭车坐船，终于到达了自由的马来亚。但是，马来亚的新生活和他的同胞兄弟却并不欢迎他。尽管如此，他父亲依旧排除万难，坚持不懈，最后在马来亚的服装纺织业创出一片天地，成为一个成功的商人。苏珊娜是父亲全家搬到马来亚后的第一个出生的孩子。她在台湾地区求学时遇到了她现在的丈夫，台湾人冯。1979年5月，他们在马来西亚结婚（马来亚于1963年变成马来西亚的一部分），同年9月他们移民到了美国，从此苏珊娜在一个没有大家庭也没有朋友的新国度开始新的生活。二十年过去了，苏珊娜坚韧不拔，辛勤工作，最终成为了一个成功的女商人，也成为了一个好妈妈（Fong，2007）。

1960年，斯坦利出生在马来亚，在家中17个孩子里排行第14。他父亲娶了两房太太，一个在中国，一个在马来亚。1949年，父亲离开中国，第一任太太紧随其后，不久也来到了马来亚。两房妻子虽在同一屋檐下，却分别住在两间屋子里。他们有一块田地，还养了一些家禽和猪。斯坦利早上起来在田地里帮忙干活，下去便去学校上课。后来他去到加拿大，考上了温莎大学的商务管理，在那里他还遇见了未来的妻子谢丽尔（Cheryl Tom），她是斯坦利商务管理课程的同班同学。谢丽尔 1961 年出生在马来亚柔佛，她是家里面八个孩子（五个男孩，三个女孩）中倒数第二小的孩子。她的祖父来自中国福建，后来移民到马来亚做苦力。她父亲在马来亚想方设法向社会上层流动，最终开了一家橡胶园。他们夫妻一起建立了超级麦克斯公司（Super Max Glove Company），1997 年时，这已经是一家遍布全球的知名企业，总部设在美国芝加哥。为了肯定他们的商业成功，嘉奖他们为马来西亚经济做出的贡献，马来西亚苏丹王把封号拿督斯里（Dato' Seri）赐予斯坦利，相当于爵士（Thai，2007）。

　　二战后，美国其他城市的华人也不断涌入芝加哥，因为芝加哥经济发展快速，机会充裕。詹姆斯（James Chiu）原乡是广东新会，他 1920 年来到纽约闯事业，把年轻的妻子和刚出生的孩子赫尔曼留在了家乡。18 年后，他才得以见到自己的儿子，更是直到 25 年后才和妻子在香港相会。赫尔曼 18 岁的时候被父亲送去了纽约的寄宿学校读书。邮轮把赫尔曼从中国带到了纽约，这是他生平第一次见到自己的父亲。芝加哥的经济发展越来越好，詹姆斯 1948 年决定来芝加哥寻找发展机会。同年，詹姆斯遇到了中华农场（China Farm）的赵老板（Yun-Tsung Chao），赵老板邀请詹姆斯一起合伙经营这间欣欣向荣的华人餐饮业供货商。他们一起合力把中华农场发展成为芝加哥最大的华人餐饮供货商，他们雇了 15 位送货员给城郊那些无法来城市取货的餐馆送货上门。中华农场同时还是芝加哥最大的豆芽种植供应地。赫尔曼在麻省理工获得硕士学位后，成为了一名化学工程师。每天下班后，他都要去帮忙家族事业，等最迟的一批送货司机送完货后关门（Chiu，2007）。

早期华人移民大多从事洗衣业，零售以及餐饮类行业，同早期先人们不同的是，新一代移民开始向其他经济领域拓展，他们大部分在专业领域工作，居住在城郊地区。1950年，在77个居住区域，华人占了65个。南唐人街，作为华人最集中的地方居住着大约1250个华人，但是有2084个华人居住在唐人街以外的地方，大部分集中在北区，后者是前者的两倍（LCFB，1950；Wilson，1969：101）。1961年，84%的城郊华人是专业工作者（Keener，1994：20）。

"圣达菲工程"和南唐人街的扩展

20世纪50年代建造的两条高速公路（Dan Ryan和Stevenson Expressways）横贯南唐人街，把南唐人街的面积切掉了一半。1962年，唐人街被阿切尔街、25街、斯图尔特街和拉塞尔这四条大路包围起来。1969年，沿着永活街，从18街到舍麦路，再从21街到永活街街边的公寓和住房都被拆毁了。这些损失导致了唐人街房屋短缺，大批新移民涌入使情况进一步恶化。唐人街棘手的状况引起了媒体的注意。1962年6月17日，《芝加哥太阳报》刊登了一篇文章，文中提到"早在1959年，人们就意识到要采取适当措施来保护社区的特色。"（Keener，1994：25）

华人社区的领导也的确采取了相应措施。王恭行（Gung-

Hsing Wang）就在其中扮演了非常关键的角色。从 20 世纪 30 年代开始，王恭行作为芝加哥中国大使馆的副领事，经常出席重要的社区活动，从那时开始他便在社区中享有较高影响力。1938年到 1949 年期间，他又在新奥尔良中国大使馆担任总领事。在1949 年新中国成立后，他留在了美国，在新奥尔良的杜兰大学教了几年书。1952 年，他来到了芝加哥这个让他魂牵梦萦的地方，并且在这里建立起他的私人开发商事业。1959 年，王恭行和另外两个生意合伙人创办了街区再开发协助公司（后来改名为唐人街再开发协助公司），他在这个非营利组织中担任总经理。该组织有三项主要目标：复原唐人街内部或者附近的社区，以非营利为基础，构建售卖住宅地产以满足唐人街的住房需求，通过合作的形式，购买运营住宅地产（Wang，2007；Keener，1994：26）。

在接下来的二十年内，在政府资金以及私人捐款的资助下，唐人街再开发协助公司购买土地，在唐人街附近的不同地点，总共建造了 66 处城市住宅，以及一个 9 层楼高的可容纳139 个单位住户的老年人公寓。除此之外，该机构还把位于 24街的一块地捐赠给市政府，把它建造成一个公共公园，命名为中山公园。到 1980 年为止，该公司在西 24 街 312 至 326 建造了 8 间别墅作为公共住宅，带有 8 个居住单位的华园别墅，它还在 24 街和永活街西南角建造了 12 个公寓，在 25 街和文特沃斯大道西北角建了 8 个别墅，在卡纳尔街和 24 街建造了一个带有 132 个单位的阿普尔维尔公寓，在 26 街和希尔兹大道打造了一个五幢大楼，22 个单位的唐人街大厦。这些开发项目解决了唐人街的住宅问题，而且也稳定了社区，扩展了唐人街的边界。

那时候，唐人街的范围以及扩展到25街以南，卡纳尔街以西（Keener，1994：26）。

尽管唐人街再开发协助公司拓展了唐人街的西南边界，但是"圣达菲工程"帮助了唐人街开拓北部区域，更加功不可没。1984年，美国华裔发展组织成立，它野心勃勃地想要买下唐人街北部那块圣达菲铁路名下的32英亩的地产。如果唐人街再发展协助公司旨在解决唐人街住宅短缺问题，那么"圣达菲工程"势必是一个更加复杂成熟的投资，它不仅把目光放在住宅地产上，而且还瞄准了商业地产。它不仅面对城郊的华裔家庭，而且也希望吸引即将到来的大批香港移民，自从英国殖民政府1997年把香港交还给中国大陆政府后，香港每年有100到200个家庭移民到芝加哥。"圣达菲工程"的建筑设计既结合了现代城市居住特色，又保有了中国传统艺术价值，是集外在的东方神韵和内在的西方设施为一体的建筑。这个工程不仅为美国亚裔提供住宅地，而且也为企业业主提供更多商机。第一期和第二期工程都配备了52个两层商业单位，还有180间别墅，一个酒店，一个沿河码头，博物馆，以及植物园。第三期和第四期预期构建一个亚洲贸易中心（Keener，1994：26）。

老圣达菲铁路名下的那块地位于芝加哥河沿岸，一直延伸到舍麦路和阿切尔大道以北，1993年，这块地被开发成为一个新唐人街广场，建有两层高的零售商业中心，内设大量各式各样的商店和餐厅。在广场中心，人们建造了12樽精致的中国十二生肖青铜艺术品，众星拱月地环绕着中央的泛亚洲文化中心。在广场正前方，人们挂了一幅惊为天人的48英尺的壁画，由 10000 块手工绘制的中国瓷砖拼接而成，壁画生动地描绘了华人移民芝加哥的历史图景。广场的四个尽头处巍然屹立着四个青铜大门，分别代表了中国四大发明：火药、指南针、造纸术和雕版印刷术（CCCC brochure）。1999 年，人们沿着芝加哥河岸，在唐人街广场北部建造了一个 1200 平方米的谭继平纪念公园，2004 年，位于潭院南路 2145 号（2145 South Tan Court）的华人咨询服务处（CASL）的新大楼也施工完成，进一步扩展了南唐人街的西北边界。华人咨询服务处（CASL），位于南唐人街 2169-B 号的芝加哥唐人街商会，泛亚洲文化中心，这三个华人组织都坐落在唐人街广场，他们把社区服务，民族商业，以及保留亚洲文化遗产这三项任务结合起来，是南唐人街发展的新焦点。唐人街广场终年都很热闹，唐人街居民，城市居民，外省观光者纷纷来到唐人街广场，他们在这里可以欢庆文化节日，欣赏文化表演，还可以尽情使用谭继平公园的娱乐设施。

在南唐人街的十个商业居住街区内，差不多有八千位华人已经在里面安家乐业。南唐人街内部商业发展十分多元化，根据芝加哥唐人街商会在 2004 年提供的商业名单显示（按降序排列），南唐人街已有有 56 家餐厅，55 个零售商业店，37 个礼品，书籍以及音品录像店，36 个健康服务中心，25 个花店和美容店，22 家律师事务所，18 家旅行社和酒店，17 家中药店，15 家建筑公司，14 家会计所，7 家房地产公司，还有 7 家制面厂。而且，南唐人街里面还包括了 45 个组织机构，比如教堂和非营利公民组织（Lau，2004）。多种多样的商业文化服务，使南唐人街像磁铁一般不仅吸引着新移民的到来，而且成为了芝加哥主要的旅游胜地。

图 1：南唐人街大门（照片由令狐萍拍摄，2008）。

图 2：南唐人街停车场，图中背景为市中心地铁线
（照片由令狐萍拍摄，2008）。

图 3：位于文特沃斯大道的南唐人街（照片由令狐萍拍摄，2008）。

图 4：唐人街广场，南唐人街新拓展区域
（照片由令狐萍拍摄，2012）。

南唐人街的居住和商业功能得到了较好开发，但实质上居住环境改善也只是对那些能买得起新房子的人而言，大部分居民的居住条件仍然很不理想，这也是许多其他华人城市社区面对的一大问题。①南唐人街是全芝加哥华人最为集中的街区之一。大部分居民楼都建造在 20 世纪 40 年代，房屋结构远达不到标准并且正在不断恶化。南唐人街居民中有 20% 到 32% 的人居住在过于拥挤的环境，平均每个房间居住着不止一个人（Keener，1994：1；Kiang，1992：9）。

唐人街那些比较差的公寓住着许多新来的劳工。王小玉和她丈夫在弟弟的援助下 2003 年移民到芝加哥。来到芝加哥之前，王小玉在一家广东江门一家大型的食品零售公司做会计，她丈夫是一家摄影机公司的经理，后来这家公司倒闭，夫妇二人这才打起了移民的算盘。到芝加哥后，她丈夫在一家华人餐馆做厨师，从周一到周六每天要上十多个小时的班，每月收入 1000 美元。两年后，他们的儿子也来到芝加哥和他们团聚，他在市中心的芝加哥城市大学读书，一有空就去中国餐馆送快递或者在超市做收银。为了补贴家用，王小玉在市中心一家凯悦酒店做清洁工，一开始工资只有 7.25 美元一小时。由于低廉的收入，一家人不得不在唐人街地下室租一间两张床铺的地下室，每月租金 700 美元（Wong，1996）。

虽然南唐人街正在稳定地扩张，但是它邻近的西南地区桥

---

① 比如说，关于旧金山和纽约主要唐人街的居住状况，可参见 Loo（1991）and Kwong（1979，1987）.

港正在默默无闻而迅猛地发展成为另一个华人居住中心，而且已经超过了南唐人街本身。据 2000 年人口普查表明，桥港的华人人口为 8273，而南唐人街最原始的区域盔甲广场的华人人口仅为 7148（NIPC n.d）。桥港人口快速增长，使得社区领导以及学者们不得不重新定义南唐人街为"唐人街附近地区"或者"唐人街社区"，他们还建议南唐人街的地理边界要重新划分，必须把桥港也囊括进去（Kennedy，2003；Kiang，1992：6；Rohsenow，2004；Lan，2007）。

布里奇波特历史上是一个白人劳工街区，这里曾经容纳了一波又一波的欧洲移民：爱尔兰人、德国人、立陶宛人、捷克斯洛伐克人、波兰人、乌克兰人以及意大利人。在这群多种族移民中，爱尔兰人在政治上一直很积极，并且主导了芝加哥政界一个多世纪；桥港出过五个市长，包括大名鼎鼎的理查德·约瑟夫·载利和他儿子理查德·迈克尔·载利。桥港也见证了 1919 年可怕的反非裔种族暴乱运动，该事件曾造成了大量的伤亡。芝加哥种族关系委员会判定桥港的屠宰场伤亡最为惨重。接下来几十年，由于白人和黑人之间冲突不断，一定程度上阻止了周边黑人街区发展渗透到布里奇波特内部（Kennedy，2003；Kiang，1992：6；Rohsenow，2004；Lan，2007）。

20 世纪 80 年代，桥港开始经历一系列多种族人口的转变，当亚裔和拉丁裔的移民开始大量融入时，一大批白人移民不得不沿着东部和北部边界搬离。到 2000 年，桥港的亚裔占 26%，拉丁裔占 30%，白人占 41%，黑人 1%（NIPC n.d）。华人人口的快速增长始于上个世纪八九十年代，一批华裔开发商开始建造面向华裔和华人移民的住屋。由于桥港靠近南唐人街，所以吸引了很多华人前来桥港购买房屋。渐渐地，华人买了一个接一个街区，逐渐就占据了整个街区（Lan，2007：92）。

这里出现了越来越多的华人屋主，使当地房地市场欣欣向荣，房价节节高升，但是华裔的到来也加剧了华人与这里早就建立起的白人社区的矛盾。越来越多华裔遭遇了种族骚扰。1999 年 11 月 3 日，三个白人青少年攻击了两名华裔。那三个白人青少年不仅出言侮辱，而且对亚裔少年施行了暴力行为（CCHR 1999）。没过几年，一家位于霍尔斯特德街的华人餐馆被人放火，导致许多担惊受怕的业主纷纷把商业移到了城郊地区（*Chicago Tribune*, July 18, 2004）。

历史上，桥港的白人曾对黑人实施种族暴力，而这种种族暴力也势必影响了这里的华裔居民，因为白人对华人和黑人的暴力通常是相伴而行的。1998 年，一个 18 岁的华裔被几个白人青少年殴打。据说施暴者一边实施暴行，口中一边喊着"我要把你当成该死的黑鬼来揍，我恨你们这些黑鬼和中国佬"（Lan，2007：94）。2002 年，一个华裔高中生走在唐人街和布里奇波特的边界处时，一辆载有三名白人青少年的汽车驶过，他们对他喊道："嘿，你是黑人吗？"随后，他们便跳下了汽车对着这位华裔少年的眼睛打了一拳（Lan，2007：94）。

兰姗姗（Shan- shan Lan）认为华裔和非裔经历的重合证明了"白人／黑人二元论仍然普遍存在，仇视黑人的种族主义在布里奇波特根深蒂固"（Lan，2007：94）。蓝更进一步观察到在美国主流种族政治中，华人新移民似乎是隐形的，因为公众通常认为美国的种族主义是以黑人为"默认的目标"的，于是华裔在美国的遭遇的种族歧视通常被忽略了（Lan，2007：210-211）。

民族多元化的北唐人街

自 1975 年之后，超过 200 万的难民从越南、老挝和柬埔寨逃难而来，为了躲避国内战乱，难民潮一波接着一波地席卷芝加哥。这些来自中南半岛的难民出逃是复杂的政治和社会经济因素导致的。第一波越南难民实质上是越南本国的精英阶层，他们因为国内政权被颠覆而不得不逃离故土。这些人中有些是军队长官和他们的家人，有些是政府官员、教师、医生、工程师、律师、学生、生意人以及天主教牧师和修女。接下来的几波难民潮则更多是平民百姓，他们中许多是"海外华人"，包括一些农民和渔民，他们为了逃离军事冲突以及国内每况愈下的经济状况而远离故土，寻找安身之地（Rumbaut，1989）。后来的几批难民数量巨大，他们有些被暂时安置在美国关岛，有些被安置在紧急状况下的还未被美国接管的菲律宾，因为 1975 年西贡已经沦陷，这些后来者的数量已经大大超过了第一批越南精英。当南越政权巩固后，当权者对"海外华人"采取歧视政策，尤其是对西贡堤岸地区的华人社区（现在的胡志明市），因为他们曾经和中国在经济和历史上关系甚密。

在北美，芝加哥成了安置中南半岛难民最主要的地点。当这些越南难民在 70 年代中踏上芝加哥时，作为传统意义上新移民首选地的唐人街人满为患，已经被 1965 年从香港过来的移民占据，因此唐人街无力再为这些难民提供住宿，社会服务和就业机会，这迫使这些东南亚难民不得不找寻其他落脚之地。他们很快锁定了芝加哥北部的一个新兴的唐人街，它位于谢里丹路和百老汇之间的亚皆老街。

这个崛起的华人街区的历史根源可以追溯到协胜公会总部的迁移，它最早落脚于市中心南部的卢普区附近，是一个历史更加悠久、年代更加长远的华人社区。1974年，联邦政府征收了克拉克街的协胜公会地产，企图在那里建一个监狱和一个车库。协胜公会买下了芝加哥市北部亚皆老街的几栋大楼，野心勃勃地计划构建一个带有喷泉和宝塔的漂亮的商场（CDN 1974；DeBat 1974；*Chicago Tribune*，December 5，1976）。尽管这个坐落于亚皆老街的新唐人街并没有协胜公会领导人预想的那样成功，但是它的确吸引了一个新的美国华人社区以及从东南亚逃难而来的华人难民们在此安家，因此给这个社区注入了新的活力。协胜公会和新建立的华人互助会张开双臂迎接这些新移民，促进了该区域进一步的发展。这些美国华人居民和东南亚难民们合力一起改造了亚皆老街，把它变成了一个多产的亚洲商业区，即我们现在所称为的北唐人街。建在高处的亚皆老街的地铁站用中国风的红绿相间的屋顶装饰着，它已经成为了这个新北唐人街显目的标志，与在文特沃斯大道，赛马克路上的老南唐人街的纪念拱门竞艳。

北唐人街比对手的南唐人街小，而且与之完全不同。南唐人街清一色都是华人商铺，它们的顾客来自当地华人居民，也有非华人的芝加哥人和游客等，但是北唐人街的商业主要服务于越南和东南亚国家的华人们。北唐人街的两条大道亚皆和百老汇大街上，遍地都是餐馆、杂货铺、迷你超市、礼品店、珠宝店以及房产公司、银行、会计所和医生诊所，这些商业大多是专门面向来自中南半岛的华人和其他移民。大部分杂货店都售卖肉类、蔬菜以及烹饪佐料，它们的顾客大部分来自邻近街区的东南亚华人和其他东南亚移民家庭，而且大部分餐馆的菜式都融合了华人和越南的特色。

　　根据我 2009 年在 MapQuest 的搜索结果显示，在芝加哥市区 20 多间最受欢迎的越南餐厅当中，一半位于亚皆老街，其中包括位于亚皆老街 1113 W. 的越南泰宾（Vietnamese Thai Binh Restaurant），位于百老汇大街 4941 N. 的越南粉（Pho Viet），亚皆老街的 1119 越美餐馆（W. Viet My），百老汇大街 4877 N. 的中越太平（Dong Ky Chinese & Vietnamese），百老汇大街 4925 N. 的邓潘餐馆（Dong Thanh），百老汇大街 4953 N. 的粉罐餐馆（Pho Xe Tank Restaurant），亚皆老街 1010 W. 的黄氏餐厅（Hoang Café），亚皆老街 1032 W. 的安灵餐馆（Anh-Linh Restaurant），以及在亚皆老街 1055 W. 的海燕餐馆（Hai Yen Restaurant）。尽管这些餐馆中大部分的服务和装修都很普通，但是其中有一些也采用了摩登的设计和室内装修，企图吸引更广泛的客户群，比如说海燕餐馆就是一间让人耳目一新、时尚典雅的越南餐厅之一，它在 2001 年 5 月被《芝加哥杂志》评为最佳餐厅，同年 11 月《芝加哥论坛报》还为它写了一篇专题报道（Hai Yen Restaurant 2009）。

　　由于大部分东南亚华人都在亚皆老街附近开店铺，所以他们都倾向在同一区域买房子定居。北唐人街的居民大部分是越南，柬埔寨，老挝以及其他南亚国家的华人，比如像这里我们看到的杜（Du Huang），珍妮（Jenny Ling）和桐（Toung Ling）的案例。杜1934年出生在中国。他的父亲在越南从事茶叶进口生意，二战后，他全家从中国移民到了越南。杜在中国上了五年学，然后在越南读完了初中。1975年，美军在越南大败之后，他们全家逃上了两艘小船：他带着几个孩子上了一艘小船，他的妻子带着剩下的孩子上了另一艘船。他们渡海到达了马来西亚边境小岛上的一个难民营，在那里等待放行和美国的资助。1977年，全家人终于来到了洛杉矶，1978年移民到芝加哥。在越南的时候，杜开了一家专门制造农业生产用的摩托和引擎工厂；来到芝加哥后，他同时从事好几门生意，其中有一个制衣厂。他在商业上的成功帮助他成为了社区领导人。他成立了北唐人街的华人互助社，并且一直积极参与华人社团组织活动，因此获得了州政府和当地政府颁发的无数荣誉（Huang，2007）。

珍妮是1963年出生在柬埔寨的华人，她有三个弟弟。六七岁时，珍妮开始上学。不幸的是，她八岁的时候父亲过世，她不得不搬去和叔叔一同居住。她13岁时，正逢红色高棉统治柬埔寨，她全家获取了去往老挝的护照，从老挝他们又搬去泰国，在那里她上学学习了英文。20世纪70年代，珍妮全家来到美国。1988年她搬到了芝加哥，在北唐人街附近的杜鲁门学院上大学。从1990年开始，她一直在北唐人街从事着美发师的工作。

桐也是一个柬埔寨华人，1962年出生在柬埔寨。1982年他逃离柬埔寨，与另外三个朋友在泰国的难民营待了一年。于是，他的一个在德克萨斯的堂兄弟帮助他来到了美国，他在美国干的第一份活便是在甜甜圈店里烤甜甜圈。1990 年他搬去了芝加哥，在那里同在柬埔寨便相识的珍妮喜结连理。

芝加哥上区，即现在的北唐人街所在之处，在历史发展中一直深受一波波移民的欢迎，包括来自美国南部的穷苦的白人，以及二战后从西海岸迁离过来的日裔。直到越南、老挝、柬埔寨以及其他东南亚的难民移民到这里，这块地区才得到了重新定位，变成了一个有活力的多元族群的城市商业居住地（Arenson，2009）。

郊区的"文化社区"

新移民给市中心的唐人街注入了活力，并且扩展了它的范围，但同时他们也加快了芝加哥城市华人人口的郊区化进程，尤其是在库克县和它的边郊地区。1980 年，芝加哥北部的斯科基镇有华人居民 721 人。在库克县的另外九个城市，小镇以及农村分别有 100 多个华人居民。到 1990 年，库克县的 21 个城市，小镇和农村已经发展出相当数量的华人人口。在邻近的杜佩奇县，内珀维尔西区拥有华人人口一千多人。芝加哥郊区总共居住了 20700 位华人居民，占 1990 年人口普查中华人人口的一半（US Census, 1990）。据 2000 年人口普查显示，伊利诺的华人人口增加了 54%，从 1980 年的 28597 以及 1990 年的 49936 增长到了 2000 年的 76725。其中华人人口数量最多达到 48058，他们都居住在库克县，这个数字也占整个县的 0.9%（US Census, 2000）。该趋势一直持续到了 2010 年（Udrica，2011）。

从职业上来看，大部分郊区的华人都来自台湾地区和中国大陆，在美国接受教育，在该地区的高科技行业和研究机构工作，像阿贡国家实验室、费米实验室、费米实验室、雅培、摩托罗拉、芝加哥大学、伊利诺伊大学芝加哥分校、西北大学、伊利诺伊科技大学，以及其他许多坐落于芝加哥西部、西北部和北部郊区的研究机构和大学。

他们拥有稳定的收入、人力资本和阶级资源，足以负担起市郊的生活方式。新的住房设施，较好的教育体系，新兴的华人超市以及各种市郊的服务都吸引着这部分人欣然地融入到强大的美国郊区文化中去。他们对自己的郊区生活环境非常满意，很少需要依靠传统唐人街找工作，寻求生活服务和娱乐活动，除非由于特殊情况下偶尔到唐人街一游。

随着郊区华人人口的增长，华人超市和店铺也迅速在这些人口集中地蔓延开来，以满足当地人快速增长的需求。最瞩目的例子莫过于位于韦斯特蒙特郊区的顶好超市，这个超市吸引了一大部分来自周边的华人居民前去购物。

由于职业和居住模式的不同，这些郊区华人组成了一个与他们在南唐人街和北唐人街的同伴们截然不同的群体。尽管他们分散在几个主要的工作地点，居住在以白人为主导的社区，但是他们在双休和节假日时便聚集在一起，一起上汉语学校，去教堂或者参加华人为主导的聚会。在我之前一部主要研究圣路易斯华人的著作（*Chinese St. Louis: From Enclave to Cultural Community*）中，我把这样一个流动的、灵活的社区结构定义为"文化社区"（Ling，2004a）。

在我看来，一个文化社区并不需要特定的地理界限，而是以成员们共同的文化习俗和信仰来定义。文化社区包括语言学校、宗教机构、华人社区组织、文化机构、华人政治联盟或者特设的团体，以及由以上这些团体所组织的文化节庆活动。从20世纪60年代开始形成的圣路易斯华人社区就是这样一个典型的文化社区。成员们分散在城市和郊区各个角落，他们没有特定的商业聚居地，或者一个叫作"唐人街"或"郊区唐人街"的族群聚居地。但是，圣路易斯的华人通过社区组织的各种各样的文化活动结合在了一起，例如语言学校、教堂和其他一些文化机构。他们在没有一个可识别的实质性的社区的情况下，保留了华人的文化遗产，实现了民族团结。因此，这样一个群体通过文化社区来理解最为合适不过（Ling，2004a：12）。

一个文化社区也可以通过它的经济和人口结构来认定。经济上来说，文化社区的成员们大部分都是专业人士，更倾向于融入外部社会；这样一来，以族群为基础的某项经济活动的好坏并不会影响该社区及成员们的生活。从人口结构来看，文化社区包括了一大部分专业人士以及自己创业的商业人士，他们经济成功与否更多地取决于大环境下的经济情况，而不是族群经济。专业人士大部分为外部社会的机构打工，而创业人士的成功依赖于外部社会的大部分人口。就人口数而言，工人阶级只占郊区华人社区的一小部分（Ling，2004a：13）。

当地人称之为芝加哥大都会地区（Chicagoland）的华人社区与圣路易斯的华人社区惊人得相似。这两个社区的成员大多在美国公司工作，分散地居住在郊区的各个街区。他们只是偶尔去到市中心的唐人街，要么吃饭，要么采购华人食物，尽管后者也可以在郊区的大型亚洲超市购得，比如像位于韦斯特蒙特郊区的顶好超市。一位芝加哥历史学家阿伦森（Ling Z. Arenson）研究了1945年之后芝加哥华人社区，在研究中她观察到许多郊区华人对城区唐人街是冷淡的，大部分郊区华人"基本上不参与到这两个唐人街的社会结构中去。"（Arensen, 2009：77）。

尽管与市中心的唐人街保持着距离，郊区的华人也经常因为文化社会活动聚集到一起。汉语文化遗产学校就在郊区华人中扮演着非常重要的角色。这些人大部分接受了良好的教育，有两种文化背景和双语能力，他们在自己的祖国和美国都取得了较高学位，工作时可以说流利的英文，在家说普通话或者闽南话，尽管如此，但是他们非常希望自己的孩子可以学会说汉语，使得这部分文化遗产得以保留。这份对语言和文化的强烈的渴望促使他们每逢周六就聚在一起，参加周末汉语课堂。1971年，来自台湾地区的美国华人在西部郊区组织了一间汉语合作学校。这些早期从台湾地区来的郊区华人组织了语言学校，主要教授"古典"汉语或者繁体字，但是从大陆新移民过来的华人组建的汉语学校则教授自1954年开始中国大陆使用的标准"简体"汉字，比如像1989年成立的希林协会，该机构在全芝加哥郊区共有七间分校（Arenson, 2009：82）。1998至1999年的芝加哥华人黄页显示，在总共35家汉语学校中，八间位于南唐人街，一间位于北唐人街，还有21间全都在芝加哥大都会地区的郊区，不算上七间西林学校（Rohsenow, 2004：339）。

三足鼎立

华人社区发展出独立的群体，包括了桥港区域在内的泛南唐人街，位于亚皆的北唐人街，以及位于北部和西部郊区的华人文化社区，这三个社区就是我们所说的"三足鼎立"（Rohsenow，2004：321）。在前面部分我们已经讨论过，每个社区都有着与其他另外两个社区不同的独树一帜的风格。南唐人街，作为芝加哥最历史最悠久，规模最大的华人聚居区，仍然是华人商业、文化和旅游业的中心，这里有着最著名的华人商铺、教堂、学校以及社区服务机构／组织，就连市图书馆唐人街分馆也坐落在这里，这里还是举办大型中华文化节日活动的地方。北唐人街大量汇聚了从70年代移民过来的中南半岛华人，它也被称作"小西贡"，因为这里汇集了最多的越南餐厅和杂货铺。郊区文化社区的华人分散在郊区各个小镇里，成员们只有在双休或者休假时才会去市区的这两个唐人街，他们喜欢去那里享用华人美食，购物或者参加文化庆典活动。事实上，当代芝加哥大都会地区的华人社区不仅受地理位置的划分，而且还受到他们各自在祖国以及侨居国政治取向的划分，他们所受教育水平、专业训练、语言和出生地都各有不同，进一步加深了彼此的差异性。

尽管，唐人街内部大部分按传统的父系关系来划分，但是在近几十年，芝加哥大都会地区的华人，同其他种族一样，开始同时受到母国和美国政治的影响。然而，1972年，尼克松政府开始与中国关系正常化，1979年美国便恢复了与中国的外交关系，这一政策的变化导致了华人社区内部发生了新的一轮跨越地理界限的政治划分。

但是许多来自中国大陆的华人是支持共产党政府的。如上文所提到，大部分郊区华人社区的成员都是来自中国大陆或者台湾的、在美国受教育的专业人士。尽管他们在工作场合会在一起合作，甚至建立了个人友谊，但是作为两个不同的群体，他们分开组织汉语学校和社团机构。除了上述政治分歧外，华人社区内部还存在着更进一步的划分。例如，台湾来的移民中还分出了国民党支持者和台湾本土的民进党支持者，两者之间的纷争基本上与主要的党派之分一样激烈，尤其是台湾地区领导人选举年。阿伦森的研究很好地记录了在美国华人之间复杂的矛盾纷争（Arenson，2009：81）。

就语言而言，罗圣豪严谨地分析了芝加哥三个华人社区里面不同语言的使用，说明语言的差异也与历史的和当代的社会政治力量紧密相关。历史上，芝加哥南唐人街大部分移民来自中国南方、香港以及东南亚，他们是农村或城市的工人阶级，大多讲广东话。同后来从中国大陆及台湾移民过来的郊区华人相比，这些人受教育水平较低。1980年，南唐人街25岁以上的青年平均受教育时间为10.4年，而库克县的华人达到了12.46年。因此，92%的南唐人街居民只会讲汉语（大部分广东话）。1990年，60%以上的南唐人街居民不会说流利的英文（Rohsenow，2004：325）。而且，70年代之后，由于南唐人街涌入了更多的来自香港、中国南方省市以及东南亚的移民，"唐人街通用语言"从原来广东农村的台山方言转换成更为标准的广州市区使用的粤语（Rohsenow，2004：332）。

在北唐人街，大部分中南半岛的华人难民的祖籍是沿海的福建和广东，这两个省市在历史上就一直把居民输送到东南亚各国（更广为熟知的是"南洋"），这些移民把他们的福建话和潮州话也带去了侨居国，并且他们还学了广东话和普通话来做生意（Rohsenow，2004：333）。中国大陆和台湾的华人大部分是早期来美国求学，毕业后转为专业人士的，所以他们大部分讲普通话，尽管由于出生省市不同会带有不同地方的口音。他们来芝加哥在各区的大学里面就读研究型课程。他们在芝加哥大学、西北大学、伊利诺伊大学芝加哥分校、伊利诺伊科技大学或者其他区域大学就读工程、计算机科学或者会计等专业，毕业后他们加入了郊区的高科技产业公司工作。在学校里，他们成立了各自的学生组织，这种社群分界在毕业后也得到了延续（Rohsenow，2004：333）。

语言的差异也与阶级差异密切相关。受高等教育的专业人士在美国主流的高科技公司或者卫生行业工作，拿着稳定的薪水，住在新建的甚至百万价值的豪华住房里面，但是南唐人街和北唐人街的华人大多从事低技术含量的工作，比如华人商业里面的杂货铺、餐馆、面条厂以及其他类似的行业，拿着微薄的薪水住在劣质的房屋里面。这种社会经济的两极化也导致了两者之间社会距离的拉大（Lau，2004）。

值得注意的是，尽管这三个华人社区被地理划分开来，成员们又按母国以及侨居国的政治取向，按所受教育水平、专业训练、语言和出生地进一步细分开来，但是他们有着共同的本质——以美国华人的身份实现种族团结，这已经成为团结芝加哥所有华人的关键因素。

汇聚为芝加哥华人

尽管芝加哥大都会地区的华人由于政治、社会经济地位、语言以及出生地的不同被分裂为独立的社区，但是他们也非常清楚彼此的福祉依赖于种族的团结。近几十年，他们齐心合力地跨越了群体间的差异性，把注意力放在了影响华人社区的共同的问题上，比如像住房短缺、岗位培训、英语能力、老龄关怀、青年的发展、民族文化遗产的保留以及公民权利的维护。为了更好地满足以上这些需求，他们已经成立了一些跨越文化、政治和社会的组织，为人们提供社会服务，同时与其他亚裔族群和欧美公民达成协作。

旧社团的权力机构是以唐人街为基础的，比如像 CCBA、安良工商会、协胜工会还有各种各样的家族社团，和它们相比，这些新兴的社团组织展现出一些共同的特点，使之与旧的社团组织区分开来。一些著名的新社区组织和外部社会的服务机构更加类似。来自下级社区或者大公司的少数成功的专业人士和企业领导人组成了董事会，掌管了组织的决策权，但是由专业人士和拿薪酬的员工执行具体的社会服务。这些组织主要从政府基金中和私人企业的捐款中获得收入。它们的社会服务也输送到更广泛的选区中去。在这些社会服务组织中，华人咨询服务处和华人互助协会就是两个有代表性的案例。

华人咨询服务处（CASL）

1978年，一群华人在一起聚餐，聊起华人社区的一些需求，比如像一些华人需要英文辅导，一些难民需要救助，而有的则需要人帮助申请社保服务，于是他们决定成立一个华人咨询服务处（CASL）。一开始，人们反应各有不同，因为社会服务机构的价值观和理念并不为大部分华人居民所熟悉，而且传统的华人遇到私人问题，往往会排斥外界的帮助。1980年，CASL已经成为芝加哥联合劝募会（United Way）的永久成员，因此吸引了许多唐人街以外的人参与进来。扩大后的CASL增加了一些项目：一个核心项目和一个岗位培训项目。到1983年，CASL已经成长为一个拥有17位员工的组织，而位于219西赛马克街的700平方英尺的办公室也显得过于局促了。到1985年5月，CASL经历了一场前所未有的资本募集，给该组织带了大量的关注和名气，因此也得到了来自各个选区的CASL的支持，于是CASL终于开始搬进一个全新的，刚装修过的办公楼，这个新的办公地位于24街西310号，占地10000平方英尺，原来是一个卡车仓库。

在新的办公楼里，CASL足以提供更多的服务。很快，人们便建立了一个多语言多文化的日托中心。厨师训练和烘培项目也很快建立了起来。CASL还成立了街区发展和社区组织项目，专门应对全芝加哥市的华人面对的问题。后来，CASL又建立起课后业余班、青年拓展营和学业辅导班。很快，这个刚开始看起来很宽敞的大楼再一次变得拥挤起来，CASL发起了又一轮资金募集会，获得了另外900平方英尺的厂区——儿童青年中心——坐落于附近的卡纳尔街。1995 年，CASL 又在 24 街西 306 号添加了一幢一层楼高的小型建筑物，来安置发展中的老年服务部门。1996 年到 2004 年之间，随着越来越多新移民的加入，CASL 开发了更多的新项目来满足不断增长的需求。随着创新性项目了成人日托服务的开发，CASL 又在 24 街 300 号 302 号添置了一番新的设备。CASL 还开始买进一批车辆，用作接送客户，尤其是参与青年和家庭项目的客户们。1998 年，CASL 专门为高龄人士建造了一片 91 个单位的住房区。CASL 快速成长扩展，不得不再一次寻找新的场地来把分散的活动中心整合成一个整体。2002 年秋季，CASL 新的社区服务中心在 2141 谭院南路（South Tan Court）进行了破土仪式。到 2004 年，新大楼已经建成，用户们也搬了进去，开启了 CASL 历史上的新篇章。

同样的，这几十年里，CASL 的财务能力也得到了显著的发展。1985 年，CASL 的预算还不到 30 万美元。十年后，也就是 1995 年，CASL 的财年预算超过了 250 万美元。2010 年，它的财政预算猛增到了 1030 万美元，雇用了 300 多名多语言多文化的专业人士和其他辅助员工。CASL 项目中，儿童教育发展、就业服务、咨询和社会服务项目每年已拥有超过 17000 位客户，这些人大部分都住在南唐人街、盏甲广场和布里奇波特附近。另外还有些客户来自芝加哥各个角落，包括周边郊区和邻近的中西部州也在使用他们的服务。

作为一个非营利组织，CASL 大部分资金来源于政府和中产阶级华人。他们大约有 70% 的预算从政府资金中获得，剩下的 30% 需要该机构自己从私人资金、企业和个人捐款中筹得。

华人互助协会（CMAA）

华人互助协会刚成立的时候，主要是一个为 70 年代东南亚移民服务的志愿组织。1981 年，该组织正式成为了一个由政府资金支持的、非营利的社会服务机构，坐落于北唐人街中心的西亚皆老街 1016 号。CMAA 服务于芝加哥华人以及其他移民和难民，旨在满足他们的需求，促进他们的福利，提升他们的福祉，同时帮助他们更好地融入美国社会。为了实现此目标，CMAA 也从州政府和当地政府、基金会和企业以及私人捐款中筹得资金。在充裕的资金支持下，CMAA 成为了一个朝气蓬勃的、多方面发展的社会服务机构。2009 年，它在各部门雇用了一共将近 40 位全职的多语言行政人员、专业人士以及普通员工，包括教育和劳动力发展部门、计算机和信息科技部门、公民权和移民部门、社会五福部门、青年部门以及多元文化青年项目。

CMAA 的许多项目旨在服务于新移民，尤其是在英文教育、就业培训和公民权协助方面。这些扫盲项目是专门设计来帮助新移民提高交流能力，帮助他们更好地理解美国文化，为申请美国公民做准备，包括英语作为第二语言的习得课程（ESL），一对一辅导班和家庭学习班。到 2001 年，这些项目已经服务了将近 500 位客户。

尽管 CMAA 仍然把注意力集中在华人移民难民们最迫切的生存需求，但是它也拓展了起初的眼界，扩展服务范围，增加客户的多样性。CMAA 意识到郊区中产阶级的父母中，存在着较高比例的老年抑郁症以及其医护需求，于是它在帝豪超市市场附近的韦斯特蒙特设立了一间办公室，专门提供医学讲座，还派车辆接送客户来往医疗中心，同时提供英文和公民权辅导班（Arenson，2009：80）。CMAA 的多元文化青年项目（MCYP）与北部的五个机构达成了合作，他们分别是波黑美国社区中心、伊利诺伊柬埔寨人协会、罗梅写中心、芝加哥埃塞社区协会和伊利诺伊越南人协会。CMAA 与不同文化群体通力合作，为在北唐人街上区创造一个强大而文化多样化的社区组织提供了难得的机会。MCYP 项目把不同背景的年轻人聚集到了一起，他们一起玩乐、建立友谊、展开对话、发展技能、构建团队、提供服务、还提升了社区活动积极性。来自六个合作机构的青年人的互动通常在特定活动和场合下展开，比如像运动会联盟、远足、露营、工作坊、培训、社区节庆和文化交流活动。2002年，MCYP 直接服务的对象达到 295 名，他们都是介于 10 岁到 18 岁的年轻人。2009 年，在芝加哥大都会地区，MCYP 多样化的项目已经服务了超过 13000 位客户（CMAA 主页）。

在促进跨族群和谐，寻求与不同华人社区间以及族群机构的合作方面，CMAA 做出了重大贡献。它与不同组织都建立了亲密的合作关系，比如像姐妹机构 CASL，还有传统社区组织中华公所（CCBA），以及东南亚各国移民社区组织例如，伊利诺伊越南人协会，美籍老挝人社区服务中心，它用 20 种不同方言和语言服务于上区北部多样化的移民家庭（Arenson，2009：79）。CMAA 的多文化项目为不同族群如何在拥挤的城市社区中寻得和谐发展提供了一个非常好的例子。这和一些地方不幸的种族冲突形成了强烈对比，比如像 1992 年洛杉矶的韩裔美国人和非裔美国人之间爆发了种族暴乱，更近的发生在 2009 年 4 月，韩裔美国人和孟加拉裔美国人因为命名洛杉矶某区域为"小韩国"还是"小孟加拉"而产生冲突（Abelmann and Lee，1995；Jang，2009）。

社会服务组织帮助新移民转变成美国公民，促进族群和谐团结，并且同时保护族群文化遗产，在这些方面，CASL 和 CMAA 这两个组织便是很好的范例。与此同时，其他重要的社区组织也通力合作促进华人在美国的经济和文化发展。芝城华商会（CCCC）注重发展南唐人街的商业发展。CCCC 成立于1983 年。以增加商业机会，向其他族群普及美国华人的历史、文化和习俗为宗旨，它把唐人街变成了吸引周边游客的旅游胜地，尤其是来自中西部，伊利诺伊州和芝加哥市的游客们，以此为当地商业增加收入来源。CCCC 的董事会来自各行各业的领导人，包括银行、房地产公司、保险公司、旅行社、法律事务所、食品厂以及餐厅的成功商人。

CCCC 的服务侧重于推销包装唐人街，美化唐人街社区，为社区成员和企业提供发展协助。CCCC 与市政府和其他组织携手，成功地推动了唐人街商业的繁荣；它主办了教育性的工作坊，开展卫生方面的课程以及一系列午餐聚会。它还提倡与当地警局和其他亚裔组织建立合作伙关系。它不仅建造了唐人街高速公路匝道入口的景观，而且维护了整个唐人街的美化工作。它还为当地酒店提供夏季免费班车服务和迎宾服务，以此来吸引更多的游客。它制作了许多丰富多彩的游客手册来突出唐人街的商业和景点，里面精美的快照展现了唐人街丰富的文化活动。为了保护文化遗产、推广旅游业，华商会资助了一些非常受欢迎的年度文化节日，比如像每年 1 月或 2 月的中国春节游行，5 月的美国亚裔遗产月，唐人街夏季展览会和龙船赛，10 月拉塞尔银行的唐人街马拉松，还有 11 月份唐人街选美大赛的友谊大使（CCCC 网页）。把带有族群特色的旅游业同商业发展结合起来已成为一个新的发展潮流，这个潮流在美国东海岸和西海岸的那些更大的华人社会中也颇为流行。

除了向外部社会推广华人旅游业和商业，华商会组织的活动还旨在强调芝加哥华人在多样的群体中拥有一个共同的族群身份。例如，在 2010 年友谊大使比赛中，最后入围的选手包括了不同族群背景的年轻华裔女性。获得 2010 年友谊大使第一名和第二名的杰西卡（Jessica Lin）和克丽斯汀（Christine Trinh）分别为台湾地区华人和越南华人（CCCC 主页）。

芝加哥美洲华裔博物馆（CAMOC，以下简称"华裔博物馆"）是另一个旨在推广芝加哥华人文化和历史遗产的社区组织。华裔博物馆由唐人街博物馆基金的董事会掌管，该董事会成立于 2002 年，由一群区域商人、专业人士和个人组成，他们都对如何研究、教育和推广美国中西部华人文化遗产兴趣浓厚。2009 年，董事会有 23 名成员。作为一个免税的文化机构，在华裔博物馆形成之初，基金会的成员们大部分都是退休人员，他们孜孜不倦地搜集稀有历史照片和物品，采访了华裔社区内部的居民，并且从 2005 年开始，每逢南唐人街中心 23 街西 238 号的博物馆对公共开放时，华裔博物馆便组织了年度展览，现总共进行了两次展览。华裔博物馆是受芝加哥的玲珑博物馆（Ling Long Musum）的启发，这间博物馆据说是中国移民在美国建立的第一间博物馆。1933 年，芝加哥举办了以"一个进步的世纪"为主题的芝加哥世界博览会，为了响应该盛事，玲珑博物馆成立了，坐落在永活街，它展出了 24 个根据中国历史故事还原的立体布景，以及其他一些由旧金山华人艺术家、设计在广东佛山生产的雕塑，同时展出的还有一樽佛教观音的画像。玲珑博物馆内部后来变成了一家中国餐馆，该博物馆在 20 世纪 70 年代被关闭了（华裔博物馆主页；Ho and Moy，2005）。尽管现在华裔博物馆运行得很成功，但是在 2008 年 9 月 19 日，一场大火烧毁了博物馆永久性展览的许多藏品。23 件历史布景、古代刺绣壁画以及一件京剧戏服毁灭在了熊熊火焰中。临近社区的人们为损失如此珍贵的藏品感到十分难过与悲痛，他们纷纷组织起来帮助唐人街博物馆基金会的成员们进行恢复重建工作，该博物馆于 2010 年 9 月 25 日重新对公众开放（Ortiz，2008）。

除了以上讨论的这些以社区为中心的努力，许多社区志愿者也跨越了种族和文化界限一起工作。举两个例子，自 1990 年开始，退伍军人工程师，郑万贤（Howard Chun）就自愿加入美国韩裔社区服务中心的芝加哥分支，在那里他给韩国老年人开设私人辅导班，教授他们计算机技术。他的妻子洪慧珍（Grace Chun）长期以来都支持"读者无界"组织（Boundless Readers）和"让阅读成为孩子生活的一部分"基金会，这是一个扫盲组织，旨在为整个芝加哥地区课堂和图书馆提供书本。

结论

面对越来越多样化的族群社区，芝加哥华人已经找到了应对的策略。毫无疑问，在民权运动的影响下，他们齐心协力地组建了更加包容、更加广泛的社区服务组织，希望可以为跨区域、跨文化和跨族群的客户服务。为了可以向这个更广泛的客户群提供更好的服务，这些组织需要依靠从政府、私人机构和个人捐款中获得资金，同时它们还雇用了专业工作人员来执行他们的雄心壮志，即这些复杂的社会服务项目。但是，要把这么一个庞大的族群融合到一起仍然十分困难，各族群间存在着地理的、文化的和职业上的差异性，这就要求相关群体都能互相理解，互相合作，这也是芝加哥华人们仍然努力奋斗的目标。同时，这些组织在美国的成功也把它们和其他海外华人联结在一起，他们为与家乡重建联系而举杯欢庆，互相扶持。

要想预测芝加哥华人社区在二十或三十年之后的未来恐怕很困难，因为他们和美国甚至世界任何地方一样，都在这个越来越全球化的世界里（创新和变化无所不在），以前所未有的速度进化着。但可以确定的是，芝加哥华人社区仍将是这个不断变化着的世界的一面镜子。

令狐萍

参考文献

Abelmann, Nancy and John Lee. 1995. *Blue Dreams: Korean Americans and the Los Angeles Riots*. Cambridge: Harvard University Press.

Arenson, Ling Z. 2009. "Beyond a Common Ethnicity and Culture: Chicagoland's Chinese American Communities since 1945." In *Asian America: Forming New Communities, Expanding Boundaries*. Huping Ling, ed., 65-86. New Brunswick, NJ: Rutgers University Press.

Cheung, Celia Moy. 2007. Interview by Grace Chun, Thomas O'Conell, and Antrea Stamm, Chicago.

Chin, Catherine Wong. 2007. Interview by Sheila Chin, Chicago.

Chin, Iran Roosevelt. 2007. Interview by Andrea Stamm, Chicago.

CCCC. n.d. Chicago Chinatown Chamber of Commerce (CCCC). Chinatown brochure.

CCCC. 2009. Chicago Chinatown Chamber of Commerce (CCCC). http://www. chicagochinatown .org/cccorg/about.jsp (accessed 2-5-2009).

CCHR. 1999. Chicago Commission on Human Relations (CCHR). 1999 Hate Crime Report, 9.

CAMOC Chinese American Museum of Chicago (CAMOC). Website, http://www. ccamuseum .org/About_Us.html.

CASL. 1990-1997, 2007. Chinese American Service League (CASL). *Chinese American Service League Annual Report*. Chicago History Museum;, History. Http://www.caslservice.org (accessed September 28, 2010).

CMAA. 2010. Chinese Mutual Aid Association (CMAA). http://www.chinesemutualaid.org/ (accessed September 30, 2010).

CDN. 1950. "Homeland Run by Reds, A Saddened Chinatown Marks Its '4th of July.' " *Chinese Daily News,* Oct. 11, 1950.

—— 1974. *Chicago Daily News* (CDN). 1974. February 14.

CDT. 1936. "Mr. G. P. Moy Leaves for China after Graduation." *Chinese Daily Times,* Sept. 22, 1936.

Chiu, Herman. 2007. Interview by Delilah Lee Chan, Chicago.

Chun, Grace. 2008. Interview by the author, April 19, Chicago.

Chun, Howard. 2008. Interview by the author, April 19, Chicago.

DeBat, Don. 1974. "Chinatown: Quiet Island." *Chicago Daily News,* July 5, 1974.

Eng, Corwin. 2007. Interview by Ruth Kung, Chicago.

Fan, Tin-Chin. 1926. "Chinese Residents in Chicago." Ph.D. dissertation, University of Chicago.

Fong, Susanna. 2007. Interview by Delilah Lee Chan, Chicago.

Hai Yen Restaurant. 2009. http://haiyenrestaurant.com/home.html (accessed April 1, 2009).

Hirsch, Arnold R., 1983. *Making the Second Ghetto:Race and Housing in Chicago, 1940-1960.* Cambridge: Cambridge University Press.

Ho, Chuimei and Soo Lon Moy, eds. 2005. *Chinese in Chicago, 1870-1945.* Charleston, SC: Arcadia Publishing.

Huang, Du. 2007. Interview by Grace Chun and Soo Lon Moy, Chicago.

INS. Immigration and Naturalization Services (INS). 1945-1954. Annual Reports.

INSCCCF. Immigration and Naturalization Services Chicago Chinese Case Files (CCCF).

Jang, Mira. 2009. "Koreans and Bangladeshis Vie in Los Angeles District." *New York Times,* April 7, A16.

Jew, Victor. 1999. "Broken Windows: Anti-Chinese Violence and Interracial Sexuality in 19th Century Milwaukee." In *Asian Pacific American Genders and Sexualities.* Thomas K. Nakayama, ed., pp. 29-51. Tempe, Arizona: Arizona State University.

Joiner, Thekla Ellen. 2007. *Sin in the City: Chicago and Revivalism, 1880-1920.* Columbia, Missouri: University of Missouri Press.

Keener, Minglan Cheung. 1994. "Chicago's Chinatown: A Case Study of an Ethnic Neighborhood." Master's thesis, University of Illinois at Urbana-Champaign.

Kennedy, K. 2003. "Chinatown Returns to Center Stage." *Chicago Tribune,* February 20, 2003.

Kiang, Harry Ying Cheng. 1992. *Chicago's Chinatown*. Lincolnwood, Ill.: The Institute of China Studies.

Kwong, Peter. 1987. *The New Chinatown*. New York: Hill and Wang.

———. 1979. *Chinatown, New York: Labor and Politics, 1930-1950*. New York: Monthly Review Press.

Lan, Shanshan. 2007. "Learning Race and Class: Chinese Americans in Multicultural Bridgeport." Ph.D. dissertation, University of Illinois at Urbana-Champaign.

Lau, Yvonne M. 2004. "Chicago's Chinese American Communities in Transition." Paper submitted to the 99th Annual Meeting of the American Sociological Association, Section on Asia and Asian America, August 9, 2004. http://www.allacademic. com/meta/p_mla_apa_research_ citation/1/1/0/5/9/p110590_index.html.

Lee, Rose Hum. 1956. "The Recent Immigrant Chinese Families of the San Francisco-Oakland Area." *Marriage and Family Living* 18: 14-24.

Lee, Yolanda. 2007. Interview by Grace Chun and Soo Lon Moy, Chicago.

Ling, Huping. 1997. "A History of Chinese Female Students in the United States, 1880s-1990s." *Journal of American Ethnic History* 16 (3): 81-109.

———. 1998. *Surviving on the Gold Mountain: A History of Chinese American Women and Their Lives*. Albany: the State University of New York Press.

———. 2000. "Family and Marriage of Late-Nineteenth and Early-Twentieth Century Chinese Immigrant Women." *Journal of American Ethnic History* 19 (2): 43-63.

———. 2002. "Hop Alley: Myth and Reality of the St. Louis Chinatown, 1860s-1930s." *Journal of Urban History* 28 (2): 184-219.

———. 2003. "The Rise and Fall of the Study in America Movement in Taiwan." *Overseas Chinese History Studies* 4: 21-28.

———. 2004a. *Chinese St. Louis: From Enclave to Cultural Community*. Philadelphia: Temple University Press.

———. 2004b. "Governing 'Hop Alley:' On Leong Chinese Merchants and Laborers Association, 1906-1966." *Journal of American Ethnic History* 23 (2): 50-84.

———. 2004c. "Growing up in 'Hop Alley:' The Chinese American Youth in St. Louis during the Early-Twentieth Century." In *Asian American Children*. Benson Tong, ed., pp. 65-81. Westport, CT: Greenwood Press.

——. 2005. "Reconceptualizing Chinese American Community in St. Louis: From Chinatown to Cultural Community." *Journal of American Ethnic History* 24 (2): 65-101.

——. 2007a. *Voices of the heart: Asian American Women on Immigration, Work, and Family.* Kirksville, MO: Truman State University Press.

——. 2007b. *Chinese in St. Louis: 1857-2007.* Charleston, SC: Arcadia Publishing.

——. 2007c. "New Perspectives on Chinese American Studies: Cultural Community Theory." *Overseas Chinese History Studies* 1: 25-31.

—— ed. 2008. *Emerging Voices: Experiences of Underrepresented Asian Americans.* New Brunswick, NJ: Rutgers University Press.

—— ed. 2009. *Asian America: Forming New Communities, Expanding Boundaries.* New Brunswick, NJ: Rutgers University Press.

——. 2010. "Chinese Chicago: Transnational Migration and Businesses, 1890s-1930s." *Journal of Chinese Overseas* 6: 250-285.

——. 2011. "The Transnational World of Chinese Entrepreneurs in Chicago, 1870s to 1940s: New Sources and Perspectives on Southern Chinese Emigration." *Frontier History in China*, 6 (3): 370-406.

——. 2012. *Chinese Chicago: Race, Transnational Migration and Community since 1870.* Stanford: Stanford University Press.

Ling, Huping and Allan W. Austin, ed. 2010. *Asian American History and Cultures: An Encyclopedia.* (Two volumes) New York: M. E. Sharpe.

Ling, Jenny. 2007. Interview by Grace Chun and Soo Lon Moy, Chicago.

Ling, Toung. 2007. Interview by Grace Chun and Soo Lon Moy, Chicago.

Lo, Cho Tuk. 2007. Interview by Grace Chun and Soo Lon Moy, Chicago.

Local Community Fact Book (LCFB). 1950.

Loo, Chalsa M. 1991. *Chinatown: Most Time, Hard Time.* New York: Praeger.

Lui, Mary Ting Yi. 2005. The *Chinatown Trunk Mystery: Murder, Miscengenation, and Other Dangerous Encounters in Turn-of-the-Century New York City.* Princeton: Princeton University Press.

McKeown, Adam. 2001. *Chinese Migrant Networks and Cultural Change, Peru, Chicago, Hawaii, 1900-1936.* Chicago: The University of Chicago Press.

Moy, Benjamin C. 2007. Interview by Grace Chun, Chicago.

Moy, Lee. 1978. "The Chinese in Chicago: The First One Hundred Years, 1870-1970." Master's thesis, University of Wisconsin-Milwaukee.

NIPC. N.d. Northeastern Illinois Planning Commission (NIPC), Summary of General Demographic Characteristics for the City of Chicago and its 77 Community Areas. [n.d.]

Ortiz, Vikki. 2008. "Fire cleanup begins at Chinese-American Museum of Chicago." *Chicago Tribune,* September 22, 2008.

Pfaeler, Jean. 2007. *Driven Out: The Forgotten War against Chinese Americans.* New York: Random House.

Rumbaut, Rubén G. 1989. "The Structure of Refugee: Southeast Asian Refugees in the United States, 1975-1985." *International Review of Comparative Public Policy* 1 : 97-129.

Riggs, Fred W. 1950. *Pressures on Congress: A Study of the Repeal of Chinese Exclusion.* New York: King's Crown Press.

Rohsenow, John S. 2004. "Chinese Language Use in Chicagoland." In *Ethnolinguistic Chicago: Language and Literacy in the City's Neighborhoods.* Marcia Farr, ed., pp. 321-55. Mahwah, New

Jersey: Lawrence Erlbaum Associates.

Sandmeyer, Elmer C. 1991. *The Anti-Chinese Movement in California.* Urbana: University of Illinois Press.

Saxton, Alexander. 1971. *The Indispensable Enemy: Labor and the Anti-Chinese Movement in California.* Berkeley: University of California Press.

Siu, Paul C. P. 1987. *The Chinese Laundryman: A Study of Social Isolation.* Edited by John Kuo Wei Tchen. New York: New York University Press.

Thai, Dato' Seri Stanley. 2007. Interview by Grace Chun and Soo Lon Moy, Chicago.

The Graphic. 1894. "Where Orient and Occident Meet." *The Graphic,* February 17, 1894.

Tung, William L. 1974. *The Chinese in America 1820-1973, A Chronology & Fact Book.* Dobbs Ferry, N.Y.: Oceana Publications Inc.

The U.S. Department of Commerce. 1960, 1990, 2000. *The U.S. Census of Population* (US Census).

Udrica, Ana-Maria (2011), "Asian population booms in Illinois and Chicago, census data show," March 9, *Medill Reports* — *Chicago*, Northwestern University. A publication of the Medill School. http://news.medill.northwestern.edu/chicago/news.aspx?id=182462.

Wilson, Margaret Gibbons. 1969. "Concentration and Dispersal of the Chinese Population of Chicago: 1870 to the Present." Master's thesis, University of Chicago.

Wong, K. Scott. 1996 "The Eagle Seeks a Helpless Quarry: Chinatown, the Police, and the Press, The 1903 Boston Chinatown Raid Revisited." *Amerasia Journal* 22 (3): 81-103.

Wu, Harry, interview by Delilah Lee Chan, 2007, Chicago.

Yu, Renqiu. 1992. *To Save China, To Save Ourselves: The Chinese Hand Laundry Alliance of New York.* Philadelphia: Temple University Press.

第四章

悉尼唐人街：透视华人社区的窗口

克里斯斯汀·英格利斯

绪言

悉尼唐人街位于悉尼中心商业区的南端，紧挨着现已被改建成悉尼主要娱乐中心和旅游胜地的达令港。徜徉其中，我们可以看到典型的步行街、中式传统拱门以及街道装饰。同时，我们还能看到"华人友好花园"，这是在 1988 年悉尼两百周年庆典的时候，广州作为悉尼的姐妹城市，特地送给悉尼的礼物。如今的唐人街充满活力，已成为悉尼多元文化生活方式中一道不可或缺的风景线，这与 19 世纪以及 20 世纪上半叶的唐人街有着天壤之别。当时，颇具影响力的《公报》(*The Bulletin*) 把唐人街描述成一个充满剥削、堕落不堪的危险之地，这里遍地是鸦片窟、赌场、妓院，几乎所有遵守法律的外国人都不愿意去唐人街"冒险"。

仅仅是半个世纪之隔，我们看到了两种迥然不同的唐人街形象,这很让人匪夷所思。本文主要探讨唐人街变迁的意义,并通过唐人街揭示中国社区以及澳洲华人的生活境遇。林建(Jan Lin)曾经说道,唐人街"促进并且标志着华人移民融入美国社会的进程"(Lin,1998:IX)。把唐人街拟人化的叙事手法说明了唐人街一直以来的重要性,北美学者尤其对唐人街给予了极高的重视,他们向来专注于中国人移民并定居唐人街的研究(K. J. Anderson,1987;Chen,1992;Fong,1994;Kwong,1987;Li,2006;Lin,1998;Wong,1982;Zhou and Lin,2005)。本文将首先探讨上述关于唐人街的模型,然后再来看悉尼的唐人街;具体说来,我们将探讨唐人街在第一个世纪的兴盛和衰败的历史,然后随着城市华人人口增加并且越来越多样化,唐人街如何被赋予了新的角色,从而衍生出了新的华人聚居地。最后,本文结论部分将探讨在澳大利亚,为什么人们用"唐人街"或者"族群市郊"来比喻华人社区是存在很大缺陷的。

唐人街作为华人社区的窗口

19 世纪晚期和 20 世纪上半叶,尽管东南亚和北美的社会政治环境截然不同,但他们却对中国人的聚居地"唐人街"持有相似的看法,他们认为这是一个地理上和其他地区区别开来的地方,将华裔少数族群从外部社会中封闭隔离了起来。无论是作为南洋社会殖民者施行的间接管理人(作为管理华人的代表人被赋予政治权力)的政治体系的一部分,还是作为被视作真空的、被隔离的空间（在北美）的回应，唐人街的政治结构都以华人社团与组织为中心。社团和组织的领导人一般都是成功的商人，他们通过特有的中国式社会结构为同胞们提供就业和资助（Crissman，1967；Wong，1982）。尽管这些定居模式被认为主要是侨居海外的单身汉们对所处环境作出的回应，然而他们随身携带的文化包袱里反映出来的是文化本质主义色彩（Benton and Gomez，2001）。我们所认知的唐人街的理想模型是华裔群体居住的场所，为华人提供了共同的社会文化活动以及寻求工作的平台；而社区领导者则负责颁布法律条款等。弗瓦尼尔在对多元社会的研究中提出只有在集市里华人才会同社会其他族群的人交往（Furnivall，1956）。

对北美华裔的定居模式以及唐人街研究的看法，还受到了20世纪20年代美国芝加哥学派的社会学家针对定居行为所构建的概念模型之影响。这些研究关注的是移民以及少数族群在城市中的空间分布，以此来探讨社区的结构以及它与外部社会的关系。无论是被称作唐人街还是"小意大利"，这些城市少数民族聚居地都可以被视作人们试图被"同化"到外部的产物（Park，1926）。个体的居住地通常会揭示他们与外部社会的关系。当个体寻找族群的、社会的支持网络和更多的经济机会时，他们开始跳出原有的区域往外部拓展活动，而同时社区领导人和组织往往扮演着个体与外部社会的中间人角色，这两种现象表明了个体正越来越被外部社会和文化所同化。

如果社会学理论把唐人街看成是历史上华人少数族群独特的一个物质的话，这些理论则更关注少数族群定居和同化的一个进程。近来，学者们对华人的空间分布提出了第二种概念化方法，即把注意力从居民以及社团的结构转到了他们族群聚居地，或者是"族群市郊"扮演的经济角色中去（Li，2006；Zhou and Lin，2005）。在波特斯（Portes）的基础上，周和林继续论证华人族群聚居地作为空间区域，与族群经济呈现出截然不同的特色，虽然有些聚居地是个人进行工作、生产和消费的区域，但同时该区域又被团结和强制的信任所桎梏着（Zhou and Lin，2005：264）。在当代，学者们也把侧重点放在了探讨以国内市场为主的华人经济（北美早期华人定居模式的鲜明特点）是如何随着全球化进程扩展他们的经济活动，以至于"快速崛起的中国大陆、台湾地区以及东南亚国家的经济"都需要通过唐人街的族群经济网络来进行（Lin，1998）。虽然李也采纳了周关于"族群市郊"的观点，但是李强调了即使是在华人"族群市郊"内部，也有可能在组成上呈现出多元民族的特色，她表明像这样的"族群市郊"，即使只有百分之十到十五的居民是华人，也可被看作是"华人的"（Li，2006：15）。但是我们也要把它同贫民区（ghetto）以及民族飞地（enclave）这样的族群聚居地区分开来，因为"族群市郊"是"对一系列特殊的族群关系的空间表达，它指代了一种特殊的空间形式以及内部的社会经济结构，这种结构恰恰是由同一族群内部和不同族群之间的阶级差异和矛盾中发展起来的"（Li，2006：12）。这一理论之所以重要，是因为它为我们了解族群融合提供了理论的框架，我们了解到通过族群的经济、政治以及社区生活，融合也可以发生在族群保有自己的身份认同和族群社区的基础之上。

　　第三种研究唐人街的方法是把焦点从关注华裔社区本身转移到外部社会对唐人街的社会构建（Anderson，1991；Dunn and Roberts，2006）。尽管这其中华人作为中间人所扮演的角色各有不同，但是它为我们提供了另外一种视角来看唐人街如何帮助华人融入悉尼社会。在此之前，我们首先有必要去了解一下唐人街所在地——悉尼的社会环境。

悉尼的社会环境

　　1788 年第一批欧洲移民抵达了悉尼海港，这个海港是悉尼这座城市的中心和桥梁，连接着世界其他国家和其腹地。在距离这个海港西面 20 公里的地方，人们建立了一个聚居地，即帕拉马塔（现在悉尼的人口分布中心）。如今帕拉马塔已经成为澳大利亚最大、最全球化的城市，拥有 450 万人口，约占全国人口的四分之一。城市北部、南部和东部都与海洋或者水域接壤，住宅区呈带状向西辐射。蓝山（Blue Mountains）形成了一道天然屏障，加上人们有意识地想要阻止城市向其他地区扩张，这使得该城市居住密度大大增加。

　　直到二战结束前，人们一直怀揣着能在郊区拥有个四分之一英亩的农地的梦想，这种想法深深地影响着城市规划，二战结束后，政府放宽了政策，开始允许人们在城市中心建公寓住宅，这一情况才有所改变。如今在中央商务区内，公寓住宅和写字楼并肩而立，它们沿着主要的交通要道延伸，矗立在山脊之上，俯瞰海港。由于内城郊区的中产阶级化的推进，东部郊区和北岸地带已经成为了最昂贵的住宅区，人们翻新了原有的工人宿舍和住宅，使它们同高耸的摩登公寓形成了有趣的互补。在悉尼的西部外延区，人口的膨胀导致一些郊区严重缺乏公共交通、服务和零售商用设施，但不得不承认的是人们充分利用了这块廉价地皮，把制造业转移到了这里，这种做法的确创造了许多就业。西部郊区在媒体宣传以及大众观念里一直都是社会经济弱势人口的聚集地。移民和移民后裔的背景复杂，民族多样化水平高。造成这样的多样性的一个原因是：二战后许多受援助的移民来到澳大利亚，刚来时，他们就住进了专门为移民提供的小旅馆里面。而正是在这块地方，他们找到了工作，建立了家庭。而中国人也正是在这样的社会环境中生存了超过200年。

19世纪悉尼唐人街的发展和衰落

在欧洲人进驻澳大利亚后不久，华人也开始移民澳大利亚。不过，详细记录华人移民事迹或者数量的资料很少。其中比较齐全的是关于麦世英（Mak Sai Ying，或 John Shying）的记录，他在1817年获得帕拉马塔的一块土地，在那里注册经营狮子客栈（The Lion Public House）（Shun Wah，1999：11），并在1823年与一位欧洲女性结婚，后来在40年代，又与另一位欧洲女性结合（Bagnall，2006：303）。而在1848到1852年间，有超过三千名福建人被招募到澳大利亚，从事农业或者做码头工人（Price，1974：46）。但这些人还只是少数，真正的移民潮出现在1851年，当人们发现大批金矿时，一大批淘金者涌向澳大利亚，其中就包括大批华人。他们最初的目的地是金矿地，但有少数华人留在了悉尼，1861年悉尼城内仅有198名华人。后来，随着淘金热潮的衰退，越来越多人开始在城市找工作，到了1881年，华人数量增至1321人（S. Fitzgerald，1996：23）。

20世纪以前，很少外国人会使用"唐人街"这个词，但到1880年，雪莉·菲兹杰拉德（Shirley Fitzgerald）把建立在悉尼岩质港口的一个地区称为"临时"唐人街（S. Fitzgerald，1996：24）。"临时"唐人街的旅店为来往淘金区的人提供食宿，很多贸易商人、杂货商人、裁缝和木工就在旅店旁边做生意（S. Fitzgerald，1996：69）。他们的商铺还充当汇款点，同时给中国淘金者提供各种信息，其中一些商铺还开设赌场或者贩卖鸦片，这些活动直到20世纪初都还是合法的。

在内城区的三个唐人街中，岩石区是第一个被确定为"唐人街"的。随着淘金热的衰退，很多华人搬到了悉尼，在城市边缘经营商品蔬菜农场。1869年，在城市南端的贝尔莫尔果蔬市场附近，第二个"唐人街"发展了起来。小商贩到城市里贩卖农产品常常需要过夜，于是，商人在古尔本街边开设了面向贫困华人劳工和农产品商贩的旅店，使得这块干草市场不断扩大。随后，华人沿着萨里郡山周边的韦克斯福德街建立起了居屋，到了1900年，这个地区几乎全被华人占领，其中还包括一些欧洲籍华人家庭（S. Fitzgerald，1996：90）。而比较富裕的华人则喜欢居住在岩石区或者是跟着那些非华人家庭搬到迅速扩张的郊区。1900年，管辖中央商业区的悉尼城市委员会估测，约有14%的华人居住在岩石区，剩余的86%则居住在干草市场区。而一年之后的人口普查显示，在悉尼3332个人口中，有一半人是华人（女性少于2%），这些人出生在中国，现居住在悉尼城市委员会管辖区域内，而唐人街正是在这个区域里。其余华人则主要集中在像亚历山大（Alexandria）或波特尼（Botany）这样的商品果蔬种植区（S. Fitzgerald，1996：93）。

经济因素对唐人街所处的位置有重要影响。1909年，悉尼的农产品市场迁到了附近的德信街，于是，中国移民聚集地也开始了第三次转移。直到今天，这里也还是悉尼唐人街的中心。中国人从事包括蔬菜生产、零售和批发在内的各种行业（Yong 1977）。在香蕉种植以及与澳大利亚北部和斐济的贸易中，中国商人发挥了重要作用（Yong，1977：48）。同时该地区还聚集了一些与香港、中国大陆进行进出口贸易的公司。唐人街是华人经济活动的中心，这些经济活动从澳大利亚扩展到南太平洋，再回到香港或中国大陆。虽然当地中国商人建立的中国和澳大利亚的邮件轮船线（1917-24）（China-Australia Mail Steam-ship Line）只是昙花一现，它却反映了中国商人如何以雄厚经济资源和壮志来维持、扩张他们的国际贸易活动。（Yong 1977：Ch.V）。

许多参与建立航运公司的商人也同时活跃在社区生活中。尽管悉尼城市委员会是唐人街资产的主要持有人（S.Ffitzgerald，1996：124），但越来越多的社团和零售商也开始在这个地区购买房地产。这些举措确保了唐人街的地位。在二战结束之前，唐人街一直都是华人在新南威尔士的社会文化、经济、生活中心。像其他海外华人社区一样，广东各县社团或地域性组织一直以来致力于为这么一个基本由单身汉组成的华人社区提供支持和服务。但与美国或者东南亚的华人社区不同的是，悉尼唐人街的这些社团从来没能统一或掌控整个华人社区或唐人街，比如像旧金山的华人社区和唐人街一直掌握在六大公司的手里。后来，六大公司发展为中华公所（the Chinese Consolidated Benevolent Associations），它对全美唐人街都有重大影响（Wong，1982：13）。尽管没有发展出这样的组织，但是这些社团联合了私会党义兴公司，控制了华人移民悉尼必要的信用票制系统（J. Fitzgerald，2006）。

19 世纪末，澳大利亚华人开始关注中国的政治变革。而政治团体的出现更是进一步打破了社团以语言和地域为基础的传统界限。悉尼唐人街成为了早期在康有为和梁启超支持下的保皇改革派的据点。后来，国民党在此建立分部，以支持大洋洲和南太平洋的共和民族主义事业，悉尼于是成为了共和运动的中心（J. Fitzgerald，2006：151；Yong，1977）。

Yong 把 1901 到 1921 年看作是华人社区生命绽放的时期，那时候，华人有着强烈的促进国家统一、重建国家荣誉的爱国情感，与之相随的是华人经济和政治活动的爆发（Yong，1977：221）。澳大利亚的华人媒体也参与这些活动中。1894 年，孙·约翰逊（Sun）和两个欧洲人 G. A. 多恩（Downs）和 J. A. 菲利普在悉尼发行澳大利亚第一家中文报纸《广益华报》（Kwang Yik Wah Bo）。后来到了 1922 年，澳大利亚的五家中文报纸中，四家报社有明确的政治立场（Yong，1977：8）。

然而，到了1920年，华人社区和唐人街都面临严峻的考验，甚至连这个群体本身的存在都受到打击。白澳政策（White Australia Policy）只允许华人移民的妻子、家庭成员或者是那些有一技之长的人作暂时性入境，而这个"一技之长"仅包括贸易人员、精通中文的办事人员，或者是果蔬生产者和厨师。来澳华人与日俱减，而19世纪到来的华人移民或返回中国或年老死亡，这使得澳大利亚华人的数量大大减少。再者，澳大利亚的华人妇女很少，在澳大利亚出生的华人就更少了，其中还包括许多混血华人。日本侵华战争和太平洋战争爆发后的十多年后，来澳华人移民多是从新几内亚和太平洋战争中逃亡的难民。到1947年，澳大利亚华人只有12094人，其中接近四分之一（2950）是混血。这仅相当于1901年澳大利亚华人数量的37%，华人占澳大利亚人口的百分比也下降到了0.16%。其中，绝大部分华人（5，850人）居住在新南威尔士（Yuan，1988：304）。

即使是在全盛时期，也就是20世纪的前20年，也只有一半悉尼华人居住在唐人街。这种居住在唐人街以外的趋势一直延续到了接下来的五十多年。对于那些在郊区的商人来说，这是工作需要；而另一些人，比如那些比较富裕的华人，一般也是社区的领导者，往往倾向于住在更加繁荣的近郊区。唐人街则仍然是贫困华人的主要聚居地。萨里郡山贫民窟改造后，很多华人家庭要寻找新住处，唐人街就是他们理想的迁居地。到了1963年，只有15％的悉尼华人住在唐人街及其周边地区，比如欧田磨、萨里郡山或红坊区。留在唐人街的华人主要是贫穷年老的单身汉，他们住在唐人街店铺上面狭窄的旅店里，既不能与远在中国的家人重逢，也没能力搬到悉尼更好的住宅区（Lee，1963；teo，1971）。

大部分的华人依然追寻老一辈成功人士的脚步，追求着定居郊区的澳洲梦。他们之中，有出生在澳大利亚的华人，也有富有的战后新移民，他们借着白澳政策的放松移民澳大利亚。不同于住在唐人街的华人，这群后来者很快就住到了更高级的玫瑰林（Roseville）和平布尔（Pymble）附近的北岸郊区（Teo，1971：587）。直到1971年，当我们翻看当年的人口普查时，发现这种模式仍然非常显著，康纳尔和叶对此现象给出了五个解释。首先，华人男女比例逐渐正常化，更多华人得以组建家庭；其次，新移民本身就比较富有；另外，受过教育的非广东籍新移民不需要依赖于原有华人社区建立的经济和社会网络；而对于出生在澳大利亚的华人来说，财富的累积，英语能力的提高，以及他们澳大利亚公民的身份都给了他们搬出唐人街的信心；最后，华人扩张到了郊区的餐饮业也是部分华人迁居的原因（Connell and Ip，1981：302）。

餐饮业在华人就业中非常重要。1966年人口普查的数据表明，在8762名在澳工作华人中，几乎每5人就有1人（约18.6%）是服务员或休闲娱乐工作者，其中大部分人都涉及餐饮行业。第二大就业方向是专业和技术人员，约占总数的17.6%，接着是管理人员和行政人员，约占11.9%。华人从事专业性行业表明，在澳出生华人和部分受益于科伦坡计划（Colombo Plan）的学生，即那些在1950年后得以在澳洲学习的学生，都已经进入唐人街以外经济体系，即使他们中的有些人依旧服务于华人社区。但对于这些专业人员来说，唐人街的经济与他们并没有太大联系（Inglis，1972：279）。以至于到了1963年，大家都在争论唐人街最核心的职能是否已经沦落为"给居民提供大部分生活必需品，并在餐厅、食品商店提供有限就业机会的服务中心"（Teo，1971：585）。

二战后，澳大利亚华人人口很少，即使是在悉尼，过少的人口也使得他们很难维持正常的生活和文化活动。20世纪30年代，中文报纸停止发行，而中文教育的缺失也导致很多年轻一代华人不懂中文。另外，澳大利亚官方和社区都把注意力放在同化之上，这意味着华人只能与中国文化渐行渐远。

对大部分华人而言，他们的社交生活是围绕着家庭和朋友这些非正式群体展开的。1963年的一个调查指出，居住在市中心和唐人街区域的华人之间联系频繁，除此之外，大部分居住在郊区的华人与唐人街的联系相当有限。这在那些住得离市中心最远的华人身上体现得尤为明显，他们一年内造访唐人街的次数不超过三次。而即使是那些住得离市中心近的华人，一年造访唐人街超过三次的也只有43%。总的来说，在受访的悉尼华人中，只有不到一半的人一年造访唐人街超过三次，他们大多是为了参加一些社会活动到访唐人街，比如出席婚礼、庆祝生日、庆贺传统节日、走亲访友等（Teo，1971：190）。

半个世纪的复兴及变迁

　　二战后，悉尼唐人街的组织、经济和传统活动开始减少，而恰好在这时，新的移民开始流入，华人社区和唐人街才得以复兴。第一次的变迁与白澳政策的放松有关。1972 年，白澳政策被完全被废止：即难民可以留在澳大利亚，而澳大利亚公民（包括在中国出生的新入籍的澳洲华人）则可以带着他们的非欧洲籍配偶移民澳大利亚。有欧洲血统或者是非欧洲籍的高级技工都允许移民到澳大利亚。1950 到 1957 年间的科伦坡计划（Colombo Plan）吸引了南亚和东南亚成千上万的华人学生来澳读书。这些都使得澳大利亚的华人数量不断增加。然而，1966 年，澳大利亚华人数量还仅仅有 26723 人，而且男女比例很不平衡，为 179 ：100。而后的 40 年，华人的人口数量大大增加。到了 2006 年，华人人口数量增长了 25 倍，总计 670000 人，约占澳大利亚总人口的 3.4%（Department of Immigration and Citizenship 2008a）。而且，这个数据并不包括在澳大利亚逗留时间少于 12 个月的中国学生、商人和旅客，如果算上这些，澳大利亚华人数量会更为庞大。

　　澳大利亚华人的变动不仅体现在数量上，还体现在他们的出身和社会文化背景上。开始移民的一百多年，澳大利亚华人主要来自于广东珠江三角洲等以粤语为方言的地区，而新移民在出生地、语言、社会经济背景上几乎都与早期来澳华人截然不同。截至2006年,澳大利亚一半的华人来自大中华区(包括中国大陆、香港、澳门和台湾);四分之一的华人在澳大利亚或者是东南亚出生;剩下的则来自东帝汶、老挝、菲律宾、新西兰和巴布亚新几内亚等国家(见图1)。他们在不同时期进入澳大利亚,迁移模式也有所不同(见图2)。虽然在很多国家,全球化对华人人口的变化有很大影响,但澳大利亚的情况因为掺杂了政治和经济层面的因素,显得更为复杂。

除了在新加坡,华人在东南亚国家都处于边缘化的少数民族地位,这是他们移民澳大利亚的重要原因。对于马来西亚移民(70%都是华人)来说,这一点尤为突出,很多华人在1969年的马来西亚暴乱中丧生,东南亚对于他们而言并不安全。东帝汶和印度尼西亚动荡的局面也让两国很多的华人(两国分别有61%和46%的华人)选择移民澳大利亚。19世纪70年代中期,印度支那战争结束之后,很多在越南(29%)和柬埔寨(39%)出生的华人也移民到澳大利亚,这些人曾在印度支那的经济活动中发挥重要作用。另外,在1975年帮助巴布亚新几内亚从澳大利亚独立的一部分华人也获得了澳大利亚国籍。

很多香港移民希望在1997年新界和香港回归之前建立一个海外居住地(94%在香港出生的澳大利亚华人,2006年数据),但是他们并不能通过获得难民身份移民澳大利亚。于是,很多受过良好教育并且能讲英语的香港华人利用20世纪70到80年代澳大利亚鼓励技术人员和商人移民的新政策成功移民。这项政策的转变也给部分台湾富人提供了移民机会。

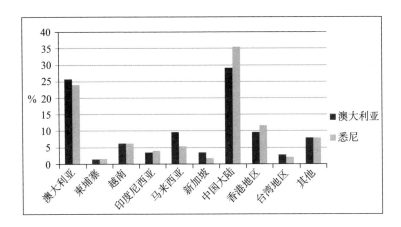

数据来源：2006年人口普查

图1：2006年普查的华人出生地分布状况

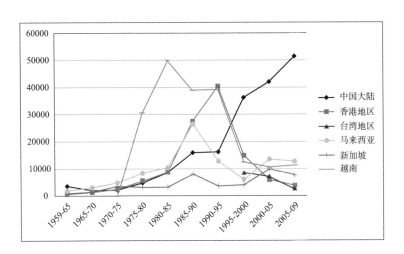

数据来源：移民部，2001年，2004年，2009年。

图2：1959年—2009年间澳大利亚外来定居者的出生地分布图

最近一段时间，华人移民规模最大的要数来自大陆的中国人。与来自其他国家的移民不同，中国大陆移民的数量在过去十年里一直稳步增长。中国大陆华人之所以能移民到澳大利亚有赖于澳大利亚政府在 20 世纪 80 年代开放自费留学项目的政策，而同时中国也放宽了国际旅游限制。1989 年后，大部分中国留学生向澳大利亚政府申请移民，在 90 年代初的政策下，他们的亲戚也得以来到澳大利亚。

华人移民不断增加的另一个原因是 90 年代中期以后，越来越多技术工人申请长期临时移民，而且政府还允许短期签证者例如学生申请居留。短期（少于 12 个月）在澳华人，比如学生、商人和游客不包括在人口普查的数据之中，但他们确实大大增加了澳大利亚的华人数目。到 2009 年 6 月，超过五分之一（22.1%）的澳大利亚留学生来自中国。在那个时候，华人留学生数量达 76417 人，还有 10569 名包括游客和短期商务访客人在内的暂住人口（Department of Immigration and Citizenship，2009）。在这大约 87000 的暂住华人人口中，大部分人都居住在悉尼，这就解释了为什么人们常说悉尼市内有 50 万华人。尽管华人移民澳大利亚的时间和途径各有不同，但大部分华人移民在一些方面很相像，比如说他们都有一定的经济基础，并且受过良好教育。

华人的市郊化进程和悉尼唐人街的重建

人口变化的影响在新南威尔士州和其首府悉尼这两个地方

最为明显。2006 年，46% 的澳籍华人（308476 人）居住在新南威尔士州；悉尼历来是华人（尤其是来自中国香港和中南半岛的华人）的主要定居点，这一年有 43.6% 的澳籍华人在悉尼安家立业。华人占了悉尼 410 万总人口中的 7%，是继澳大利亚、英国和爱尔兰人群体后的第四大外来群体。悉尼四分之一的非英语使用者中，广东话（10.4%）和普通话（8.0%）使用者分别排在第二位和第三位，仅次于阿拉伯语使用人数（13.4%）。

1971 年以来，悉尼的华人市郊化现象愈加明显。华人人口均衡地分布在悉尼都市各个地区，这一现象在 2006 年变得尤为明显。在地方政府区域，极少情况下华人居民的人口数会低于 1% 或 2%，其中费尔菲尔德城（有 7.8% 华裔居民）的华裔居民超过了其总人口的 6%。在另外九个华人人口最多的地方政府区域中，华人所占比例处于 4.2% ～ 5.4% 之间（Department of Immigration and citizenship 2008b，2008）。

逃难到悉尼的华人往往集中在像费尔菲尔德城一样的工薪阶层居住区，而有专业知识或企业家背景的华人则居住在悉尼的中上阶层郊区。华人间的这种阶级差异与第一代移民的出生地有关，出生地的不同，他们移民到澳洲的途径也不同。

在马来西亚、新加坡、中国香港、中国台湾和巴布亚新几内亚出生并具备教育和英语语言技能的华人，以及出生在澳大利亚的华人集中生活在悉尼相对富裕的郊区，如鲍克曼山、霍恩斯比、库灵盖、帕拉马塔、赖德和威洛比。另外，赫斯特维尔也是来自香港的华人一个主要居住中心。而从中南半岛和东帝汶涌入悉尼的难民们稀疏地分散在费尔菲尔德、坎特伯雷、奥伯恩、班克斯镇和利物浦，住在离难民旅馆（他们初到澳大利亚时的安置点）不远的地方。但是，有一部分出生在中国大陆的华人却例外。尽管有许多受过良好教育的中国大陆富人定居在悉尼，但是有相当多的华人尤其是那些由中印半岛进入悉尼的和那些不懂英语的华人扎堆在悉尼劳工阶层地区，生活困顿。大量华人定居在兰德威克和悉尼市这两个离大学区很近的地方政府区域，因而这些华人里也包括许多来攻读学位的或学习其他课程的留学生。

我们所讲的这些地区都不是单一少数民族聚居地（Jupp, Mcrobbie, and York 1990）。就连费尔菲尔德这个居住着 7.8% 悉尼华人的地方也极具种族多样的特点。那里有超过一半的人口（约 51.5%）来自海外，其中最大的外来人口是越南人（14%），接着依次是中国人（13%）、澳大利亚人、英国人、意大利人、亚述人、高棉人、塞尔维亚人、黎巴嫩人和克罗地亚人（Department of Immigration and citizenship，2008b：227）。

华人迁移到郊区后，商店、餐馆和各种专业服务机构在这一带也发展起来了，房地产经纪人、医生和律师们的专业服务也满足了许多华人和非华人的需求。中国银行的多家分行散布在帕拉马塔和赫斯特维尔，在唐人街和市中心的金融区也分别建了一家分行。同样，有庞大华人客户基础的香港上海汇丰银行的 14 家零售分行，也分布在像查茨伍德区、城堡山、赫斯特维尔、帕拉马塔和北赖德这样华人聚集的地方。正如已遍布悉尼的华人银行一样，华人的福利和服务性机构也越做越大，例如澳华公会（ACCA）。最初在 1974 年的时候，该公会位于唐人街的狄克逊街,提供以英语或粤语为主的业务和服务。几年后,它搬进了一幢原为中国社团所有的大厦,这幢大厦位于玛丽街,也就在扩建后的唐人街边缘地带。如今,ACCA 在悉尼的北部、南部和西部都设立了业务中心,为华人客户们提供粤语、普通话和越南语服务。它已经像许多华人银行一样发展为总部设在唐人街附近,分支机构遍布悉尼市的庞大组织。另外,中国教会和其他宗教团体也紧随搬迁的华人来到了郊区安家,四分之一讲广东话(27%)或普通话(26%)的信徒表示他们不懂英语或不太会讲英语,所以这些教会以广东话或普通话开展教会活动。在这些地区,许多当地学校都开设汉语课程,部分社区组织也开办了汉语语言学习班。

悉尼市唐人街的振兴和重建

大部分悉尼华人的生活方式也发生了改变,在当地他们的日常生活需要就可以得到满足,完全不需要到唐人街。然而,这种渐渐兴起的郊区生活方式并不意味着原来的唐人街就要消失了。事实上,唐人街不但没消失还扩大了它的领域,并扮演了新的角色。今天,唐人街成了整洁的街区的模范。传统的中国建筑和高耸的摩登大楼在唐人街两旁相映成趣;街区中心的狄克逊街已成为东方步行街。在那里,中国牌坊琳琅满目;垃圾箱、电话亭这样的街道基础设施都按照中国传统装饰理念来设计。这种布景在某些方面很好地融入了中国城镇或大城市特色,创造了具有中国传统特色的建筑遗产。1988 年,悉尼的姐妹城市广州给悉尼送了一座"华人友好花园"以纪念欧洲移民纪念日，这座"华人友好花园"使唐人街的中国传统色彩更胜一筹。

从 20 世纪 70 年代开始，唐人街的外观发生重大改变。那时，当地政府将工作重心放在了振兴唐人街所在的商业中心南端地区。1975 年的城市搬迁将商业市场从市中心搬移到弗莱明顿，同时，悉尼港的货物运输市场也转移到波特尼湾。这次的振兴计划旨在将达令港和唐人街周边废弃的港口和交通设施改造成旅游休闲区。城市重建吸引了当地和海外的华人以及非华人开发商，也正是这些开发商给杰克逊街、苏塞克斯、干草市场和坎贝尔街带来高层公寓、酒店和其他商业大楼。那里的华人餐饮业也正在迅速发展，无论是在装饰还是在食物上都堪比香港或上海餐馆，相较之下，零售行业还处在较低的发展水平。

重建唐人街的动力来自于悉尼议会与其他政府机构以及中国企业家们（包括建筑师和悉尼议会议员亨利·曾［Henry Tsang］，后来成为副市长）的合作。很多学者批判了唐人街的重建，因为它采用本质主义方式强调了非中国人所想象的传统中国文化非中国人的身份认同之上加于非中国人的身份认同之上，让人联想起了文化种族主义（K. Anderson，1990；Collins，2010）。这种观点忽略了一点：中国企业家们描绘出的唐人街特色在中国大大小小的城市里也随处可见，它们代表了古老的中国文化遗产。还有另外一点：重建唐人街的目标不仅仅在于发展金融业和旅游业，还为了让非中国人更加欣赏中国文化，肯定中国文化在他们心中的地位。唐人街的这一重建获得了显著的成功。街上的商店，餐馆和多种多样的街头节日，例如华人春节和中秋节，在五湖四海的游客中都非常受欢迎。尽管游客们往往被这些"中国特产"所吸引，但是他们也常常遇到日常的、当代的、代表着中国年轻一代的文化生活，具体体现在中国的电子设备、影碟机、流行音乐和时装，这些流行文化已经像华人餐厅和食品店一样受欢迎了。

　　唐人街有这样的变化是因为它已再次成为华人聚居的地方，这些华人也与早期的迁移过来的穷人和老学士们不同。尽管如今唐人街还是有许多流动人口和新移民，但他们远比早期的移民要富裕和国际化。2006 年，唐人街四分之一的人是短期旅游海外游客，三分之二的人出生于海外。而在澳大利亚出生的人只占其总人口的 8.1%，其中来自中国的占 15.4%，来自印度尼西亚的占 12.9%，来自韩国的占 10.1%，来自泰国的占 8.9%。唐人街居民们主要使用语言有：普通话（16.7%）、印尼语（11.8%）、粤语（10.8%）、英语（10.7%）、韩语（9.7%）和泰语（8.5%）。这些富裕的暂住人口中有年轻的国际交流生，他们住的高层公寓楼紧挨着狄克逊街购物中心和酒店区。这种公寓楼在学生中很受欢迎，它离悉尼的几所大学都很近，附近还有许多面向留学生的私立语言职业院校。其他富裕的暂住人口则被新开发的高层公寓吸引而来，选择居住在干草市场和城市内环。20 世纪 70 年代，澳大利亚出台了非永久居民购买住宅的限制政策，那些非永久居民只能购买像在城市内环新开发公寓区里购买公寓。许多居住在海外的家庭购买了这样的公寓，或给他们在澳大利亚求学的孩子一个食宿之地，或作为他们度假时候的落脚点，或为从中获得租金或房价升值这样的经济效益。

唐人街在这一时期的革新，体现了悉尼城更广泛的"亚洲"特色，悉尼甚至向世界呈现了一个典型的"中国"。到目前为止，许多成立已久的华人组织总部仍在唐人街，与众多新兴的华人报社、电视台和电台并驾齐驱。唐人街保留了中国特色，也与更多华人社区保持联系，这些社区会参加在唐人街举办的特殊庆典（比如婚礼等）或者参与到活动的筹备中来。与其说唐人街是悉尼的一个多元化的华人社区中心，不如把它比作一个十字路口，在这里人们会遇到不同的朋友和同事，而不仅仅是日复一日过着单一的生活。

悉尼唐人街的另一面

在政府和社区组织的共同努力下，狄克逊大街被构建成一个民族聚居区，然而这样的地方在悉尼并非只有狄克逊大街。另外一个主要的民族聚居地市悉尼西部的卡市（Cabramatta）郊区，它位于费尔菲尔德地方政府区，是一个拥有多元文化的社区。卡市被普遍认为是悉尼的主要越南群体聚居地，因而经常被称为"越南市"（Vietnamatta）。政府官员和当地社区也一直互相合作，像当初建设狄克逊大街时候一样，致力于将卡市打造成又一个独特的"亚洲"中心，包括自由广场中心的牌楼大门的建造和对卡市的宣传策划，比如在当地政府官方网站上可以看到这样的宣传语："探寻卡市，体味亚洲。"与这一"探寻"相得益彰的是卡市郊区周边的美食和宗教场所吸引了许多游客的注意力，因此这些资源也被开发出来发展旅游业。学校也会安排学生到卡市郊游，让学生在活动中（例如他们一定会在其中一家餐馆吃上一顿饭）对亚洲文化有所了解。

原来一提到卡市，人们就会联想到毒品和犯罪，仿佛毒品和犯罪已经成为卡市的代名词，让卡市以及附近区域陷入不利处境。对卡市进行改造的缘由之一就是改变当初毒品和犯罪团伙给这一地区树立的负面形象（Dunn and Roberts 2006）。比起唐人街的狄克逊街，卡市天然的异国风情更有利于将其推广开来，除此之外，70 年代卡市的发展与当时中南半岛难民纷纷在此地的定居不谋而合，这些难民刚来到澳大利亚时就是聚居在卡市附近的旅店中。他们住着普通的澳大利亚民房，经营着各种小店铺。然而，后来，当地费尔菲尔德委员会出台了新规划，将这片楼房改造成具有亚洲风的建筑，自此之后，卡市零售中心的样貌也发生了改变。

卡市与市城中唐人街之间的另一个区别在于 2006 年卡市人口中短期海外游客低于 1%。卡市目前推广的多元化来源于当地的永久居民。和干草市场不同的是，在卡市，超过四分之一的人口出生于澳大利亚（27.5%），另外，卡市三分之一（31.2%）的人口出生在越南，9% 的人口出生在柬埔寨，5.5% 的人口出生在中国。许多在中南半岛出生的人实际上是华人的后裔。大部分出生在澳大利亚的孩子的父母都不会讲英语。和唐人街的情况相似，卡市中有 11% 的人只讲英语，而三分之一（34.1%）的人讲越南话，五分之一的人是讲广东话（15.1%）或普通话（4.9%），还有 7.5% 的人讲高棉语，3.9% 的人讲塞尔维亚语。

卡市在宣传上称是体验"亚洲"，也有人把卡市描述成中南半岛文化地区，这样看来，把卡市纳入对唐人街的探讨中也许有些奇怪（Dunn and Roberts，2006）。然而，华人在该地区的开发和建设上的贡献却不容忽视。前面提到的费尔菲尔德是越南人和柬埔寨华人的主要定居点。若算上周边郊区，那么生活在悉尼这片土地上的中南半岛的华人会更多，他们的组织，如俱乐部、社会组织和语言课程以及他们的宗教机构都设立在这里。中南半岛的华人在20世纪70年代中期来到这里，但他们中有许多人持不同政见，又因为这些人难以与居住市中心附近的华人沟通交流，最终导致华人间产生了严重的"断层线"。贫困的难民不会讲英语，大多数人都讲非广东话的方言，可利用的资源稀缺，但在某种程度上，华人间"断层线"问题来源于那些并不怜悯难民们的背景和经历的人。确实，市中心的华人把中南半岛的华人视为一种威胁，害怕中南半岛的华人会让他们之前为获取社会的广泛尊重而做的努力都白费掉。当毒品和犯罪活动和这个地区牵连上时，华人们的担忧更加严重了。因此，尽管像ACCA这样的组织在华人社区中扮演着积极的角色，但真正的组织支持和各种活动都由当地社团发展起来，像中南半岛华人协会和澳大利亚华裔互助会，他们之前就已经为当地的华人举办过一系列活动，如开办语言学习班，建立老人招待所。卡市距离市中心的25公里并不足以解释清楚这两个华人聚居中心的社交差距。他们之间，更具深意的社交差异来源于他们在阶级、经济、社会资源分配，以及中南半岛华人和其他华人群体截然不同的移民经历。

唐人街、族群市郊以及市郊化进程

悉尼庞大的华人群体有一个最显著的特点，它缺乏一个有效的、统筹的社区结构。华人群体的背景多元，矛盾冲突重重，这也就解释了为什么中南半岛的华人更愿意接受卡市称他们"亚洲人"而非"华人"。这样一来，中南半岛的华人突显了他们与其他华人的差异性，尽管他们也使用带有中国特色的象征符号来积极地参与建设卡市的公共形象，比如在牌楼大门上使用中国汉字，给它起中文名字，甚至采用与狄克逊大街相似的"亚洲化"装饰风格等等。不管是华人、越南人、还是柬埔寨人，他们对这些象征符号非常熟悉，因为印度支那长期受到来自中国的文化和政治的影响。

虽然卡市和狄克逊大街都是专门面向华人的街区，但它们与当代美国的唐人街仍然有很大的不同。最显著的区别在于，他们不再是一个区分开来的，集住宅、社会的和经济为一体的区域。悉尼华人间缺乏团结不仅仅因为他们来源于多样的背景，还说明了悉尼华人建立起来的人力和社会资本规模庞大，分布广泛。这样丰富的资源降低了个体对社区组织和经济资源的依靠。悉尼有很多华人企业、投资商和做生意的人，但他们投资的焦点在于商业而非制造业。因此，他们并不像美籍华人企业家那般依赖华人同胞的劳动力。造成华人差异的重要因素还有一个，尽管曾受白澳政策歧视，但在过去的一个多世纪里，澳籍华人一直与澳大利亚社会保持着紧密的联系，尤其是通过联姻、宗教的手段，加上华人在 1901 年曾许诺共同建立澳大利亚这一独立的国家（Bagnall，2006；J. Fitzgerald，2006）。最近 50 年来的移民潮见证了一部分澳大利亚出生的华人，尽管他们占所有华人人口的一小部分，但是许多促成这一改变的因素却给二战后的澳大利亚社会带来了更加广泛的影响，比如说把澳大利亚变成了一个移民社会，使得澳大利亚将近一半的人口是移民人口或者是移民的后裔。澳大利亚出台的多元文化主义政策很大程度上缓减了少数民族面对的歧视问题，因此在大多数情况下，华人并不需要联合起来抵御外部社会。除了多元文化政策和支持中国文化以及其他移民文化以外，在外交上，澳大利亚与中华人民共和国在 20 世纪 70 年代初的建交也使得澳大利亚华人增强了他们的民族自豪感和自信心。这也在某种程度上使得澳大利亚华人只能相对有限地参与澳大利亚政治（他们只能参与地方政治）。从华人在重建唐人街和卡市的参与度来看，部分华人已做好在必要时参与其中的准备。

美国唐人街日趋"没落"，或者说好听点，它的本质正在发生变迁，这一变化使许多美国作家纷纷议论说唐人街已被华人族裔聚居地，或者族群市郊所取代。居住悉尼郊区的华人现在可以享受到一系列中国文化式的商店和服务。这些商店和服务也对悉尼其他族裔开放，包括希腊人、黎巴嫩人、土耳其人、意大利人等等。类似的郊区购物中心还有奥本（Auburn）、麦瑞克村（Marrickville）、帕拉马特和卡市，这些地方都能满足不同族裔群体的需要。然而，我们很难将这几个郊区购物中心视为"族裔市郊"。对于华人，尽管这些购物中心可以满足他们的日常需求，但是由于这些购物中心的内部有自己的社会经济结构以及族裔之间的差异矛盾，所以它们不能构成族群市郊（Li，2006）。而从唐人街也可看出澳籍华人和美籍华人在经济生活上的差异。

市郊的悉尼华人常与背景相似的人为邻，这些人有些来自中国其他地区。相比众所周知的美国民族歧视和政治分歧，悉尼市郊华人和其他族裔邻居之间的关系要缓和得多。另外，悉尼华人如同其他悉尼人一样，可以自由活动，他们的经济、社会生活，也延伸到整个城市。美国和澳大利亚的差别之一在于澳大利亚从来没有建立过以某个种族为主导的银行。除了几家大型的主要以国际贸易业务而非小额银行贸易盈利的华人银行之外，服务整个澳大利亚的银行业被四家大型银行统治。美国和澳大利亚在经济上的另一处不同在于，在澳大利亚只有少部分华人会给华人雇主或华人公司打工（绝大部分的华人都不会），这种现象不利于族群市郊的形成。中国作为澳大利亚，美国以及华人企业的重要贸易合作伙伴，给华人创造了更多的机会，让他们可以以专业人士、进口商或者零售商的身份参与到商业贸易中来。澳大利亚在这方面还有一点不同于美国，在美国大量生活更贫困的华人依靠华人制造商提供就业机会，李认为这是促成美国"族群市郊"的重要因素（Li，2006）。

在这里，我们避免了使用华人人口聚居的模型来解释悉尼唐人街及其市郊地区的发展，因为这些移民模型是被构建出来用以解释其他社会情况的，而当代悉尼华人人口发展的本质应归结于澳大利亚华人独特的同化模式，这是一种与美国截然不同的模式。悉尼华人的同化进程和澳大利亚其他族裔的同化进程相似，都是建立在技术水平、受教育程度和就业情况的准则之上。随着华人渐渐成为悉尼人口最大的族群之一，把华人视为独有的"少数民族"来解释存在于不同族群之间的多样的同化模式，显然已经越来越无法满足研究所需。在特定社区中，我们要探究华人的居住模式和经济活动之间的关系，以此探讨影响着华人身上不同程度的文化归属感和身份认同的因素，这些因素毫无疑问都对悉尼华人产生着非常重要的影响。

从这种关系看，悉尼的例子不仅突出了个人层面上跨国社会关系的潜在重要性，还突出了电子科技的重要性，即通过使用多种多样的电子通信设备，人与人之间产生了更多的交流渠道。其影响之一便是个体对华人身份的认同不再取决于与他们唐人街或者华人民族市郊的联系，因为他们通过电子科技能更多地与其他地区（无论是大陆的、台湾地区还是新加坡）的华人产生联系。在这种情况下，唐人街为了满足非华人和华人的需求而进行了转型，这一变化对华人的身份认同几乎没有影响，但它很好地反映当代大中华地区和其他地区华人的发展状况。这样一个"新唐人街"能让人更好地理解悉尼华人社区性质，避免对华人社区性质和华人个体的同化产生固有偏见。

克里斯汀·英格利斯

参考文献

Anderson, K. 1990. "Chinatown Re-oriented: A Critical Analysis of Recent Redevelopment Schemes in a Melbourne and Sydney Enclave." *Australian Geographical Studies* 18(2), 137-54.

——. 1991. *Vancouver's Chinatown: Racial Discourse in Canada, 1875-1980.* Montreal: McGill Queen's University Press.

Anderson, K. J. 1987. "The Idea of Chinatown: The Power of Place and Institutional Practice in the Making of a Racial Category." *Annals of the Association of American Geographers* 77(4), 580-98.

Bagnall, K. 2006 . *Golden Shadows on a White Land: An Exploration of the Lives of White Women who Partnered Chinese Men and their Children in Southern Australia, 1855-1915.* Ph.D. Thesis. Sydney: University of Sydney.

Benton, G. and E. T. Gomez. 2001. *Chinatown and Transnationalism: Ethnic Chinese in Europe and Southeast Asia.* Canberra: Centre for the Study of the Chinese Southern Diaspora.

Chen, H.-S. 1992. *Chinatown No More: Taiwan Immigrants in Contemporary New York.* Ithaca: Cornell University Press.

Collins, J. 2010. *Chinatowns in Australia: The Politics of Place in Sydney's Chinatown.* Paper presented at the "Chinese in Australian Politics" Colloquium. http://cosmopolitancivilsocieties .com/nodes/mcdara/chinpol/.

Connell, J. and A. Ip. 1981. "The Chinese in Sydney: From Chinatown to Suburbia." *Asian Profile* 9(4), 291-308.

Crissman, L. 1967. The Segmentary Structure of Urban Overseas Chinese Communities. *Man* 2(2), 185-204.

Department of Immigration and Citizenship. 2008a. *The People of New South Wales: Statistics from the 2006 Census.* Canberra: Department of Immigration and Citizenship.

——. 2008b. *The People of NSW: Statistics from the 2006 Census.* Canberra: Department of Immigration and Citizenship.

——. 2009. *Immigration Update 2008-2009.* Canberra: Department of Immigration and Citizenship.

Dunn, K. M. and S. Roberts. 2006. The Social Construction of an Indochinese Australian Neighbourhood in Sydney: The case of Cabramatta. In W. Li, ed. *From Urban Enclave to Ethnic Suburb: New Asian Communities in Pacific Rim Countries.* Honolulu: Hawaii University Press, pp. 184-202.

Fitzgerald, J. 2006. *Big White Lie: Chinese Australians in white Australia.* Sydney: UNSW Press.

Fitzgerald, S. 1996. *Red Tape, Gold Scissors. The Story of Sydney's Chinese.* Sydney: State Library of NSW.

Fong, T. P. 1994. *The First Suburban Chinatown: The Remaking of Monterey Park, California.* Philadelphia: Temple University Press.

Furnivall, J. S. 1956. *Colonial Policy and Practice : A Comparative Study of Burma and Netherlands India / by J. S. Furnival.* NY: New York University Press.

Inglis, C. 1972. Chinese in Australia. *International Migration Review* 6(19), 266-81.

Jupp, J., A. McRobbie, and B. York. 1990. *Metropolitan Ghettoes and Ethnic Concentrations.* Wollongong: Centre for Multicultural Studies, University of Wollongong.

Kwong, P. 1987. *The New Chinatown.* New York: The Noonday Press.

Lee, S. E. 1963. *The Ecology of the Sydney Chinese.* B.A (Hons) Thesis. Sydney: University of Sydney.

Li, W., ed. 2006. *From Urban Enclave to Ethnic Suburb.* Honolulu: University of Hawaii Press.

Lin, J. 1998. *Reconstructing Chinatown: Ethnic Enclave, Global Change.* Minneapolis.

Park, R. E. 1926. The Urban Community as a Spatial Pattern and a Moral Order. In E. W. Burgess, ed. *The Urban Community.* Chicago: Chicago University Press, pp. 3-18.

Price, C. 1974. *The Great White Walls Are Built.* Canberra: Australian National University Press.

Shun Wah, A. 1999. *Banquet: Ten Courses to Harmony.* Sydney: Doubleday.

Teo, S. E. 1971. A Preliminary Study of the Chinese Community in Sydney: A Basis for the Study of Social Change. *Australian Geographer* 11(6), 579-92.

Wong, B. P. 1982. *Chinatown: Economic Adaptation and Ethnic Identity of the Chinese.* New York: Holt, Rinehart and Winston.

Yong, C. F. 1977. *The New Gold Mountain: the Chinese in Australia 1901-1921.* Adelaide: Raphael Arts.

Yuan, C. M. 1988. "Chinese in White Australia 1901-1950." In *The Australian People: An Encyclopedia of the Nation, Its People and Their Origins.* J. Jupp, ed. Sydney: Angus and Robertson, pp. 304-307.

Zhou, M. and Lin, M. 2005. "Community Transformation and the Formation of Ethnic Capital:
Immigrant Chinese Communities in the United States." *Journal of Chinese Overseas* 1(2), 260-85.

第五章 秘鲁唐人街和变迁中的秘鲁华人社区^①

乐山

① 本文原发表于 *Journal of Chinese Overseas* Volume 7 Issue 1（2011），在此处做小部分修改。

秘鲁利马的华人社区虽然不为大部分人所熟知，但是这里有一个庞大的华人群体，由华人和华人后裔土生（Tusans）组成，[①] 对此许多外国游客感到惊诧不已。这个华人社区位于秘鲁首都中心，是一个繁忙的市场和商业活动中心。自从 19 世纪 50 年代，华人便扎根于此，从那时起这个社区便象征着秘鲁社会的大熔炉。在过去的 160 年里，唐人街已经是秘鲁华人历史中不可或缺的一部分。这里曾经发生过许多重大事件。但是最剧烈的变化似乎是当下正在发生的，例如，新移民带来了新的族群和出生地。更重要的是随着中国进口贸易蓬勃发展，唐人街出现了新的商业行为。进口商品数量增长，新移民涌入，导致了华人和土生们活动空间爆发，也对首都的其他地区产生了影响。这两项变化不仅标志着秘鲁唐人街进入了全球化时代，也表明传统上代

---

① 词条 tusan（土生）是在秘鲁常见的词汇，指代父母为华人但是在秘鲁出生的后代以及华人父亲和秘鲁或混血母亲所生的后代。刚开始该词语有严格的指代，但现在泛指华人的第三代移民。见 Lausent-Herrera（2009b）.

表唐人街的老华人社区，包括它的活动和组织，都在改变。

拉丁美洲最古老的利马华人社区 [①]

华人最早于 1849 年来到秘鲁，他们代替了在钦查群岛的糖料种植园和鸟粪肥料地干活的非洲奴隶，有些还干起了手工艺活（木匠，制革工人，做香烟或者床垫的工人以及烘焙师），还有些在秘鲁首都的富人家庭里当佣人和厨师。后者的地位相对要高一些，因为在五年的合同保护下，他们还享有一半的人身自由。正是这自由使得他们可以快速建立家庭，在空余时间从事各种街头买卖：小商贩（卖热水的，卖烤花生和芝麻酱的），挑夫和清扫大街的环卫工人。19 世纪 60 年代初，最幸运的华人要属那些屠宰夫或者糕点师，或者在各式各样的小餐馆以及客栈（fonda）[②] 打工的员工。苦力贸易一直持续到了 1874 年，那一年秘鲁同中国政府在天津签订了友好、贸易及航海条约，共引进了十万多单身华人劳工。随后秘鲁政府采取了自由移民政

[①] 1847 年，古巴出现了第一位中国苦力。最先开始的时候，自由身的中国人和手工业者在首都哈瓦那附近的几条商业街汇聚集中。但是，在利马，华人街区的形成与中央市场的建立密不可分。关于华人在古巴的文献并不能推断出华人街区成立的具体时间，但是它极有可能与利马的历史一样悠久。

[②] 各种档案材料显示（el Archivo General de la Nación：AGN）*sección Protocolos Notariales* 和 *Registros Parroquiales*（*Archivo Arzobispal de Lima*：AAL）最先占据 La Concepción 市场，附近的手工业者和商人通常和当地秘鲁女人混住在一起。这促进他们更好地搬进街区，占领的优先位置，让后来的其他中国单身汉从中受益。

策，一直到 1909 年开始移民才得到了严格控制；1930 年移民被完全禁止。

从 1854 年开始，许多自由身或者潜逃的华人到孔普塞西翁（La Concepción）附近的新市场定居，这个孔普塞西翁当时（1851—1854）正处于施工之中，它坐落于一个舒适的街区，附近是著名历史街区，许多修道院和殖民者住宅区也建造在这里。[①] 新市场为首都提供新鲜的供给，这一角色完全改变了这个街区，吸引了大批自由身华人，逃跑的苦力以及各个种族的街边小贩。1854 年，市档案馆展出了华人在市场租赁的第一份收据。逐渐的，这个市场吸引了越来越多的华人来此定居，他们纷纷聚集在这里，建立起了华人最重要的社团和组织。

来自加州的影响

19 世纪 60 年代末，[②] 利马的第一个华商从加州搬来，在孔普塞西翁市场定居。同旧金山一样，利马华人社区出现了越来

---

① 利马只有三个市场，对首都来说是远远不够的。1846 年，人们决定在原本是女修道院的孔普塞西翁土地上建立一个新的市场，该市场位于"上城区"街区，联结着被宗教团体（孔普塞西翁女修道院，圣罗萨修道院，托钵修會的德卡扎 [Descalzas] 教堂）和有钱的克里奥混血儿以及西班牙家庭占据的主教教堂街区。

② 1867 年，永发（Quong Wing Fat）作为旧金山商会和安（Yun Wo On co.）的代表抵达卡亚俄（Ministerio de Relaciones exteriores：M.r.e, 8-15-K, 16-10-1867）；其他进口公司也紧随其步伐，例如，Wo Chong co., Wing Fat co., Pow On co. 和 Kang Tung co.

越多的商业建筑，专门进口中国和北美的货物，这毫无疑问是华人社区历史上第一个最重要的事件。华人公司比如像"永发"（Wing Fat co.），"和昌"（Wo Chong co.），以及"永安昌"（Wing On Chong co.）[1]给市场带来了焕然一新的面貌。这些公司主要进口中国生产的物品（陶器、丝绸、家具、竹制物品）和食物（大米以及烹饪中国菜所需食料[2]）。他们把公司建在鞋帽工作坊的旁边，与小商铺、酒吧（bodegas 和 pulperias）、杂货店、干货店、中国货物零售商（由卡波街的批发商供货）并排矗立。非裔的洗衣女工、当地士兵和制烟工人现在都居住在这块地区，使街区变得越来越倾向于无产阶级化。华人在中等的工人家庭中出租一间小房间，还有一种房间位于走廊两边，一个接一个排列着，走廊位于两栋建物中间，是封闭式的，类似于死胡同一样的街道（callejones）。一些华人从事烘焙工作，他们制作售卖糕点和中国菜，以客家人来说，他们把肉切块卖给客户。一块屠宰场，一些家禽鸡和猪：这足以使人们把沿着市场的其中一条街也命名为卡波街[3]，变成了华人社区职业的符号。但是，"永安昌"商场的橱窗里却优雅地装饰着从中国进口的物品，商

---

① 永安昌是旧金山的永和生公司的子公司。它于 1872 年分别在智利瓦尔帕莱索和利马设立分公司。1882 年，它的母公司在香港注册成功（AGN, *Protocolos Notariales, Vivanco*, t.1038, 19/12/1882）。

② 在中国商业公司出现之前，外国商船（美国的，英国的，法国和德国的）将大米、丁香、桂皮以及其他中国菜必须的干货进口到秘鲁，尤其是大庄园中去。新兴的华人进口公司大大增加了这些商品的进口量，而且还丰富了进口到秘鲁的商品种类，包括咸鸭蛋、干蘑菇、罐头蔬菜和鱼干等。

③ 街名（Capón）的由来是因为这里有一块饲养猪和其他家禽的圈地。

场里售卖的是中国奢侈品例如中国餐盘、陶瓷装饰品、家具以及象牙制品，这些都展现了中国文化的另一个形象。一些华人逃脱了契约成为了自由身，他们来到这里建立了第一个华人社团①，许多有势力的公司经理和股东们，加上来自香港和加州的雇员们通过他们的身份和经济手段，对这第一个华人社团给予了许多支持。

1886 年，秘鲁中华通惠总局成立

1881 年到 1883 期间，智利军队占领了利马市区，标志着华人社区的发展进入新的阶段。在孔普塞西翁市场附近（当时还不是利马语中的中国区），华人的商业活动增加，庙宇、游乐

---

① 无论是自由身还是逃跑的苦力，他们都向有工作的利马华人寻求避难，前者可以通过中国机构（*Agencias de Chinos*）寻求保护和工作。这些中介机构显然是利马最早的华人组织。它们最早在 1860 年之前便已出现，甚至早于第一个华人区域性社团。华人第一个正规的组织于 1867 年成立于利马卡亚俄以及北部地区。19 世纪 70 年代，这些组织在整个秘鲁大量繁衍，呈多样化发展，甚至扩散到了亚马逊地区（Lausent-Herrera 1991, 1996a and 1998）。利马最重要的三个社团成立于 1867 年：它们分别是广州公司、古冈州会馆以及客家人的同陞会馆（见 AHLM, Alcaldia, 13 March 1861 and *El Comercio* on 10 September 1869）。当时的福建会馆南海和番禺（两者都是广东话发音）的场地是在华人街以外的地方租赁的。同陞会馆和南海是第一个于 1874 年在唐人街的边缘地带，即新的 Huerta Perdida 地段购买的土地（AGN, Terán, t754：525 and 619），见乐山（Lausent-Herrera，1994，2000）。

会、鸦片馆、剧院的社会文化活动[①]也越发显著。一些仍然服务
于[②]利马南部大农场的苦力们加入了智利的入侵军队，间接地
参与了包围利马的行动。当这些智利人进入首都时，他们在孔
普塞西翁市场[③]攻击了许多华人店家。这个事件让华人意识到
团结起来保卫权利的必要性——同时对其中一部分人而言——
这也意味着华人应该表现出融入秘鲁社会的意愿。1881 年，华
人建立了一个组织，名为华人慈善协会（Sociedad Colonial de
Beneficencia China），得到了秘鲁教会[④]和当权者的支持。对其
他人而言，该举动促使人们在 1886 年成立一个联邦组织——秘
鲁中华通惠总局，即一个强大的华人慈善机构，该行为也得到
了中国驻秘鲁第一位外交大使郑藻如的支持。华人社区也在他

---

① 秘鲁报纸以及外国游客记录下了华人街区的活动。1874-1880 期间，这些人
当中包括了 Camille Pradier-Fodéré（1897：79-80），Charles d'Ursell（1889：271）
以及 Charles Wiener（1880：454-55）。尤其是，后者写道："这个种族正在提升自
我，把自己的生活变得美好而舒适，在利马逐步建立起一个小中国。"作者还专
门介绍了华人的戏曲表演。关于这个主题，在文努斯（Muñoz，2001：142）的研
究中，我们看到了一张利马中国戏班演员的照片，日期是 1865 年之后。如果时
间正确的话，那么华人在旧金山的影响就可以推至 1867 年之前，即加州第一家
中国商业公司成立的时间。而且，剧院 Delicias or Odéon（Teatro Chino）成立于
1869 年。1886 年被 Teatro Olimpo 取代，这个剧院一直支撑到 1919 年，然后改名
为 Teatro Ferrero。

② 战争爆发之时，大部分华人苦力都在大庄园主的手上，大庄园主非法占有苦
力，对他们百般折磨侮辱。

③ 据利马居民提供的信息，当智利人入侵都城时，他们忘恩负义，不顾华人
苦力曾经对他们施出援手，大肆屠杀、绑架华人以获得赎金。见 H. Witt 的日记
（1987：309，311，319）．

④ 在香港教主雷蒙迪（Raimondi）的支持下。

的管辖之内，该慈善机构更是受公使馆人员 [1] 和大型华人商会的控制，同时这些华人商会还投资了地方会馆，例如"永安昌"公司。通过这些举措，南海地区的华人通过此平台汇集到了一起。1886 年，他们用筹集到的善款建造了一幢大楼，作为中华通惠总局 [2] 的办公地，中华通惠总局的机构结构和旧负责旧金山唐人街的那些机构类似，例如中华公所（CCBA）。中华通惠总局的成立标志着一个真正意义上的社区的建立，华人社区终于掌握在了自己手中。它坐落于奥约斯街（帕罗鲁街）[3]，面向卡波街，迅速成为了华人占领该街区的标记。

摧毁和限制：1909—1930

这个平静而勤奋的华人社区却和市政府的报道或者报纸的描述大相径庭。精英阶层受卫生观念熏陶，加上在长达三十年的达尔文主义的影响下严厉地指责华人及其中央市场，他们谴责华人把这里变成了"他们的"鸦片窝点和赌博老巢，更对华人堕落的生活方式嗤之以鼻。在秘鲁与智利之间的战争接近尾

---

① 公馆人员由 Lui Fuquian 带领：第一任驻利马—卡亚俄的中国大使，也是公认的社团主席。

② 《秘鲁中华通惠总局秘鲁华人（1886—1986）》，1990，55-56，香港。

③ 19 世纪 60 年代，每个街区有特定的名称。直到 20 世纪 30 年代，所有街道从头到尾开始用统一的名称。卡波街便是之前街道乌卡亚利和街道奥约斯的两个街区的衍生，现在被称作帕罗鲁。

声时（1879—1884），该街区经历了智利人摧残后，已经千疮百孔，情况非常糟糕。建筑物没有得到较好的保护，情况不断恶化，卫生情况也因为越来越多居民在此定居而变得糟糕，尤其是面对着中央市场和另外一处名为佩斯康特（El pescante）的建筑。1898 年，[①] 西斯内罗斯和加西亚曾用非常难听的词语描述华人社区，这不禁让人联想起了欧洲的种族主义。与此同时，利马还爆发了黄热病，更加剧了这个人口稠密的街区的悲剧。其他新的传染病也随之而来。华人社区的存在本身便是这个城市心脏上的一块炎症，这足以让当地人感到害怕。商人们纷纷逃离了废墟般的市场；租金飞涨，街边小贩更是无人管控，愈加频繁地入侵到周边街区。仅有为数不多的几个大型的意大利和华人企业在危机中幸免生存了下来，像永安昌和博隆公司。[②] 这些企业把握住机遇，接管了空荡荡的街区，大量拓展仓库以及零售店，经济这才慢慢复苏。华商在危机中展现了强大的复原力和韧性，几乎掌控了小型华人商铺所需的所有产品的分销，导致了华人与秘鲁人关系的恶化。

---

① "1000 多名亚洲种族人口挤在一个狭小的，即没有电又不通风的房间里；他们放弃了自己，任由这个堕落的种族与生俱来带有的邪恶的品质主导着。这是一个耻辱，我们无法理解除了媒体反复的抱怨，市政府如何能够容忍这样一个充满着传染病和腐败气息的地方存在的。"（Cisneros and Garcia 1898：63）。卫生学家 J. A. 波尔特利亚（Portella）和辩论家 S. 桑蒂斯特（Santisteban）也做出了同样的批判。

② 在此期间，华人公司不仅分销亚洲进口过来的商品，而且向外部出口新商品，例如糖、棉花和烟草，他们不需要通过中间人便可从各省租赁的大庄园里面直接获取大量利润。

当地人对华人的仇视进一步加深，秘鲁当权者亦无法控制越来越多的华人移民，[1]于是政府决定采取限制性措施，使得工人阶级以及小型商铺铺主的生存环境进一步恶化。政府计划扩展城镇区域来缓解首都中心的拥堵情况，在总统彼罗拉的带领下，这些项目旨在为边缘地带的工人提供专门的住所，但不幸的是，这些计划都以失败告终，除了建立了一个维克多利亚街区。[2]

1909 年是华人最为悲惨的一年。在 5 月 10 日的大选中，议会候选人 F. 卡塞雷斯提出改善工人阶级住房条件，工人子女应得到受教育权利，这一举动煽动了工人党成员。一群工人群众示威者即刻组织了游行。许多游行者来到中央市场，开始攻击华人，嘴里大喊着"彼罗拉和杜兰万岁，中国人去死！"[3]同时，在公众舆论的胁迫下，政府不得不宣布 1874 年同中国签订的友好贸易条约无效。尽管中国政府发表了抗议，但是 5 月 11 日，人们仍然发起了拆毁罗巴顿大楼（Casa Lobatón）行动。整个街

---

① 见 McKeown（2001）。

② 在此期间，一个新兴的行业落脚于唐人街入口处的维克多利亚街区。伴随着工厂和纺织工业的，还有为工人提供的住屋。于是，又有一些华人在那里定居下来，开了一些小型商店和餐馆专门为工人提供服务。这个工人之区还住了一些混血儿，他们在这个街区扮演了重要的角色，使之不至于成为唐人街的衍生。众所周知，最新到来的中国人可以在这里开展小型的商业活动，例如食品行业和纺织品（纺织磨坊），或者来这里寻找仓库和便宜的住所。尽管这里大部分居住的是华人居民，但是这个华人街区，就房产所有权而言，依然是被宗教机构，有钱的克里奥混血儿，西班牙和意大利人所控制。

③ El Comercio 10-5-1909。关于此主题，见 Muñoz（200：169-70），Rodriguez（1995：397-429）.

区都被摧毁了，成百的华人纷纷逃离，四处在同乡处寻找避难所。对利马当权者和当地居民而言，这项摧毁性的行为是在排斥华人社区，并且表达了他们希望结束移民政策的明确决心。

在暴力的支持下，这一势不可挡的诉求是要禁止中国人自由移民，废除天津条约。事实上，利马中国移民的数量已经大量削减，从 1876 年的 15368 人下降到 1908 年的 5049 人。[1] 发生动荡之后，中国大使伍廷芳[2] 签订了《中秘条约》，该协定对中国移民采取了限定制约的措施。[3] 尽管当地华人受到了制约和攻击，1920 年在利马注册的华人社团和商会的数量却成倍增长。[4] 另一方面，大型华人商会进一步发展繁荣，塑造了利马华人的另外一种形象，即一个被解放的、现代的中国和一个受人尊敬的华人群体。

1918 年，秘鲁无政府主义工人阶级起义，其中一些人还参与建立了 1917 年的反亚洲联盟，[5] 同样的，这次起义也没有放过中央市场的华人。利马的社会底层在工会的影响下，也开始排斥街区的亚裔群体。另一方面，利马的知识分子们虽然支

---

① *Censo Nacional de 1876, Censo de la provincia de Lima de 1909*。见附录表格。

② 伍廷芳（1842—1922），著名的法学家和政治家，清王朝驻美国的使臣，1896—1902 和 1907—1909 年期间，负责中国与西班牙（古巴）和秘鲁的关系，他为在这些国家的华人争取权益。作为一个立宪派，他参加了孙中山发起的辛亥革命。

③ 关于这个主题，见 McKeown（1996）。

④ 《秘鲁中华通惠总局秘鲁华人（1886-1986）》，217，香港。

⑤ 特别指出的是，这些来自联邦的糕点工人与中国人和日本人产生直接的竞争。它们参加了新爆发的反亚裔种族主义。

持社会运动，但是对华人社区持有不同的观点。诗人、上层官员和哲学家觉得华人社区是一个充满魅力，难以抵抗的地方。[①]诗人塞萨尔·巴利霍，作家亚伯拉罕·瓦德罗马（Abraham Valdelomar）以及政治评论家伯塞·卡洛斯马里亚特吉常常在秘鲁中餐馆[②]相聚，即汤继域（Ton Kin Sen）餐厅，他们在这里可以享用到最受欢迎的广东菜和克里奥尔的混合菜式，这已经成为秘鲁中产阶级的饮食习惯。这就是一个复杂而贪婪的城市的矛盾所在：一方面发动着反亚裔游行，一方面对刚刚挖掘到的异域魅力产生迷恋。

也就是在这个时期，非法移民开始出现，尤其在厄瓜多尔边境。同时，土生[③]华人开始接手父母的生意。尽管政府对移民仍然加以限制，但是在 1909 年到 1930 年期间，12400 名新移民进入了秘鲁，其中女性占不到 5%。[④]对华人和土生而言，这块街区是定居的理想之地，因为他们不仅可以买到想要的进口产品，而且还有学校和出版社为他们提供各种服务。1931 年，秘鲁诞生了一份新的杂志，名为《东方月报》，该出版物面向华人和土生群体，一方面旨在宣传中国民族主义，抵抗日本军国主义

---

① 见 Munoz（200：155-81）。

② 见 Balbi（1999）。

③ 关于土生世代以及他们对华人社区进化发展的作用，见 Lausent-Herrera（2009a）。

④ McKeown（200：48-46）.关于 1904 年到 1937 年的移民数量，McKeown（1996：63）给出了 22993 的数字。1940 年全国人口普查的数据表明秘鲁有 10905 位华人，其中 6871 来自利马地区。

的入侵，另一方面希望通过宣传中国文化达到教育目的，正是从这份杂志开始，"中国区"（Barrio Chino）一词开始流行起来。[1]

同祖国隔断了二十年的联系之后，"真正"意义上的在中国出生的华人数量大大减少[2]，并且持续下降。另一方面，秘鲁华人数量大大增加，他们主要来自于两个种族间的通婚，或者是土生华人（出生在秘鲁本地）的结合，这些人大大充实了华人社区中"不正宗"的混血的克里奥的成分。印第安裔混血的数量变得越来越显著，逐渐改变了社区的外观，尽管并没有对华人身份带来威胁。20 世纪 70 年代的华人的报章广告向我们展现了当时社区的活动；广告揭示了这些秘鲁中餐馆（chifas）像是江明、泰新、通宝和中华，对延续华人传统活动起了很重要的作用，例如制造业和鞋类家具的销售，但同时大型华商企业例如专门进口中国陶器的博隆公司和博祖公司却日趋没落。还有人注意到，1980—1990 年的危机最先造成了大量华人丧葬殡仪馆的消失。同时这些广告还反映了华人商业的现代化（例如，八层高的现代风格的新市场与旧市场形成鲜明的对比）。现在，华人社区的活动呈现多样化趋势，尤其是随着旅行社的出现，还有其他一些机构，像"香港南洋商业银行"的分公司，文具办公用品的供应商（Lau Chung）以及酒店等。在这段时期内，华人社区与周边的专门生产面条和酱油（sillao）的维克多利亚

---

[1]　关于对该杂志角色的讨论，见 Lausent-herrera（2009a）。

[2]　根据全国人口普查，1962 年华人人口数不到 5932，1971 年仅为 3815。1958 的法律允许每年 150 位中国人进入秘鲁，但是这并无法促进秘鲁华人社区的复活。见附录的表格。

地区联系密切。华人剧院也逐渐消失，被电影院取代，吸引了
许多年轻观众。1971 年，电影院的墙上贴满了中美出品的电影
片（MGM），它们在阿波罗电影院（前身为剧院）放映，为了
吸引观众，影片在宣传时声称是由邵仁枚出品、张彻导演的名
作《独臂刀王》。

翻天覆地的变化：政治、宗教以及领土，1970—1985

1968 年军政府成立，接下来几年给华人商业活动带来了更
多的挫败。富裕的商人们都因为害怕而逃到了美国和加拿大，
留下一个文化政治上都茫然无措的群体。更糟糕的是，政府宣
布该街区为不健康的街区，并且命令许多居民迁居；那些出于
对庙宇，社团和组织的归属感而执意留下来的人们过着更加艰
辛的生活。作家萧锦荣当时还很年轻，他生动地记录了当时的
情况：这一危机给华人社区以及无数居住在这里的居民们带去
了深刻的影响，新一代华人不仅丢失了传统文化价值观，而且
对是否应该继续留守这块区域产生了动摇，这些都给当地居民
生活带来了极大的震动。①

自从左派军政府将军胡安·贝拉斯科（J. Velasco）上台以
来（1968—1975），各大进口公司都在濒临奔溃。随着老一代华

---

① 参见 Siu（1985）。当这本书 1985 年刚面世的时候，秘鲁读者第一次深入了
解了这个只可远观的世界。有史以来第一次，人们带着同情而批判的眼光来审视
利马唐人街。

人逐渐老去，新移民越来越少，华裔的人口数也不断减少。空余的住房被秘鲁混血儿以及像黎巴嫩人这样的新移民占据。中国出生的年轻一代的秘鲁人都在离开传统华人社区，一部分原因是为了证明他们逐步提高的社会地位，一部分是因为他们希望更靠近秘鲁华裔学校和新的俱乐部，这些机构都已经搬离了传统华人社区，转移到了新的居住区，例如圣博尔哈巴（San Borja）。[①] 我们还必须看到在"内部移民"过程中，中华通惠总局内部新来的共产党人和其他人之间的不和。过去曾在华人街区入口处建造拱门，象征着国民党人的遗产，但是这也把华人社区的居民带入了一种身份混乱的状态，因为他们要接受不同的象征。

新一代华裔和土生秘鲁人相对能更好地融入当地[②]，因为他们受益于当地的耶稣信徒[③]开设的天主教育。战后，年轻一代只能通过《东方月报》以及狭小的华人社区求得职位，他们对这样的现状非常不满。因为他们不可能在社区团体中担任主要职位，更不可能成为社团领导，于是在 70 年代，这群年龄介于 20 岁到 40 岁之间的土生们开始回应方济会的号召，如果这些人决定离开华人社区，方济会便给他们提供机会组织自己的圈子和网络。在这样的条件下，华人学校迁移出了传统华人街区，新的社团成立了，而总部也不再建于传统华人街区。

---

① 关于秘鲁亚洲精英的产生，见 Lausent-herrera（1996b）。
② 关于这个主题的讨论，见 B. Wong（1978）。
③ 华人街区里第一个开设天主教课程的学校是中华（1924）和三民（1925）。

　　把新一代华裔从旧社区中隔离开来大大打击了华人教育、宗教和政治的根基，这一举措的目的在于把皈依天主教的土生和华裔从传统华人社区中分离开来，同时给他们提供华文教育，保留华人习俗和身份认同。这一举措还希冀破坏"中华三民联校"带来的世俗的政治的影响。间接地，他们还为新一代华裔提供副牧师的职位——当秘鲁华人社区的领地正在被削弱时——这一举措进一步证实并强化了这样一种意识：即社会经济地位，以及教育水平的提高激发着人们追求新的居住环境。一旦不再认同于这样一个正在衰落并且远不能满足新一代华裔的追求的传统华人社区，新成立的社团便纷纷依附于方济会[①]并且各自把机构设立在华人社区以外的地方。社区内部政治矛盾迭起，以贝拉斯科将军为首的改革派军政府上台导致社区内部经济政治动荡，在这样的大环境下，会馆损失了更多的会员，影响也在不断降低，华人社区也丢失了一大部分认同，王（1978）1971 年踏入利马时已经明智地观察到了这一切。

　　1975 年，25 岁的萧（Jau Kin Siu）来到了利马，住在莱蒂西亚街上一间中等的公寓内，他的住所位于眉萨·瑞多达（Mesa Redonda）附近，位于华人街区的边缘地带。作为一个新来的中国移民（萧在中国出生，但是他的父亲于 1950 年末到达秘鲁），他并没有因为这些变化而感到困扰。他唯一的目标就是尽快适

[①] 建立于 1961 年 8 月的第一个土生社团似乎是由 H. 费鲁齐欧蒙席领导的，他需要靠这个组织来筹备将在 1962 年建立的第一间中学，以及当时大名鼎鼎的学校 Juan XXIII。*Oriental* 杂志在 1930-1960 期间起到了把土生积极地团结在一起的领头作用，60 年代的天主教会也扮演着同样的角色。

应变化了的环境。当时街头小商贩越来越多，尽管街区已经变得穷困潦倒，但是许多会馆仍然在帮助像萧这样的新移民。从80年代开始，新一批广府移民卷土重来，而萧是这批移民潮之前最后到来的。正因为此，他必须先在传统华人社区发家创业，然后才有能力离开那里加入20世纪70年代迁离的前一批土生们的行列。当时那个年代，要想赚大钱仍然需要在传统华人社区里寻找机会，因为那里有着强大的关系网络；要想换新的住所只有实现了第一步才有可能。尽管大环境很困难，但是他在华人社区寻找到了他事业成功的助推力，现在他已经是中华惠通总局的三大负责人之一，同时还担任一个区域社团的董事。

土生华人被有计划地隔离出来，社群内部不再团结，其他种族移民的到来使社区活动空间减少，这些内部和外部因素的叠加为华人社区的同质性画上了一个句号。

1980年到1990年期间，华人街区对许多新来的移民已经不再具有吸引力。街区环境肮脏不堪，经济活动也得不到安全保障，许多粤籍妇女对此感到很失望。[①]整个小镇中心都受同样的传染疾病所困扰。连那些一直以来受秘鲁人欢迎的中国－克里奥式的餐馆也失去了往日的吸引力。

---

① 见 Lausent-Herrera（2007）。

图 1：唐人街的拱门（照片由乐山提供）。

1999 年，在庆祝第一个苦力来到秘鲁 150 周年的纪念会上，一群土生企业家决定对华人街区的经济活动重整旗鼓，重新给予该社区应有的华人身份认同，此项倡议由王（Erasmo Wong）领头，他是一个庞大的家族企业的负责人，"E. Wong"连锁超市的老板，同时还是 秘中协会的发起人。[1] 王同市政府 [2] 达成协

---

[1]　APCH: Associación Peruana China, 1999 年 3 月成立，旨在"推广、发扬以及保留华人原则和习俗。"

[2]　关于此主题，见 Lausent-Herrera, *"El Barrio Chino de Lima: entre conservación del patrimonio histórico y recreación del espacio urbano,"* 论文发表在 the CEISAL IV Congress, June 30-July 3, 2010, Toulouse.

定，十年内恢复著名的卡波街，把它变成一条富有中华特色的人行道，同时恢复秘鲁中餐馆和展览馆的活动。这一积极的行动在 2009 年再次被提上了议程，但它并非街区复活或者经济好转的根源。街区获得重生本质上是由于新移民带来的活力，以及同中国逐渐频繁的商业交流。

新移民 ① 和华人社区商业活动的重生

从 80 年代开始——甚至更早从 1975 年开始，但是在不同环境下——广东移民便重新开辟了移民秘鲁的道路。一些华人和一些出生在中国的秘鲁人再次激活了移民网络，安排他们的父母兄弟姊妹（广义上的）移民到秘鲁，他们有的在华人社区的餐馆打工，有的在其他社区、工作坊和工厂打工，期限为两年，通常在这段时间内，移民劳工用赚来的钱偿还旅程的费用，以获得能让他们留在秘鲁的证件，这还要多亏了秘鲁腐败的系统。这些广东移民对秘鲁了解甚少，直到他们到达了秘鲁的华人社区才发现自己被骗了。当他们看到秘鲁的华人社区如此肮脏不堪，找不到一点点金碧辉煌的影子之时，失望之情更是油然而生；除非他们可以从亲人那里寻得救助，否则在秘鲁无所

① 本篇章中用到数据来自于对 2002 年 235 位申请签证的中国人的抽样调查结果，包括 148 位居住在秘鲁的担保人以及 2003 年获得签证的 171 申请人。这项研究中的部分内容也可参见 Lausent-Herrera 2009b。

事事的那段时间最后证明比想象中的还要漫长难熬。[①] 从来到秘鲁到经济独立，实现了某项事业——通常是商业性质的——这段时间长达二到四年。以华人社区来说，餐馆雇员、售货小姐以及贩卖进口商品的生意人同时在这里谋生，融入当地社会的手段以及成功的概率各有不同，取决于各人从亲戚那里获得的帮助；有的人通过参与黑手党的网络，获得文件上的帮助、商业合同甚至是资金。

那些破败不堪的房屋"自古以来"为华人和土生家庭所拥有，有些还是社区机构的产物——尤其是中华惠通总局旗下有着 100 多间住房——经常给移民提供廉价的甚至是免费的住所。1991 年，华人街区土地注册局[②] 指明了十二间属于华人和土生家庭的居屋。蒋张，刘王，池·特里·蒋，叶，齐李柳，张芮[③] 等家庭，民进党以及国民党都曾经帮助过许多第一批移民在此安家。渐渐地，随着越来越多的新移民的出现（新移民的外表、衣着以及对西班牙语的无所适从让他们变得非常容易辨认），街区的外观也发生了变化，街区道路上还出现了许久不曾见到的妇女、小孩和老人。媒体也抓住了这一变化，常常带着讥讽的态度看待这些人，却没有真正想要了解这些人移民的背景。无论是合法的还是非法的，他们的地位很少被提及，因为无论在秘鲁还

---

① 关于这个主题的讨论见 Lausent-Hererra 2007 and 2009b 的关于移民的陈述。

② Reporte de predios y propietarios Lc-14, Cercado, sector 06. *Instituto Catastral de Lima*. 23/04/1991.

③ 这些包含两个姓氏的名字表明要么是土生根据西班牙传统习俗，把父亲的姓氏加上母亲的姓氏，或者是归化入籍的华人不得不使用自己的两个姓氏。

是在首都中心，他们的到来在一般人看来都是合法的。

20 世纪 90 年代中期，中国黑社会的活动造成了几次严重的事故，[1] 直到事情被暴露，媒体才揭发了红龙（Dragón Rojo）的种种破坏性行动。由于这个秘密犯罪团伙继续制造事端，2002年，社区领导同时向中国大使馆和秘鲁内政部起草了一份请愿书，要求摧毁该组织。但是问题并没有得到解决，红龙以及其他黑手党组织网络[2]给华人社区的团结和社区的经济发展带来了极大的危害。

80 年代末期，尤其是从 1991 年开始，福建移民通过黑社会的走私网络进入秘鲁。一开始，秘鲁是他们去到美国和加拿大的一个中转国度。中转期非常短暂，对非法的和延期滞留的移民来说，他们大多住在华人街区或者藏匿在首都各个角落的中国餐馆里面。福建移民的数量庞大，去往美国旅程的费用极高（从现在的 45000 美元起），加上实施此行动的困难重重，这些因素都意味着他们中许多人只能暂时在秘鲁定居，从而促进

---

① 它们包括一些公司为了获得赎金不惜绑架或谋杀成人和儿童，以及最重要的是他们持有假护照，把满满一船的中国人运往美国。参见 Lausent-Herrera 2009b。
② 秘鲁警察刚刚才开始了解到亚洲黑手党的操作模式，直到现在他们对这些仍然非常陌生。*Dragón Rojo* 雇用广东人和台湾人，这些年来一直从事人口贩卖，与此相关的似乎还有一直以来掌控着福建移民的福建人。墨西哥和哥伦比亚毒品垄断公司现在在秘鲁领地内非常盛行；对墨西哥公司而言，他们对把移民运到美国更感兴趣，这些人往往与蛇头有联系。

了一个新的移民链的建立。第一批福建移民来自中国沿海地区[①]并且开始开辟新的活动领域，如此一来，他们便同早期的广东移民产生了竞争，尤其是发生在华人社区内部。

　　明智的旁观者和土生们都认为这些新移民带来的影响是巨大的。在某种程度上这些人不仅将改变他们同中国的关系，而且也影响着秘鲁社会对华人社区的看法。这么多年以来非法移民的问题之所以这么严重，很大一部分原因来自于移民服务中"野火烧不尽，春风吹又生"的现象。[②]官方数据不仅隐藏了非法移民的增长，还过滤了种族和人口的变化。[③]

---

① 　根据我们获得的信息，除了福州、泉州、南部交界处的安溪谷以及和厦门面对面的漳州之外，还有一些移民来自山区的三明和南平。其他一些广东人也告诉我们他们不习惯同汕头来的移民相处——属于讲潮州话的族群，与福建闽南方言相近——他们认为这些新移民都是福建人，因为他们都来自粤东地区。第二批移民——如果我们和广东人一样都认同他们是福建人——来自汕头。最后一批到来的移民，尽管我们很少看到他们，但是他们不断在更新，这部分人显然是来自海边的安溪和南平。

② 　尽管我的目的并不是列举移民过程中的所有暗涌以及秘鲁身份证的价格（ $3,000，根据 *El Comercio of* 21/8/2008），但是只要考虑到人口普查提供的数据无法与其他数据一致，也无法与华人的论述相吻合这一情况，我们就不可以忽略这一论题。

③ 　Ang See 所描述的菲律宾新兴起的一批非法移民浪潮在很多方面都与秘鲁近来的情况相似。在菲律宾，非法移民利用软弱腐败的行政从中国进口商品，以获得市场中的有利地位（Ang See，2007）。菲律宾当权者禁止任何外国人从事零售行业来回应这一现象，但是在秘鲁却不一样，除了华人餐饮业必须雇用秘鲁工人这一事实之外。

图 2：卡波街（照片由乐山提供）。

　　1981 年人口普查只给出了 1714 名[①]（1237 位男性，477 位女性）居住在秘鲁的华人。许多在中国出生的华人因为不可更换身份而选择离开秘鲁。时隔 12 年，1993 年，华人人口翻了一倍，增长到了 3728，其中男性人口 2307，女性人口为 1421，意味着人口组成比例也在进化。该数据已经低估了实际的涨幅，因为这些移民的本质是非法的，他们主要来自福建，尤其要考虑非法的女性福建移民的增长。[②] 最近一次（2007 年）人口普查

[①]　在总数为 1714 的人口中，1191 为中国大陆人，523 位为台湾人。1173 个人已经超过了 45 岁，表明了秘鲁华人人口的高度老龄化。见附录的图标。

[②]　以秘鲁的例子来说，女性数量更多而且在那些定居的人口中，受教育程度更高。（Liang and Morooka 2004）。

显示秘鲁总共有华人居民 3450 名，女性人口有所增加而男性人口则有所下降。这一出乎意料的数据值得仔细分析，因为尽管我们可以有许多种解释，但必须要考虑到的是这两项人口普查之间的相当高概率的入籍归化现象。2004 年，我们在 DIGEMIN（ *Dirección General de la Immigración y Naturalización* ）研究申请中国签证的申请人时，我们向官方申请了 1990 年到 2003 年之间入籍归化的人口数。结果是：这段时间内有 18604 位中国人入籍，但是在 1990 年之前只有 2000 名中国居民居住在秘鲁。我们缺少了 2003—2007 年间入籍归化的数据，并且许多中国人即使从来没有来到秘鲁，也能很快地申请到秘鲁国籍，考虑到以上两种情况，我们也许可以推断为什么归化因素可以解释人口普查数据与现实的出入如此之大。但是问题仍然存在因为我们无法追溯到这些移民进入秘鲁的证据。人口普查的华人人口与获取秘鲁身份的华人的数据差异甚大，导致这一现象的一部分原因是藤森总统任期期间，有一部分尚未确定数量的中国人买下了秘鲁护照（ the decree n°663 promulgated in 1992 ）。

华人居民、入籍华人和土生华人是移民的担保人[①]，他们提供的签证申请的文件让我们在缺少其他可用资料的情况下，获得了 383 份（2002 年第一学期）和 171 份（2003 年 8 月）个人信息，为我们提供了当下移民状况的侧写。2002 年，40.8% 的

---

① 　2002 年的研究表明，似乎有 77% 的担保人是在 1997 年到 2000 年期间移民到秘鲁的。这个现象展现了一个非常活跃和年轻的移民链。60% 的担保人在餐馆工作。或者是餐厅老板和管理层人员，26% 是小型企业家。参见 Lausent-Herrera, 2009b: 84-89。

签证申请人来自广东，24% 来自福建。我们还注意到了出生地的多样性，尤其值得注意的是来自广州北部的白云区（仁和）和东莞的人数更多。其余签证申请人大部分是政府官员，与商会挂钩的商人，他们大部分来自中部区域（河北、湖南），北部区域（北京、天津）以及来自东北辽宁省的小商人。尽管这个现象非常有趣，反映了秘鲁以及南美洲华人的经济野心，但是我们在这里不打算对不住在华人街区的移民进行探讨，尽管他们中许多商人与新移民有着割不断的关系。这些人的住宿通常由大型商会帮助解决，他们住在苏尔科、圣伊西德罗和拉莫利纳 ① 地区的公寓和居民区（中上层阶级）。

2003 年，从持有居民签证的华人中抽样调查，结果显示广东人仅占 36%，而福建人为 40%。这些数据是我们到目前为止找到的唯一可以证明福建人和广东人之间关系反转的证据，尤其是在两种方言人口共享的商业活动领域。在这项调查中，我们还看到女性移民占 35%，大部分为单身或者离异者（57.1%）平均年龄为 29 岁，而男性为 36%，其中 59.5% 的移民申请的是旅游签证，35% 的人申请的是商业签证。②

---

① 1992 年，秘鲁把自己唯一的一家位于马尔科纳（纳斯卡区），距离首都南部 500 千米的钢铁厂卖给了中国公司首钢。自 1993 年以来，该公司把它最高水平的工人和行政人员从中国带到了秘鲁。假期期间，行政人员纷纷来到华人街区，公司总部的圣伊西德罗区还专门为他们保留的住宿。其他中国公司也专门为自己的员工提供食宿服务。

② 商业签证于 2002 年开始签发，保证金为 10000 美元。自 2001 年开始，还签发了投资签证，保证金为 25000 美元（1992 年 A. Fujimori 总统刚施行投资签证是保证金仅为 20000 美元）。

直到 21 世纪，华人社区为大部分移民提供了住所和工作机会，无论他们是广东人还是福建人。一旦非法移民通过秘鲁中餐厅网络（chifas）进入了秘鲁，这些人立刻扩散到了华人社区以外的街区中去。那些选择继续驻守在那里，留在那里生活工作的，恰恰是那些选择留在秘鲁生活的华人们。

华人社区商业活动的重生

正如我们看到的，华人街区是一个可移动、可伸缩的空间，它的边界较为灵活，取决于我们站在怎样的角度去看它，是站在只关注卡波街和帕罗鲁街的消费者角度，还是站在关注着十多个街区的商人的角度，又或者是遗漏掉几个街区的文化局（INC）的长官的角度，还是从看到全局的（"受影响区域"）市政当局者的角度出发呢？我们的研究基于 2008 年国家经济调查所得到的微观数据[①]展开，包括了 11 条街，它们组成了 17 个街区。这块区域包括了三条交通干线，从北到南穿过里马茨河和利马历史街区（阿亚库乔、安达韦拉斯和帕罗鲁），以及横跨该区域的几条街道，其中最重要的是瓦亚加、乌卡亚利－卡波、

① *Censo Nacional Economico de 2008.* INEI. 我们还用到了一些个人纪录，例如从 RENIEC（Registro Nacional de Identidad y estado Civil）， 和 SUNAT（Super Intendencia Nacional de Administracion Tributaria and its Registro Unico de Contribuyentes）获得的信息，以及各企业自己的信息中心：www.UniversidadPeru.com//empresas and Creditos.Peru.com.

米罗·克萨达街。中心的 5、6、7、8 街区坐落在中央市场，周围环绕着几条街道分别是瓦亚加街（1553 间商铺），阿亚库齐街（1414 间商铺）乌卡亚利－卡波（497 间商铺）以及安达韦拉斯（1767 间商铺）。

利马中心一共有 45164 间商家；该研究讨论的 17 个街区包括了"受影响区域"，仅这部分区域就代表了 11369 间商家。其中的销售点最小仅为 4 平方米的空间，通常设在小型零售商经营的商业展览馆内，大型销售点可以达到 100 平方米。这里有无数个高达几层楼的商业展览馆和设有多个出口的商业大楼，20 世纪 70 年代，房地产公司收购了这些年老又破旧的大楼，在原址基础上把它们改造成了现在的商业大楼，它们的股东大多数为土生华人（Lau-Kong，Ch. Wu，Jui Lin，Chy，Tay）。这些展览馆拥有上千个产业，其中一部分——因为管理不当——长期空置或者被用作了仓库，储存从中国商人或者土生商人进口的大型货物，或者也被用作大型进口公司的附属建筑物。小型精品店如果地理位置极佳的话，也是非常有价值的。著名的卡波街上的加雷亚中国城的一间 4 平方米的小店在 2010 年初估价可达 50000 美元；在同一个展览馆里，另外一个 4 平方米的小店租金达到了一个月 100 美元。

展览馆通常按照所在街区的已有的范例专门销售某类产品。安达韦拉斯街（Andahuaylas）是拥有最多展览馆入口的街道，在这条街上的帝国展览馆设有大量文具用品店、出版社、布料商、刺绣工作坊、玩具和礼品店等等。这里售卖的大部分商品都是从中国进口而来。在黄金国展览馆里面，人们可以找到为孩子举办派对或者准备生日礼物的各种所需用品。这些精品店大多是土生妇女所经营，她们现在仍然居住在华人街区尽头的万塔和帕罗鲁街的 11、12 街区。金矿展览馆销售的是服装珠宝以及时尚用品，它们大多由秘鲁商人从中国进口然后销售。帕罗鲁街的卡波中心主要是售卖医药和美容用品。这些从中国进口的商品经常被秘鲁当局没收。在这块区域内就有超过 15 家商业展览馆。

由于管理不当，人口拥挤，以及危险品的储存（例如圣诞前夕从中国进口的烟火）使得这块街区遭受了几场严重的火灾，其中一次发生在 2003 年年末库斯科街的眉萨·瑞多达，这次大火导致 400 多人葬身火海。关于如何定义华人街区，我们询问了华人街区的消费者，我们试图了解是否市郊的非华人专有街区也可以被认为是华人街区。某些研究表明，由于眉萨·瑞多达太现代了，而且它主要被秘鲁商人和消费者占据，因此并不属于华人街区。但是其他研究把眉萨·瑞多达当作华人街区的组成部分之一，这一说法来自两方面因素的考虑。第一，许多移民包括土生和中国医生曾经居住在这里，并且仍然在这附近生活着。第二，团聚在莱蒂西亚街附近的眉萨·瑞多达和展览馆之所以能够存在都是因为这里销售的大量的中国商品，尤其是从那些新移民到利马的福建人那儿进口来的。对许多其他地区的秘鲁人而言，到眉萨·瑞多达去就是到华人街区去。在这个特殊的例子中，我们又看到华人街区的定义，它的边界以及受影响区域都是非常有弹性的。

要辨认出帕罗鲁街的第五到第八街区以及横穿这些街区的

乌卡亚利－卡波大道并不困难。它们代表了华人街区的中心。一方面，秘中协会的城市发展进一步巩固了它的华人特色，另一方面，这几条街汇集了最多的华人人口（商人、员工、居民）。正是在帕罗鲁以及它的侧街（胡宁和米罗·克萨达），我们看到了许多会馆的办事机构：中华通惠总局，古冈州会馆、中山会馆、番禺会馆、龙冈亲义总公所、鹤山会馆、隆镇隆善社和民进党（以及各自的出版社）。往外一点我们就可以看到帕罗鲁第三街区的南海，同陞会馆加上一个万塔第九街区的道教寺庙。尽管近来要想在这块轴心区域找到一块地方非常困难，但有趣的是随着广东移民的复兴，人们在帕罗鲁和卡波的交界处建立了一个新的名为开平的社团。另外卡亚俄土生社团，即利马港也设立在这块地区。

五年前，人们还会对华人街区社团的活力和持久性持怀疑态度，这一现象主要由以下几个因素导致。第一，人口老龄化。旧社团与新移民关系岌岌可危，因为这些新移民更倾向于向中华通惠总局靠拢。第二，地产价格偏高使得社团领导一直以来认为他们应该把此处地产卖掉，离开这里转而在他们居住的圣博尔哈住宅区购买新的地产。但是圣博尔哈地区的房地产价格也迅速增长，几乎和华人街区的同步，这使得该想法几乎不可能实现。番禺会馆于是决定放弃这个项目，转而修复现有产业，使之更加现代化。中山会馆把办公室都出租给了商铺，没有自己的社团办公室使会员非常苦恼因为他们没有地方举办丧葬仪式。2012 年，中山会馆最终决定留在唐人街，恢复并且重建他们的场地。社团内部有一个大客厅用作接待，除此之外，他们还建造了一个新的关公庙。帕罗鲁和乌卡亚利—卡波不仅是会馆的聚集地，而且拥有最密集的精品店，餐厅（著名的 *chifa*）和银行分支。[①]后者由土生经营，他们的员工讲中文。除了储蓄和借贷之外，中国和秘鲁之间的转账是进出口行业最主要的活动。风水生意和 15 年前兴起的中国服装流行饰品的进口行业致使该条街上曾经最繁荣的商业消亡殆尽：即老一辈华人，尤其是土生和华人建立的制造业和家具销售业。秘鲁买家、土生和华人都蜂拥而至，在这里逛展览馆，去最好的餐厅吃饭（华东酒家、聚福楼、卡波、中华楼、山渔栋），到中国糕点店买点心，到卡波街的赌场（*Tragamonedas*）玩两把。同时，新移民把那些原本用来住人的居屋变成了牙医、医生、针灸师、会计所、翻译、理发师甚至算命先生的办公地。有人观察到，这种对空间的新的占用方式是区分广东人和福建人的又一方法。如此一来，中华通惠总局隔壁的这个原本属于利马市慈善协会的整栋大楼，现在已经被福建移民占用了。

2008 年的经济调查加上现有的关于在 SUNAT 上注册的企业的信息揭示了人们重新从空间上和商业上占有街区这一过程中两个重要的时刻。第一个发生在藤森冲击（Fujishock）[②]之后，

[①] 在卡波街，有 Banco Continental, Scotiabank, Banco Financiero, Banco Interamericano de Finanzas, interbank；在帕罗鲁街，有 the BCP, CrediScotia, Banco Continental and Western Union. 这些银行招聘在中国出生的年轻的秘鲁华人，他们能讲中文，曾经在中国生活过。

[②] The Fujishock (11 august 1990)：前总统藤森为了结束通货膨胀，重整秘鲁经济采取的一系列措施的后果。

经济开始逐步复苏。商业活动从 1992 年开始重现，其增长趋势一直持续到了 1999 年。新移民起到了一定作用，但当时主要是土生和入籍归化的华人开始加大对街区的重新投资。第二个重要时刻开始于 2000 年，但是在 2004 到 2008 年期间创业的企业达到了最高点（在 2006 年到达顶峰）。在这两段时间之间还发生了一次逆转：即新移民／居民以及刚刚入籍的华人发起投资，开辟新商业。在乌卡亚利街有 15 家商家，在帕罗鲁街——继卡波 – 乌卡亚利之后最"中国"的街道——我们可以数出 22 家商家，在安达韦拉斯街还有另外 9 家。这样，新设立的公司共有 46 家，不包括无数家分公司和迷你仓库，它们散布在街区的各个角落，还不算上那些继承下来的或者土生们的企业。因此，在街区原本非常活跃的土生们逐渐被取代了，即使是在竞争非常激烈的安达韦拉斯街，他们得以再次开辟了一些商业活动（开了 5 家商店），但也难逃被排挤的命运。新移民商业活动的增加表明他们有能力租下甚至购买之前被土生占据的最受理想的街区位置。作为补偿，商业活动的复苏也带来了就业的增加[1]，就业人员大多是秘鲁人（因为销售工作需要掌握较好的西班牙语）以及许多福建新移民，这段时间内正好也是福建移民大量增加的阶段。2005 年到 2010 年期间，一些针对中国进口商品的税收被废除了，这是由于 2010 年新签订的秘鲁—中国自由贸易协议，这一举措大大促进了对中国各种商品的进口，同时还伴随着向

---

[1]　2008 年对员工人数进行了经济调查，很多店家都对 SUNAT 做出了不确定的申报，因此我们的数据是有所保留的：乌卡亚利街有 350 人，帕罗鲁街有 300 人，安达韦拉斯街有 150 人。

专业化发展，这也是我们将要分析的。

新旧活动的重叠：竞争

19 世纪时期，商会往往在讲同一家乡话的同乡中寻找商业合伙人，雇用员工，例如永安昌（南海）和保安（由泰山和中山的客家人建立），这一做法也被华人社区的一些小型企业效仿，采用家族企业模式经营，例如广东模式。这一模式直到现在仍然可以看到，虽然不是一直都在同一个家族手上，但是都是在同一经济领域。因此，Sen 姓家族、Chu 姓家族以及 Siu 姓家族都在市场做了几代人的生意。这些商人长时间以来都忠诚地坚守着一些传统华人的生意，比如经营餐馆、售卖食品和中国菜调料。八九十年代，随着第一批移民潮而来的广东移民开始进入那些刚从危机中解放出来的行业，同时他们还开始把事业向多样化方向发展，一方面是出于需求考虑，一方面是出于后来者居上的竞争。这是因为在这段时间内，福建移民也开始涉足各个行业——尤其在进口业——他们引入了许多新商品到秘鲁的市场上。一路帮助他们移民到秘鲁的黑社会网络也给他们的经济活动带来了方便。由于和中国方面签订了合同，他们得以拿到最好的价格并且把产品以比广东人更低的价格卖出。广东人和福建人两个社群之间因为恶性竞争而越发互不信任。他们竞相想要掌控除了餐馆和进口行业之外利润那个最丰厚的领域，这一行为进一步固化了彼此的分歧。

在过去，购物者去华人街区的五金店购买餐具和电器，打印婚礼请帖，为孩子们的派对准备邀请卡，采购皮纳塔、小摆设、塑料盆以及零售的或者批发的文具用品。这些活动仍然在那儿，但是随着全球化的开始，街区已经被改变了。[①]

过去，五金店很少售卖进口商品，但现在已经不是这样的了。90 年代时，广东人接管了五金店，然后开始大量从中国进口商品，建立了 AJC 进出口公司。2000 年，福建人成立了一家 Sun West 国际公司。它引进了中山和宁波工业园区生产的霓虹灯、零配件、电子材料以及其他各种工具，如果你相信的话，这些产品在 2008 年相当于价值为 150000 美元的绞肉机、Frigidaire 的摩托车、可充电电池、电子秤和排气管。另外一家企业 Importaciones Megalo 也是由福建移民经营。这家公司不仅接受重材料订单，而且首要销售的是华人社区的光管和照明灯。因此尽管广东移民团结在一起，建立了家族企业模式，但是福建移民之间的竞争才刚刚开始。

帮助无数华人发家致富的那个著名集市也在发生着演变。它们销售一些质量还不错的小摆设和便宜的装饰物件：佛像、观音还有其他一些秘鲁人喜欢购买的神像，还有各种各样风格的彩瓷：例如钟表，茶具和中国灯笼。这些装饰品现在仍然十分受普通大众的欢迎，它们不断从中国进口过来，但是数量更

---

① Ceccagno 分析了近几年中国移民利用全球化改变了他们的经济互动，从孤立地从事服装和皮革生产转换成了大规模的跨国企业，从中国进口竞争力强的成品在当地售卖（Ceccagno 2007）。

为庞大，风格种类也不断更新换代。福建移民开辟了新的商业活动，例如 Bao Long 商业公司，但是经商模式不再是广东人的模板（在大型商店售卖）。它们现在通常摆在上百个精品店里，在遍布街区的展览馆里出售。

　　在过去，华人集市里售卖的物件大多是人们日常生活所需的用品，如塑料制品盆子和盘子等。这些来自于另一个年代的物品也向多样化发展，并且做出了相应的适应。小型华人和土生工业一直以来都对这些商品感兴趣；比如，土生的江姓家族和义蔡家族①一直以来都是这些商品的生产商。1992 年，土生商人开始在各个展览馆销售 Superplast 这个牌子的产品，这个牌子在华人街区设有一个总部。2005 年，Terra Plastic 牌子的商品销售量也有所增长。义蔡家族向来掌控这个领域的生产活动，但是从 2000 年起，他与中国商品进口商恒隆公司产生了竞争以至于秘鲁塑料制品无法再在华人社区进行销售。

　　另外一个由华人掌控的进口产业是纸制品，比如说学校和办公室用品。一开始，这个行业由刘江家族掌权，刘进（Lau Chun）牌子一直以来都是该领域的领头人。逐渐地，其他家族企业开始接管这个市场。土生家族蒋梁于 1979 年成立了戴恒公司，并且开始进口电脑，扩大市场；接着 Koc 姓家族又接手了这个行业，建立了 Tay Loy Sa 品牌。这些商业活动一开始从华人街区发家，然后扩展到了利马其他区域，现在已经发展到了

---

① 　义蔡（Yi Choy）属于一个非常古老的客家家族，该家族从台山移民而来的，主导了整个制鞋业。

其他大型的省会城市中去。这两大家族分别拥有 30 多家分行，他们似乎完全不在意新移民涉足他们的领域。

唐人街中心的华人餐厅

餐饮业是华人社区中的一项传统活动，同时也是最为稳定的一个；但是它也是波动最大的一个行业。尽管餐馆的位置和名号并没有变化，但是老板可能不断换人，因为这里的竞争非常激烈。同造纸业一样，餐饮业为华人社区创造了最多的工作岗位（仅戴恒一家就在华人街区拥有 200 多个职位）。这个行业在过去仅仅局限于秘鲁中餐馆和街边小贩，但是现在已经以呈多样化方式拓展到了华人街区之外。这些餐馆的规模大小不一，从一人的企业到能容纳 100 个就餐位置的美食天堂，中间还有一些 10 人就餐位置的小型餐馆。从马卡亚利街第六区到卡波街和帕罗鲁街之间就有 35 家餐馆。这些餐馆身后的进口商，批发商和生产商也都是大型公司。丰宜（Fung Yen）是一家集餐饮和糕点为一体的餐厅，它共有两家分店，55 名员工；卡波沙龙是一家广东新移民在 2001 年开的餐馆，共雇用了 60 位员工。

在过去，餐厅清一色是由广东人开的，但是最近福建人也开始涉足这个利润丰厚的行业。那些同处于一个非法移民网络的福建人和广东人近来开了各种各样的中国餐馆，餐馆位于近来越来越受欢迎的城镇地区（conos）以及利马其他地区，他们有的做地方菜的，有的开一些小餐厅提供外卖，有的提供面向工薪阶层的菜饭，像鸡汤，[①] 还有一些是土生们在 50 年代开的烤肉店，现在新移民也试图接管这个领域。[②] 1979 年，土生在华人社区还引进了中国式快餐店，还有一些和酒店，赌场或者像圣博尔哈，苏尔科这样的富裕街区连为一体的高级美食餐厅。

图 3：卡波街的另外一处街景（照片由本人乐山提供）。

---

① caldo de gallina 是一个专门卖鸡肉清汤和鸡杂的地方。这种小食店主要服务于工人阶层（尤其是出租车司机），利润丰厚而且不难经营。

② 烤肉店的例子非常有意思因为为很多土生和华人（在 50 年代后）开始涉入这个领域。在利马和其他省份，如果你看到既即是烤肉店又是中餐厅并不稀奇。但是，区分这两者的关键在于烤肉前对鸡肉的腌制。一个 Wu 姓的家族企业以他们家的 "pardo's chicken" 享誉国际，这家烤肉店还开在了纽约第七大道以及其他一些拉丁美洲的首都城市。1997 年，一个中国人在 Ucayali 街开了一家极具竞争力的品牌 "*Qué Rico*"，现在在利马其他地区都设有分店。

　　华人街区仍然保有一些土生经营的中餐馆，例如山海楼就是一间位于卡波街的三十年代风格的餐馆，这个餐馆被一名APCH成员保留了下来。大部分餐馆都是90年代建立的，比如像康新（1993）就是由新来的萧（Siu）姓家族经营的[1]，这个家族有成员是中华通惠总局的管理层人事。还有些家族成员在帕罗鲁街的福满楼工作。帕罗鲁街的另一家餐厅聚福楼自2000年以来一直都是非常受欢迎的广东人的餐厅，2008年这家餐厅不得不由他人接手，据资料显示，这是因为他们欠了某个福建人一大笔赌债，致使餐厅损失了一部分客户，这些客户都纷纷转向了福满楼。帕罗鲁街最成功的餐馆之一便是华东（音，Wa Lok）。A. 蒋（音，Chang）是一个年轻的广东人，1997年他开了第一家餐厅华东，接着又开了第二间和第三间。蒋任命他的远方亲戚L. 康（音，Com）为经理，她是一位年轻的土生女性，这位女经理除了带来了非常出色的广东厨师之外，还负责招揽客户，包括政府官员，大学知识分子和艺术家，向他们介绍中国菜式并且通过发起竞选运动来提高华人克里奥风格菜肴的地位，通过举办绘画和诗歌创作比赛提升华人社区的形象。在L. 康的带领下，华东成为了一家广受欢迎的餐厅。华东得到了许多媒体的赞誉，在此基础上，老板又在米拉弗洛雷斯开了一家新的气派堂堂的分店，考虑到越来越多的福建移民搬离旧的华人社区，华东老板随后又在新建的时尚之都圣博尔哈开了一间

---

[1]　自19世纪开始，Luo家和Siu家便开始活跃在餐饮业的各个领域。在中断了一段时间后，90年代开始便不断有新成员来到华人社区。

集酒店、餐厅和赌场为一体的分店。到此为止，华人街区的中餐馆从未搬离到其他地区发展；这样一来，他们不仅与旧的厨师竞争，而且还同那些远离市中心的餐饮业的新厨师们争夺市场。

　　还有其他一些和中餐馆相关的活动，例如生产面食和饺子。在过去，这些小型产业遍布华人街区，尤其集中在维克多利亚附近。由于卫生问题（对街区的健康卫生检查已成为常事）以及缺少运作空间，这些小型产业逐步消失了。有一间名为华凤秘鲁（音，Wah Fung Peru）的小公司一直开在阿亚库乔街，现在仍然还在生产面条。街区还开出了些小型餐厅（像法国的饺子公寓），在那里你可以看到云吞和其他一些包馅面包。在卡波街一处很老的庭院里，有一幢三十年代的老屋子，许多新来的中国人住在那里，许多华人从那里购得中国蔬菜、鱼类、龙虾螃蟹等，但是这些食材都是秘鲁人在售卖。一些刚来的中国妇女售卖鸽子和粽子。院子后面人们可以看到著名的饺子，由福建移民以及一些秘鲁雇员加工制作而成。

　　面对这种传统形式的华人餐饮业以及异常激烈的竞争，市场上还出现了其他相关的商业活动。[①] 位于安达韦拉斯街的江华（音，Kong Wa）餐厅的老板是一个已经入籍的华人，他把餐厅以多样化模式发展，在华人街区以外开了自己的烤肉连锁店鸡肉小镇（Villa Chicken）。更厉害的是，他还发明了一种新型的

①　与餐厅扩张相关的另一个新发展是会计事务所的出现，它们专门为餐厅以及进口公司服务，有时也扮演经纪人的角色。

服务中介（Mol Invert），这是一个职业介绍所，可以帮助中餐馆寻找雇员。这个机构还可以帮助客户白手起家，开一间自己的餐厅，无论是中餐馆，比萨店还是烤肉店。在中产阶级居住的区域，新移民面对一个正将饱和的中国—克里奥餐饮业，因此越来越多的人选择把餐厅开在华人街区以外的地方，它们既不是华人的地盘，也不是秘鲁人的地盘。我们可以通过在华人社区创造的就业岗位来评价该举措的成功与否：数据显示，从1997年到2010年，工作岗位由14个岗位增加到91个岗位。[①]秘鲁人对中国菜和亚洲餐具器皿十分痴迷，比如像锅、刀、斧子等，为了满足他们的欲望，一些专门进口此类物品的公司应运而生。举例来说，2008年，周亚（音）成为了专门进口轻重厨具用品的进口商，像餐厅厨灶，（餐桌上便于自取食物的）旋转盘，椅子等。

中国食品分销的高风险

正如我们看到的，中国食品和调料进口商对中餐馆的成功感到很担忧。在过去，除了其他活动，从前那些大商会也进口罐头食物、调料以及干货，这些都是餐厅里面烹饪中国菜和中国—秘鲁混合菜式必不可少的食料。尽管存在不确定性——中

---

① *Censo Nacional Económico*, 2008. INEI（国家数据中心），SUNAT, 2010以及其他年份。

国紧闭大门，秘鲁军政府对进口实施强制性限制措施——但是
这些商人力保这些货物能够抵达华人街区以致全国各地（秘鲁
其他省市的华人赶来利马采购配料）。① 70 年代，随着永安昌消
失不见，人们在 90 年代于中上层阶级居住区建立了第一家超级
市场，专销杂货和罐头食品（包括亚洲的和秘鲁的），于是，旧
的商业活动得到了延续，这其中既有秘鲁人也有中国人参与。
从永安昌消失到专销中国食品的商业活动回到公众视野，这中
间的转折性人物便是 S.J-K。1975 年，年轻的 S.J-K 来到秘鲁，
他同土生妻子还有弟弟一起在 1990 年末在帕罗鲁街成立了第一
家进口公司 S.B. 贸易公司，开启了他作为批发进口商的人生。
在这之后，他又在 1996 年开了一家餐厅，最后又在 2003 年开
了一家迷你"香港超市"，在这里人们可以找到中国菜的所有所
需物品：陶器，酒以及中国的装饰品。自那以后，他又在圣博
尔哈和卡亚俄开了两家超市。他又开始多样化拓展商业活动，
为加拿大的秘鲁人和秘鲁华人餐饮业开辟新市场。② 同一年，一
家土生家族企业科纳公司（Kenex Corporation）诞生了，该企
业从上海、泰国和越南引进了药材、酒和虾米。"香港超市"是
第一家获得某类食品的专属进口协议的公司，那些跟随它步伐

---

① 除了亚马逊伊基托斯港口的华人，因为港口与利马唐人街隔绝，交通运输费
用较高。1880 年到 1930 年期间，他们直接从香港获得供给物品，多亏了联通巴
西，英国和香港的海运航线。

② 其中包括秘鲁 Chifas 的代表性饮品 Inca cola，木梨饼干（King- kong），
pannetones, chocotejas（由牛奶、糖和巧克力混合制成的美食）以及亚马逊的蔬菜油
"sacha Inti"。

的公司以各自建立的品牌互相竞争。

S. B. 贸易公司和"香港超市"占据着关键的地理位置，让这两家公司得以雇用将近 50 位员工。除了商业用地之外，公司还在社区内拥有超过 5 间仓库①，在社区以外的地方还有另外 5 间。总的来说，广东商人以及他们中间的一些人，并没有意识到福建新移民的到来所带来的激烈的竞争，尤其是最近福建会馆主席在"香港超市"对面开了一家新的迷你超市。事实上，在帕罗鲁街和乌卡亚利街之间，无论是广东人（少数群体）还是福建人，竞争者都大有人在。他们都在寻找，除了理想的地点之外——之后我们会讨论到的主题—— 一个专属的顾客，这还要多亏了专销某种中国品牌代表的那份著名的合同。在秘鲁，要想成为餐厅的供应商，成为某个品牌的酱油或者菇类罐头的唯一授权的经销商是极为重要的。无论是 2002 年新移民成立的进出口公司（China Commercial Central），还是科纳公司，它们分别都有自己进口的专属品牌：Chaokho 牌子的罐头水果蔬菜，大白兔的糖果。但是如果某些广东移民想要在 1980 年到 2000 年期间大赚一笔的话，他还是应该去华人社区淘金。因为在华人社区，超市仍然无法称王。目前，一些特别专门进口某类商品的公司才是市场的霸王，例如只有几个员工的郑风（音，Tay Feng）公司，他们 2007 年一次性进口了四吨的干蘑菇。

由于餐馆数量增加，中国食品进口商的数量也成倍增长，同时增长的还有华人和秘鲁人消费者。度过了漫长的进口危机

---

① Censo Nacional Económico, 2008. INEI（微观数据）. SUNAT, 2010 以及其他年份。

（从 1971 年到 1992 年），广东人刺激了新的商业活动的复苏，在熟悉的华人网络的支持之下，这些商业活动的复活还只是一个开端。现实是，随着时间的推移，广东人已经失去了原有的优势。真正要接手的是福建移民，尽管投资的来源疑点重重 [①]（尽管较小程度上来说对广东人也如此）。自第一批从福建来的企业家和投资者落户秘鲁，已经有 15 年的光阴了。从移民链一开始运作时，他们便不断强化自己的存在感，生意也做得蒸蒸日上。

华人社区的小玩意，玩具以及香烟

在华人社区内部的竞争的影响下，餐饮业，进口业以及与之相关联的一些传统行业发生了进一步转型。大众营销引进了新的针对女性消费者的进口商品，这还要归功于最近的一批移民潮，如果要说到全球化，那么这些产品就是最好的例子。以往人们要到巴黎、纽约或者利马才能以适中的价格买到服饰珠宝、化妆品和时尚产品，现在由于全球化，同样的产品都唾手可得。bisutería，即指服饰珠宝以及其他时尚单品的大促销，这便是一个新开发的完全经销中国进口商品的行业。

---

① 根据 SUNAT 显示，例如，2005 年建立的 Ting Long 公司的进口库存价值为两百万美元。

图 4：帕罗鲁的新移民（照片由乐山提供）。

70 年代，首先开始从中国进口玩具的是土生商人，例如戴恒（音，Tai Heng）公司。戴恒作为一个批发商公司，它不仅把产品分销给华人街区的小型秘鲁零售商，还同时分销给利马其他地区和省市的精品店。后来，随着大型超市和百货公司的出现，零售商的角色逐渐被削弱。2006 年，秘鲁售卖的 80% 的玩具，不管是塑料的还是最复杂的电子玩具，都是由中国制造的。最主要的进口商包括 E. Wong 超市（其老板是 APCH 的主席），大型智利百货公司以及里普利（Ripley）和费拉贝拉（Saga Falabella），其中 E. Wong 超市占据了所有进口产品的 10.5%。然后还有一些华人街区的进口商，他们是 Commercial ARFRE（2.8%），Tay Loy（1.9%）Godiaz, Golden Empire 和 Part. P. Z，在他们之后还紧跟了很多小型的进口商，他们加起来还不到市场比例的 1%。^①事实上，在福建人试图接管玩具市场的同时，华人街区心脏的秘鲁商人自己也成为了进口商。现在，不管有没有专门的中介帮忙，外国人也可以直接从深圳和宁波的工厂里下订单。但是，我们仍然没有把握掌握到土生和华商手中确实的市场占有率。

大部分珠宝和时尚配饰产品也是由同样的百货公司进口分销，并且专门销售到维克多利亚地区的加罗拉，这是一家由安第斯秘鲁 – 艾拉马人建立的大型专销市场。华人街区的进口商主要是土生和中国商人，他们也是知名时尚单品和珠宝服饰的进口商。位于帕罗鲁街的 Félix Mode 和 Fénix Mode 只售卖一小部分从胡宁街（Casa China）进口的商品，这是一家 2006 年才开起来的进口公司。从 2005 年到 2006 年期间，这家中国商业公司进口了 20.3 吨的塑料项链。^② 2005 年成立的普鲁登斯进口公司（Prudence Import）从宁波和釜山进口了价值 44000 美元的项链，从上海进口了仿造珠宝、塑料包、围巾、衣服、手表和电子产品。天泽（音，Tian Ze Import）的老板是福州人，他专门进口人造宝石。尽管面对着两项不利的因素，即竞争以及缺少存放货物的空间，但是华人街区还是新开了不止 15 家公司，专门营销廉价的小玩意、珠宝以及服饰。实际上，这些问题也是所有进口商要处理的，他们不断地从一条街换到另外一条街，

① *El Comercio* 10/10/2007 and 10/11/2007.

② SUNAT, *Actualización de datos del importador*; www.aduanet.gob.per, and Universidad del Perú.

通过迁移来扩增仓库以及他们的销售点。唯一没有搬迁过的销售品要数医药品了，医药品的销售点一直都位于帕罗鲁街卡波中心的那栋大楼里。MRK Trading 负责药物进口批发，而位于瓦亚加街的林刘（音，Lam Lau）公司自 1996 年以来就引入了中国草药和药用成分，他们还从中国买入了专门用来分装分解药用配料的机器。除了医药，我们还可以看到种类齐全的各种类似医药用品的产品，比如手术手套、婴儿奶瓶奶嘴、牙膏、防腐剂和香水。2009 年，ZIU 进口公司从中国大陆、台湾地区、马来西亚共引入了价值 112287 美元的医药用品。

目前为止所论述的活动远不是一个完整的清单——我们还应该注意到许多其他活动，例如中国香烟的分销正开始变得越来越重要，或者说酒类——但是至少它让我们对商业活动的密集程度有了大概了解，这里汇集了进口商会的总公司、批发商的精品店、小型分销商们狭小拥挤的仓库以及纠缠不清并且总是跟不上进口商品增长数量的仓库群。再加上新来的福建移民，这些变迁导致了华人街区的大爆炸。新来的移民除了寻找新的发展空间，与广东人竞争，而且还发展了其他行业，进入了新的活动领域。

圣博尔哈，一个新的华人社区？

在这之前，我们已经探讨过圣博尔哈地区是如何最先从华人街区脱离出去的。[①] 显然这是由于环境得到了改善，华人富裕起来后有了更远大的抱负。对土生而言，他们搬离华人街区是出于加入天主教社区的需求，而且在这些社区附近都建有高中和新社团组织。在利马，圣博尔哈被看作是富裕的土生们以及有钱的华人所选择的居住地，每个街区大概有 10 户左右的家庭。有时，一些屋子直接按照中国建筑风格建造。这是一个自带景观的城镇，它远离商业中心，花团锦簇的大道贯穿始终，在这里，我们还可以看到秘鲁混血儿开的小商铺零星地分散在其中。这十多年以来，多亏了严格的规定和居民们的警觉，街道与马路才得以不受商铺的打扰。福建餐馆的老板是第一个踏入这块领地的商人。我们很难断定是不是因为已经有华人居民搬了进来，还是因为圣博尔哈作为一个有潜力的富人区，为发展高质量和多样化的亚洲餐饮业提供了最佳的条件：福建菜、河北菜、四川菜、上海菜甚至辽宁菜。由于圣博尔哈地区环境安全，是客户夜晚出行，在高级餐厅里组织家庭聚餐的理想之地，而这些都是传统华人街区不可能做到的。经过 15 年不懈的努力，圣博尔哈在 2000 年开了 15 家餐厅，2004 年开了 9 家[②]。在圣路易和阿维克西（Aviación）这两条大道上，由于投资者的坚持不懈（大部分为福建人），赌场、酒店、按摩沙龙成倍增加。其他商业活动例如网吧、理发店以及小市场也紧跟而来。在小市场里，

①　20 世纪 70 年代，圣博尔哈开始为中上层阶级实施城镇化建设，于 1983 年被正式认可为一个地区。

②　调查 Lausent-herrera: informe 446, Municipalidad de San Borja, 2005-MSB-Gc-JLC.

我们可以找到传统华人街区售卖的那些商品，尽管这里租金很高，但是许多商业活动还是紧随而来。福建人发现华人街区太过拥挤，于是把他们最主要的商业活动——餐厅——搬离了华人街区，开始在这里扎根。他们还把他们的商业活动进一步多样化发展。华人的会计事务所、旅行社、服饰珠宝店以及时尚饰品店也来到了这里，在一群内蒙古人和广东人的餐厅中间安家落户。销售中国配料食品行业的龙头老大 S.B. 贸易公司，以鸡肉小镇烤肉著名的 Moi Invert 公司以及其他一些公司都跟随福建人的脚步入驻圣博尔哈地区。除了福建人，台湾人也住在这块地区，还有前几代广东移民的后裔以及中国政府派遣的北方省市的行政官员都在这块地区居住。

到 1999 年，圣博尔哈的三条大道被誉为是"华人的"地盘，这也就解释了为什么中华通惠总局——理事们要么住在圣博尔哈，要么住在邻近的住宅区——在庆祝秘鲁华人历史 150 周年之际，组织了大型的花车游行，不同花车象征地代表不同区域性社团以及大型华人企业公司，同时还举行了舞龙表演（由教皇高中、中山会馆和 Wong 超级市场共同表演）。福建人疑是因为参与了中国黑手党组织的暴力犯罪，尤其是人口贩卖活动，[1]导致他们长期以来名声不佳，一直被排斥在中华通惠总局领导层外部，2010 年 4 月，福建人终于派出了他们的社团组织代表

---

[1]　Pieke 和 Nyiri（2004：146）研究的布达佩斯福建移民也有类似结论："从福建来的移民，作为新来的，总是与非法移民和犯罪活动挂钩的人，经常被其他中国人族群诬陷为抱团的、封闭的、有犯罪倾向的一群人，这个形象常常让人联想起"fuqing gang。"秘鲁的福建移民也有同样的经历。见 Jan Lin（1998：50-54）。

参加活动，该组织于 2008 年正式成立，总部设于加拿大大道，位于华人街区外部，[①] 地处圣博尔哈和维克多利亚的边缘地带。现在看来这个越来越富裕，越来越有活力的福建人社群让广东籍领导感到很不是滋味。同样，呈扩张趋势的华人商业活动正在逐步侵蚀圣博尔哈大道以外的小街，这让许多当地居民也很不是滋味。

当下，我们还不能把这个新"植入"的华人社区看成是传统意义上的新社区，因为它必须配有一套华人机构的总部、庙宇、餐馆以及最重要的华人历史。但是，只要我们认定该社群"保留了民族文化，发展了民族商业"，[②] 我们就可以说它是华人社群的一个扩展，或者聚居地。尽管如此，更合适的说法应该是把它看成一个社群的扩展，是一个正在形成中的卫星式唐人街。

周敏（1992：185）的那句短语"摆脱唐人街"对伦敦和纽约的唐人街尚且适用（正如许多学者所认同的），但是对利马而言要另当别论了。第一，利马华人和周引用的例子不一样的地方在于华人街区中心并没有一群历史悠久的华人劳工，也就不存在华人城镇中心的中产阶级化。这里所说的中产阶级化进程始于 2012 年，是由利马左翼市长以及民间公民组织自发组织的一个项目，旨在恢复唐人街的巴里奥斯·阿尔托斯街区。在利马唐人街，员工大多是秘鲁人或者小康水平的土生华人，或者

---

① 自 21 世纪初开始，福建人便相约在 in Paruro 街的 Capón 市场碰面。

② 见 Luk Wai-Ki（2008：284）。

是一些新来的合法或非法移民，他们大多数人正处于适应期和学习期，有时还因为债务困于某个企业老板名下。这些人上面便是公司企业的老板，土生和华人经理人，他们大多在80年代新移民到来之前便已在利马安家立业。他们经济状况较好，而且正如前面提到的，他们有更大的野心。最先离开传统华人街区的是一群最有钱，在利马时间待得最长的那些华人以及土生居民。在这点上，这些人可以拿来同那些离开了唐人街的"美国出生的第二代曼哈顿华裔"相比。[①]有些人既是员工也是居民，这些收入最为普通的人留了下来；他们晚上住在那里负责看守屋子，等着老板第二天晚上归来。这点最适合同法拉盛和纽约的情况相比，因为随着富裕的台湾地区的华人搬入了全面的住宅区，古巴华人和南美华人紧随其后搬入了唐人街（Min Zhou 1992：190），后来者替代了前人。但是相同点也仅在于此罢了，因为台湾人搬离唐人街的情况和"真正意义上"唐人街居民的离开是截然不同的，拉丁裔华人也不能和福建人相作比较。有些人希望从这种华人迁入市郊的现象中找到与周敏（1992）和林（Jan Lin，1998：110）研究的相似处，或者把它看成是与路克（Luk，2008）研究的伦敦第一个市郊唐人街的同类物，但是参与者和根本的原因是不一样的。

---

① Jan Lin（1998：107）认为"住宅外迁者另外还倾向于私密性好的空间更大的住屋；他们往上攀爬的地理的流动性是受到家庭收入支撑，这也反映了向上的社会流动性。"

华人社区在未来的拓展

当我们谈到福建商人迁入圣博尔哈聚居地时，更合适的说法应该是他们不仅在传统华人街区继续从事进口、批发、零售的活动，而且同时向外拓展寻找新的投资空间。他们在圣博尔哈的存在并不意味着从传统华人街区中退出。福建人把一部分商业活动和居住地搬离华人街区（一些聪明的广东人也紧随其后），从任何角度来看，这种做法都无法解决货仓紧缺的现状。进口的货物量不断增长，展览馆和空余公寓被用作了仓库，但是这些狭小的地方对零售商而言远不足够。在紧挨着华人街区的维克多利亚地区，老一辈商人（也是中华通惠总局的理事们）一直保留着那些年老的空置的工厂作为货仓，但是那些没那么幸运的商人们就不得不把商品分散到不同的货仓去了。

2008 年的经济调查报告让我们了解到，这个问题已经得到了妥善解决，即人们已经在城市周边拓展新的经济发展领域。在老城区，法律和秩序十分不完善，但是在新区就不同了，这里拥有几十万人的居民，不仅现代化而且成为了最具进取精神的新兴拓展区域。

往东北部发展，圣胡安德卢里甘乔已①是个充满了机遇的地

---

① 该地区建立于 1967 年，是秘鲁人口最为密集的地方。该地区的居民是一个正在上升的社会阶层，从以前的街头小贩提升为技术师和教师。.

方。它的 100 多万居民提供了一个庞大的市场。它是一个外迁
的热门地点，一些企业和私人机构（大学和学院）和工业基地
纷纷外迁，尤其是服饰、家具工厂、塑料包装、钢铁架子工作
坊以及珠宝和时尚饰品的批发商。最重要的是，它提供了储存
货物的仓库，例如维拉科查的仓储园区，海关处以及工业城镇
化的卡波伊（Campoy）。它储存了 S.B. 贸易公司的食品和酒，
泰朗（Tay Long）公司的学校用品和纸制品，AJC.SA 公司的硬
件和进口的钓鱼工具。福建人的隔热建筑建材进口公司（Cia.
Lim）也设立在这里。而且，一些福建人还在那里开起了便宜的
中国餐馆、酒店还有赌场，他们通常是等待去往美国的年轻移
民。秘鲁华人福音教堂的成员十分关心在那里工作生活的年轻
移民的道德观以及他们承受的苦难，因此他们常常在傍晚下班
后去餐馆给厨师和服务员布道。①

　　更北边的圣马丁·德·波（San Martin de Porres）和洛·欧
利弗（Los Olivos）地区也很受华人街区商人们的欢迎。在那里，
我们可以看到乳胶气球的制造商，中国公司"法蒂玛"进口
的"德尔塔"塑料，泰乐（Tay Loy）的仓库，华风（音，Wah
Fung）的面条工厂，还有一些公司的经理人把一个活生生的中
国域移植到了那里。这是一块充满希望的地方，它的几个工业
基地提供了许多的优势，例如大型商业中心梅加（Mega）和诺
特（Norte），给批发商和建材公司的仓库，还有一个公交中心
站和一个为企业家提供的金融中心。洛欧利弗是一个 1995 年开

---

① 关于这个主题的，参见 Lausent-Herrera（2008）。

始腾飞的中产阶级①居住区，时值福建人开始对这块地方产生兴趣并且购买了许多产业在那里开起了餐馆。2001 年到 2003 年期间，这里开了 68 家中餐馆，②自那开始，餐馆的数量还在不断增加。继圣博尔哈之后，这是最受福建人欢迎的地方，他们不仅在这里定居，而且还在这里投资和工作。戴恒公司在南边一点的圣胡安德米拉弗洛雷斯地区储存了一部分纸制品和学校用品。在 ATE 地区还拥有另外三个仓库。阿特·维塔特（Ate-Vitarte）是位于安第斯山下的一个谷地，这里也曾经聚居了一群在工厂里工作的华人，但是这些工厂早已消失了。中国餐馆在这片地方也是数之不尽。

　　一些新移民搬离了位于利马心脏的华人街区去寻找新的空间，他们当中大部分是福建人。在近十年期间，新兴的街区中至少开出了一千间中餐馆，还不算上其他商业活动，与之同步的还有秘鲁经济的增长和巩固后的新兴中产阶级。我们也可以把华人街区的植入看成是延伸的一种形式，除了洛欧利弗的例子之外，新拓展的空间太大了以至于要促成像传统华人街区一样的重新组合尚不可能；目前，没有什么是可以让我们预测华人社区的未来的。

---

① Los Olivos，早前附属于 San Martin de Porres，1977 年成为一个地区，但是1989 年才得到政治上的承认。有 300000 多个居民，既是住宅区也是商业区，建有一个工业园、制造建材的钢铁厂以及若干个工业用途的工厂。

② *Relación general registrada de Chifas. Municipalidad distrital de Los Olivos. Unidad de gestión informática* 2004. 由 I. Lausent-Herrera 调查而得。

结论

在经历了 80 年代的大萧条之后，华人街区重新恢复了经济活力，再次找回了华人的灵魂，这还要多亏了新移民的到来。但是，我们不禁要问：华人街区是否仍然同从前一样，如果不是，那么华人街区的哪些方面被新移民的到来而改变了呢？它是否同从前一样执行着相同的功能呢，最重要的是，它是否仍然是一个"真正的"华人街区？最终，这些变化以及频繁的经济交流是否会促成社区的重新组合，同时是否会改变秘鲁的整个华人社区？华人街区的疯狂膨胀，在未来重新迁移的可能性，商业活动的多样化发展，以及新移民在市郊的重新集合：难道这些不正表现了深刻的结构变迁吗？分析了这种种变化的征兆之后，我们得到了以下结论。

对那些仍然住在传统华人街区或者曾经住过很长一段时间的人而言，街区当然不同以往了。老一辈华人已经不在那里了，他们同华人的剧院，欧登（Odeón）电影院一起消失了，同时消失的还有最后一个鸦片馆以及知识分子们常常在傍晚光顾的老餐馆。事实上，我们看到的并不是街区的变化——街区本身并没有改变很多——而是加速了的时间，急剧缩短的距离，是这些使得人们在街区里的生活再也不可能和从前一样了，即使新移民居住的公寓曾经是几代人以前而且关系疏远的亲戚的住屋。我们从 80 年代的冬眠时期进入到了一个经济交易的漩涡。华人街区出现了许许多多的企业，仓库一个接一个，餐馆一个接一个，展览馆也一个接一个地繁殖。连秘鲁人也开始进口销售中国的商品了。

在这个疯狂的经济交换的年代，唯一放慢步伐的是语言。在过去，广东人和客家人经历了很长一段时间的共存，两者通过婚姻结合到了一起，彼此也能互相听懂。现在，如果有人想和新来的福建人做生意，他们必须要学说普通话，因为福建话属于完全不同的几种方言，或者某人想和从中国中部或中北部来的人谈贸易，也必须要学会讲普通话。对老一辈华人而言，这些变化是让人害怕的，因为它们削弱了他们活动的文化空间和物理空间。广东人和客家人不可避免地被驱赶出了华人街区，这在一些新移民眼里是对权力的篡夺。

在华人街区内部，会馆的角色和职责也在全球化的影响下受到了改变。他们作为信息中心和会面地点的功能已经同过去截然不同了。新移民通常到中华通惠总局或者会馆找人帮他们写信寄回家乡，但这已经是很久以前的事情了。现在，手机和街区附近的网吧让这些人很方便地打电话到世界各地。曾经会馆负责的游乐会和小型图书馆已经被 VCD 取代，他们带来了中国最新的电影和流行歌曲，人们只要去精品店就可以买到。寄钱回家也不再是中华通惠总局的职责了，而是通过西联汇款以及附属在秘鲁银行下面的其他一些中介机构完成。关于家族和商业活动的信息不再需要靠社团机构传播了。社团和新移民的关系也改变了，但是对社会生活的需求仍然存在。现在大家都约朋友家人在中餐馆聚餐，保留着小型的游戏圈子，在一张长椅上聊聊天，这些就已经很足够了。这些变化强调了个人作为经济参与者的角色，但是却牺牲了社区生活。

会馆和华人地区领导之间曾经疏远的关系却相反地变得更加紧密，会馆再次扮演起了商会的角色，是广东移民寻求就业机会的中介机构。表面上，它们不参与传统活动，但它们是保证中国企业获得必要的帮助必不可少的功臣。伴随着这项功能的还有特权和经济补助，凭这点，社区经理人的职位仍然十分吃香。

整体来说，传统社团的存活受经济因素牵制，且不说它们仍然履行着为会员提供帮助的职责。新福建地缘社团建立，它们脱离了广东人控制的中华通惠总局，这表明了新移民要融入秘鲁华人社区的心脏十分困难。广东商人与福建进口商之间的竞争，加上福建社团的独立性，让人不得不对中华通惠总局作为华人代表的合法性提出质疑，毕竟它在帕罗鲁街建立的总部开始已经有一个半世纪的历史了。秘鲁人眼里单一的、总是与华人街区的广东人联系在一起的华人社区已经不复存在了，现在我们看到的是几个独立的，互不具有义务的华人社区。

1993 年到 2008 年这段时间是移民潮卷土重来的时期，这段时期内同中国经济交流的价值和数量大大增加，从 2.31 亿美元增长到了 78 亿美元（Torres，2010）。越来越多样化的商品已经入侵了华人街区，这一方面强化了它的商业功能，但同时也因为仓库和销售空间不足带来了空间大爆炸的问题。广东人不再是人口最多的族群，但是他们深深根植于社区内部。因此，福建人受当下的去集中化①影响，把大量活动转移到了新兴的街区。这些福建人和中国中北部省份的后来者们在新兴地区开起了新中餐馆和中国地方菜肴餐厅（打破广东菜主导的局面），销售中国进口商品的精品店（灯具，眼镜和服饰），按摩店，酒店和赌场，这些商业活动都沿着将要开通的电子列车的线路展开，这些线路把北部、南部以及大都会②地区都联结了起来。

　　几年前，秘鲁居民认为一个华人社区——以华人街区和中华通惠总局为符号并通过它们实现——是团结共生的。现在，随着来自中国不同身份的移民涌入秘鲁，以及大批为了满足消费的中国商品进入秘鲁，使人们认识到这个他们曾经以为是"他们的"中国街区和社区其实只是中国的一小部分，而且他们创造的经济效益也只是一小部分而已。

乐山

参考文献

Ang See, Teresita. 2007. "Influx of new Chinese immigrants to the Philipines:

---

①　这种流动性恰好与超级市场（第一个进口分销中国商品的大型商家）征服周边地区的新兴中产阶级同步。

②　2011 年，历时 20 年的工程竣工了，电子轻轨（Tren electrico）也相继运营，大都会的公车也早已开始运营了。这两种交通方式应该可以减轻市区交通堵塞的问题。

Problems and challenges." *In Beyond Chinatown. New Chinese Migration and the Global Expansion of China.* Mette Thunø, ed. NIAS Studies in Asian Topic Series, 41. NIAS Press, pp. 137-62.

Balbi, Mariella. 1999. *Los chifas en el Perú.* Universidad San Martin de Porres. Lima.

Bilu Zhonghua Tonghui Zongju, ed. 1986. *Bilu zhonghua tonghui zongju yu Bilu huaren.* Lima.

Ceccagno, Antonella. 2007. "The Chinese in Italy at the Crossroads: The Economic Crisis." In *Beyond Chinatown. New Chinese Migration and the Global Expansion of China.* Mette Thunø, ed. NIAS Studies in Asian Topic Series, 41. NIAS Press, pp. 115-36.

Cisneros, Carlos and Rómulo Garcia. 1898. Geografía Comercial de América del Sud. Lima.

D' Ursel, Charles. 1889. *Sud-Amérique. Plon,* 4ème ed., Paris.

Herrera, Javier. (2003). "Perfiles de pobreza en Lima Metropolitana." Mimeo, Banque Mondiale.

Kwong, Peter. 1996. *The New Chinatown.* NY: The New Press, Hill and Wang.

Lausent, Isabelle. 1980. "Constitution et processus d' intégration socio-économique d' une microcolonie chinoise dans une communauté andine à la fin du XIXème siècle, Acos." *Bulletin de l'Institut Français d'Etudes Andines* IX, n ° 3-4, pp. 85-106.

Lausent-Herrera, Isabelle 1991. *Pasado y Presente de la Comunidad japonesa en el Perú,* Lima col. Mínima. IEP-IFEA. Lima.

———. 1992. "La cristianización de los chinos en el Perú: integración, sumisión y resistencia." *Bulletin de l'Institut Français d'Etudes Andines* n° 21(3), pp. 997-1007. Lima.

———. 1994. "Lima au coeur de la ville, le quartier chinois." La Documentation Française n° 14, pp. 311-19.

———. 1996a. "Los caucheros y comerciantes chinos en Iquitos a fines del siglo XIX (1890-1900)." In *Las raíces de la memoria. América latina.* Pilar Garcia Jordán et al., eds. Universitat de Barcelona, pp. 467-82.

——. 1996b. "L'émergence d'une élite d'origine asiatique au Pérou." *Caravelle* n° 67, pp. 127-53.

——. 1998. "Frentes pioneros chinos y desarrollo regional en la selva central del Perú." In *La nacionalización de la Amazonia.* Pilar Garcia Jordan y Nuria Sala y Vila, eds. Universitat de Barcelona, pp. 127-54.

——. 2000. *Sociedades y Templos chinos en el Perú.* Fondo Editorial del Congreso, Perú.

——. 2007. "Paroles de femmes dans l'immigration chinoise au Pérou." *Diasporas,* n° 11, pp. 37-56. Toulouse.

——. 2008. "La captación de la fe de los nuevos inmigrantes chinos y de sus hijos por las Iglesias Católica y Evangélica." In *Políticas divinas: Religión, diversidad y Política en el Perú contemporáneo.* F. Armas Asin et al., eds. Instituto Riva-Agüero, Lima, pp. 123-51.

——. 2009a. "La nouvelle immigration chinoise au Pérou." *Revue Européenne de Migrations Internationales.* 25(1), pp. 71-96.

——. 2009b. "Tusans (Tusheng) and the changing Chinese community in Peru." *Journal of Chinese Overseas* 5(1): 115-52.

Liang Zai and Hideki Morooka. 2004. "Recent Trends of Emigration from China, 1982-2000." *International Migration.* Vol. 42, Issue 3, pp. 145-64.

Lin, Jan. 1998. *Reconstructing Chinatown: Ethnic Enclave, Global Change.* University of Minnesota Press.

Luk, Wai-ki E. 2008. *Chinatown in Britain. Diffusions and Concentrations of the British New Wave Chinese Immigration.* Cambria Press.

McKeown, Adam. 1996. "La inmigración China al Perú, 1904-1937; Exclusión y negociación." *Histórica* Vol. XX n° 1, July, pp. 59-91. Lima.

——. 2001. *Chinese Migrant Networks and Cultural Change.* University of Chicago Press.

Ministerio de Gobierno Policía y Obras Públicas. 1878. *Censo General de la República del Perú formado en 1,876,* 7 tomos. Imp. del Estado. Lima.

Ministerio de Hacienda y Comercio, Dirección Nacional de Estadística. 1940. *Censo Nacional de Población y Ocupación de 1940.* 2 Volumes. Lima.

Muñoz, Fanny. 2001. *Diversiones públicas en Lima. 1890-1920: la experiencia de la modernidad.* Red para el desarrollo de las Ciencias Sociales en el Perú.

Pieke, Frank, Pál Nyíri, Mette Thunø and Antonela Ceccagno. 2004. *Transnational Chinese. Fujianese Migrants in Europe.* Stanford University Press.

Pradier-Fodéré, Camille. 1897. *Lima et ses environs.* Paris: Pedone.

Siu, Kam Wen. 1985. *El tramo final.* Lluvia editoriales. Lima.

Torres, Victor. 2010. *El TLC Perú-China: ¿Oportunidad o amenaza?* Lima: CEPES.

Wiener, Charles. 1880. *Pérou et Bolivie, récit de voyage.* Paris: Hachette.

Witt, Heinrich. 1987. *Diario y Observaciones sobre el Perú, 1824-1890.* Lima: Cofide.

Wong, Bernard. 1978. "A Comparative Study of the Assimilation of the Chinese in New York City and Lima, Peru." In *Comparative Studies in Society and History,* vol. 20, N° 3 (July 1978), 335-58.

Zhou, Min. 1992. *Chinatown: The Socioeconomic Potential of an Urban Enclave.* Temple University Press.

附录：根据1941-2007年人口普查结果显示的秘鲁华人人口

表 1：根据 1941-2007 年人口普查结果显示的秘鲁华人人口

	男性	女性	总数
1941	10365	550	10915
1961*	5210	722	5932
1972**			4057
1981	1237	477	1714
1993	2307	1421	3728
2007	1911	1539	3450

资料来源：Population Census, INEI.

1961* 中国国籍人口.

1972** 中国出生的人口，包括 242 名已归化的和 3,815 位仍然保持着中国国籍的华人。

表2：华人在利马聚居地，首都。

	利马	卡亚俄	总数 利马 + 卡亚俄	占全国总数 的比例
1941	6871	486	7357	67.4%
1961	3774	382	4156	70.1%
1972	2885	269	3154	77.7%
1981	1209	124	1333	77.8%
1993	2958	289	3247	87.1%
2007	2790	141	2931	85.0%

资料来源：Population Census.

第六章

哈瓦那唐人街：
隐匿一百六十年

恒安久

　　2006 年 1 月的一天早晨，一群人迎着化解早春清冷的晨曦在哈瓦那唐人街①古巴武术学校的彩色围墙下聚集。他们当中有记者，有当地行政人员，有社区领袖，还有中央政府人员，一共五十来人。他们聚集在这里讨论分解唐人街华区促进会的问题以及确定"市历史学家协会"（Office of the Historian of the City）的行政职责。促进会是这个地区的协调机构，其历史可以追溯至（在 2006 年时）已经有 113 年历史的古巴华人社区代表机构：郑华（音，Chung Wah）赌场，即古巴中华总会馆。会议决定，今后，该协会将仅作为城市发展和社区管理人员的外部咨询委员会运作；本地所有事务，从管理外国捐赠物资到策划文化节将由"市历史学家协会"进行管理。这一系列变革标志着当地商业和政治活动的重大改组。

---

① 武术学校主席罗伯特·维加斯·李邀请我参加一项活动，他当时正在与我合作撰写一篇关于古巴社区发展的文章（见 Montes de Oca Choy and Vargas Lee 2008）。

"市历史学家协会"接管促进会是一百多年来动荡的华人社区中最近发生的事情。从 19 世纪 50 年代开始，哈瓦那唐人街建立起了最早的商业活动，该地区的繁荣与萧条就一直受到本地政治以及国际关系的影响。20 世纪早期，哈瓦那唐人街繁荣发展，与纽约和旧金山唐人街并称美洲最具活力的唐人街。十二个会馆依据姓氏和祖籍有序排布，支持着当地餐馆、果蔬店、洗衣店和剧院的活动。

华人社区的成功引起了其他古巴人的注意，特别是在大萧条期间，唐人街的成功显得更为引人注目。为了缓解华商成功带来的公众压力，同 20 世纪 30 年代其他拉丁美洲政府一样，当时的格劳·圣马丁政府对唐人街的就业和经济互动施加了许多限制。如果说这种对华人成功的质疑与忌惮还只是给华人企业家及其子孙带来了挑战，那么 1959 年的古巴革命则给他们带来了重大打击。十年之内，大部分华商产业被国有化，很多人因此移民美国。而那些留在唐人街的华人不仅面对各种商业限制，还要面对各种歧视和侮辱，因为那时候古巴与中国在苏联问题上存在分歧，导致两国外交关系紧张，华人因此受到影响。直到 20 世纪 80 年代末苏联解体，中巴关系再次回暖，华人的处境才好了一些。

20 世纪 90 年代初两国建立稳定友好关系以来，唐人街有了更多变化。其中最显著的包括 1994 年华区促进会的创立。促进会促进了唐人街的经济和社会发展，在古巴华人伊尔米娜·恩·梅纳德斯（Yrmina Eng Menéndez）的带领下，促进会说服哈瓦那政府允许唐人街开发小型私有产业，使得中餐馆、

农业贸易、中国进口服装零售、炊具以及手工艺品产业因此得
到发展。这些商业活动促进了唐人街十二个会馆及其协调机构
古巴中华总会馆的复兴。作为在萧条时期最早经营农贸市场的
地区，哈瓦那唐人街吸引了世界媒体的目光，它们都迫切地想
了解古巴政府是否可能实施市场改革以克服当时日渐加深的经
济危机（Strubbe and Wald 1995；Xinhua 1994）。

　　古巴 90 年代中期进行了有限的经济改革，给旅游业和以美
元以及古巴比索交易的零售业的扩张提供了基础，这不仅给古
巴带来了强势货币的流入，也创造了更多就业机会。同时，与
委内瑞拉以及中国的合作让古巴顺利渡过了萧条时期，使经济
得到了复苏。2011 年古巴和中国的双边贸易总额达到了 19 亿美
元（这个数值低于 2008 年全球金融危机前的 22.7 亿美元，但高
于 2000 年的 3.14 亿美元）。古巴和中国的合作还促使古巴加强
了工业基础设施建设，促进了双方的军事、外交人员，商人以
及大学生之间的频繁交流（Ratliff 2004）。而对于唐人街而言，
两国的合作不断促成新的合作。中国商人在唐人街投资中餐馆，
参与文化教育项目，与街区附近的非正式行业建立商业联系，
唐人街居民把这种合作称为"中国市场"。

　　对古巴来说，与中国的合作是机遇与挑战并存的。与美国、
苏联的合作经历让古巴对外部势力影响产生了高度的政治敏感。
况且，唐人街从 19 世纪建立以来，就一直游离在古巴公民参与
体系之外。

　　作为古巴与中国象征性的文化和外交桥梁，唐人街是一个
十分有经济潜力的旅游热点，但它也是非法商业活动的聚集地。

哈瓦那唐人街就是这样一个不同寻常的、战略挑战与机遇并存的地方。2006年1月，古巴武术学校的会议就是为了设计一个能应对这些威胁与机遇的管理方案，这个方案把街区的活动进行了整合，使其可以融入整体的公民治理和经济发展的大项目中去。而如果要了解设计这个方案的重要性，我们首先要探讨历史上唐人街是处于怎样一个边缘社会的动态、它的发展历程以及一百多年来古巴当局是如何处理唐人街事务的。

图1：唐人街的入口（照片由恒安久拍摄，2006年2月15日）。

图 2：唐人街中心（Callejón de Cuhillo）入口处
（照片由恒安久拍摄，2008 年 11 月 20 日）。

重重欺骗

　　1842 年《南京条约》的签订标志着第一次鸦片战争的结束，由此英国成为贩运中国劳工的主使者，与此同时，英国停止了穿越大西洋的奴隶贸易。由于英国的禁航令，被贩运到古巴的非洲奴隶从 1844 年的 10000 人减少到了 1847 年的 1000 人，仅仅三年就下降了 90%，而中国劳工的到来正好弥补了非裔劳工的减少（Yun and Laremont，2001：102）。英国商人垄断了华东地区这个新兴的、合法的劳工来源，贩运中国劳工变成了利润可观的商业。我们仍然能在古巴的一句俗语中看出英国商人对华人劳工的欺骗："他就像来自马尼拉的华人——被骗了。"①

1847 年 1 月 2 日，212 名中国劳工在厦门港口乘上开往古巴的西班牙护卫舰欧契多（Oquendo）。他们与伦敦的曼尼拉和泰特（Manila and Tait）公司签订了八年劳工合同，为西班牙（Real Junta de Fomento y Colonización）工作。其中 206 名华人撑过了漫长的旅途，于同年的 6 月 3 日到达雷吉亚的哈瓦那港。十天后，另外 365 名华人乘坐英国的菱形杜克（The Duke of Argyle）到达哈瓦那港。到 1853 年，已经有五千名华人劳工到达了古巴，1873 年，另外 132453 名华人也被运送至此（Padura Fuentes 1994）。其中，80% 的华人被送往糖料种植园，剩下的人成为小商贩、包工头，或者充当工人同当局殖民者之间的翻译和经纪人（Hu Dehart，2005）。这些华人怀揣着衣锦还乡的梦想来到古巴，但到了古巴后每月只有四比索，不要说赚钱了，他们连回乡都做不到。学者一致认为华人劳工，或者应该说华人苦力即使签订了合同，但是他们作为合法劳工的生活和被奴役的非裔劳工本质上是一样的。②

古巴的华人劳工基本上都是男性，他们与同一经济阶层的女性，尤其是古巴黑人女性结合，这进一步加深了原本就因

① 据 Alay Jo et al.（2002）所说，第一批到达古巴的华人大约始于 1830 年，他们来自菲律宾的华人社区，大部分会说西班牙语。到达古巴后，这些"曼尼拉的中国人"大多先做家奴，后来改行做花匠或园艺师。

② kuli（苦力）一词在英文中写成"coolie"，或者意译为"辛苦地使用劳力干活"。

欧非结合而变得复杂的古巴文化和血缘，费尔南多·欧提兹
（Fernando Ortiz　1995 [1940]）称之为"炖"（ajiaco）。[①] 然而，

[①]　尽管 Ortiz 的著作很少提到古巴华人，但是另一部分学者像 Antonio Chuffat
Latour（1927）、Gonzalo de Quesada（1946）、Juan Jiménez Pastrana（1963,
1983）、Juan Pérez de la Riva（2000）、Jesús Guanche（1983）　和 José Baltar
（1997）则广泛记录了华人社区在古巴的社会活动和人口分布特征。
　　古巴华人的话题之所以重获古巴作家和艺术家的关注，一部分是因为中巴两
国外交及经济交流越来越频繁。Ana Valdés Millán（2005）和 Pedro Cosme Baños
（1998）就分别对 Guantanamo 和雷吉亚的华人后裔社区展开了细致的民族志调
查。由 María Teresa Montes de Oca Choy 教授带头的哈瓦那大学古巴中国移民研
究中心（Catedra de Estudios sobre la Inmigración China en Cuba）发表了一系列关
于当代华人社区的研究，人们可以阅读纸质材料也可以在虚拟多媒体 CD-ROM
上查阅这些研究（Montes de Oca Choy, 2007）。华人促进会前主管 Yrmina Eng
Menéndez 在行政工作退休后（Grupo Promotor de Barrio Chino）入读哈瓦那大学
完成了她的硕士论文，这篇论文追溯了唐人街直到 90 年代的历史发展过程。最
近，她还参与了作者编辑的一本关于古巴社区发展工作的书，书中的一个章节也
由 Yrmina Eng Menéndez 女士完成（见 Eng Menéndez, 2008）。另外，历史学家
Federico Chang 也出版了一部详细介绍 20 世纪初古巴唐人街的著作，Gómez 和
Chailloux（2007）也就其他古巴族群进行了分析，并为作品取了一个十分恰当的
名字：De Dónde Son los Cubanos。前古巴驻华大使 Mauro García Triana 创作了现
今最详尽之一的中巴文化政治互动分析（2003）。还有 Mercedes Crespo Villate 也
对 1904 到 1959 年的中巴外交关系作了详细历史分析（2004）
　　近年来，国外学者对古巴华人移民历史越来越感兴趣。Evelyn Hu DeHart
（1993, 1998, 2005, 2007）、Lisa Yun（2008）、Jung（2006）、Kathleen López
（2004, 2008）和 Joseph Dorsey（2004）对古巴华人劳工历史都有独到的见解，
他们的著作描述了华人劳工的困境以及他们如何团结一致帮助华人社区从贫困
中摆脱出来。一些早期的著作包括 Duvon C. Corbitt 有深刻见解的民族史著作：A
Study of the Chinese in Cuba, 1847-1947（1971）以及 Beatriz Varela 颇有启发性的著
作：Lo Chino en el Habla Cubana（1980），它记录了华人对古巴日常用语 [转下页]

就像罗杰利奥·康纳尔（Rogelio Coronel，2008）在他的书中提到的："实际上，设想华人与西班牙人有深刻的文化交流过程是不正确的，他们的交融是有选择性的。"例如，古巴中式烹饪就体现了这点。确实，看那个年代针对华人的书写，比如下面1877年曼努·维兰娃（Manuel Villanueva）的一个报告，就暗示华人社区同时被欧裔和非裔的古巴人孤立，以至于他们只能依靠犯罪活动立足：

　　这些人被虚假的前景引诱，背井离乡，很快他们就开始怀疑他们的愿望根本不可能实现。他们与故土隔绝着广阔的海洋，这份遥远因思念与回忆越显沉重；他们被贪婪的船员剥削；被授予陌生的工作；被迫承受奴役传统和准则下的纪律惩罚；走过了一重又一重的欺骗，甚至连合同里提到的宗教信仰也得不到保障；因为缺少同种族女性，他们没有家庭生活；他们被白人歧视，被黑人憎恨；同那些奴隶相比，他们与雇主的接触比奴隶们少得多，当合约接近期限或者因为其他类似的理由，他们几乎是被雇主忽略的，他们是古巴社会真正的流放者，这样

［接上页］及文化的影响。Gregor Benton（2009）为前古巴驻华大使 Mauro García Triana 和古巴华人领袖 Jesús Pedro Eng Herrera 的回忆录撰写了绪言，并做了相关注解。同样展现华人融入古巴大变革社会的还有新出版的传记：Our History Is Still Being Written: The Story of Three Chinese Cuban Generals（《我们仍在书写我们的故事：三个古巴华人将军的故事》）（Choy，Chui，and Sio Wong 2006）。这些著作呈现出古巴华人与拉美及世界日趋频繁的接触，还为理解中国与古巴相互的深远影响提供了历史框架。

的状况怎能不产生犯罪和罪恶呢？（Corbitt 1971：81-82）

长期被边缘化以及对未来的绝望使很多古巴华人从事违法经济活动，比如参与贩卖鸦片。毒品在糖料种植园开始泛滥，它们摧毁了华人劳工的经济、身体状况，还加深了合约商对华人劳工的控制，合约商通常通过雇用华人经纪人和分包商对华人进行社会控制。早在19世纪60年代，鸦片零售业就在种植园周边的小镇活跃起来。一些不再从事苦力劳动的人通过完备的网络体系参与鸦片兜售。华人包工头通过种植园区的华人便利店直接分派鸦片给华人劳工。就像伊夫林·胡·德哈特（Evelyn Hu Dehart，2005）所说，这些活动使鸦片贩卖者得以积累原始资本，他们很可能就是脱离苦海的第一批华人。一项数据表明，直到1936年，拉扎瑞托·德·埃尔·玛瑞尔（Lazareto de El Mariel）医院接收的2225名吸毒者中有一半是古巴华人，不过，带有种族歧视色彩的监管体系很可能夸大了这个数字（Rovner，2004）。

玛丽亚·特雷莎·蒙特·德·欧卡·蔡（María Teresa Montes de Oca Choy）和罗伯特·维加斯·李描述了这些不幸境遇是如何促成华人形成了其特有的孤立的、自我保护性的文化：

这［压迫］致使华人社区自我封闭，再加上语言沟通障碍使得华人社区多年来一直与外界隔离，只活动于自己的社区之内。他们变得对外界怀有敌意，抵制那些可能造成他们文化流失，排斥那些曾迫使他们羞辱地接受某些工作的机制（2008：

172-173）。

　　矛盾的是，沮丧和孤立激励了很多古巴华人参加了集体运动，该运动最后发展成了十年战争（1869—1878）。这引起了西班牙政府的注意，在古巴总司令的建议下，政府在 1871 年颁布了一条法令，宣布华人劳工契约不再合法。1874 年，中国政府从公使那得知华人在马坦萨斯和拉斯·维拉斯（Las Villas）的遭遇的困境之后，也禁止了劳工契约。战争期间美国驻马坦萨斯领事詹姆斯·威廉·斯第尔上尉曾这样描述文化水平上落后但工作上无与伦比的华人，他总结道：这些人天生比较内向，抵制融合：

　　无论何时，或许在将来，这些中国人总会为自己在这个新世界争取到一个地盘——他们会的——他们会把它建设成像广州或者澳门那样的地区，绝不为气候和资源所限制……他们无心政局，整个社区渴望得到的肯定会得到，但最终也会被孤立。而且如果他们真的被孤立了，那么他们的势力范围会成倍增加，而且是稳定、连续地增长……那里所有的人仍会幻想建立美好的国度，仍幻想能够回家，他们从不会想要成为这个国家的公民，即使他们身在这个国家。（1895 [1881]：100）

　　上世纪末，唐人街人口非常多元化，至少有 5000 名"加利福尼亚华人"加入了古巴华人社区。胡安·佩瑞兹·德·拉·里瓦（Juan Pérez de la Riva）称他们为"美国人与穿夹克、打领带

东方人的混合"（2000：116）。这些"加利福尼亚华人"移居到
古巴，以避开美国随着淘金热而越发苛刻的种族歧视。1899年
美国占领古巴后，军方宣布古巴的华人只有14614人，但这个
数字在1919到1924年间大幅度增加，因为中国和古巴政府（迫
于糖料制品压力）取消了禁止华工出国的条约。乐萧（音，Lok
Siu 2008：169）引用20世纪初古巴房屋局（1903至1916年间，
有373名华人到达古巴，而在1917至1924年间有11311人）
和哈瓦那华人大使馆的统计数据（1903至1916年间，有6258
名华人到达古巴，而在1917至1924年间有17473人），该差异
表明了在20世纪初准确记录华人劳工数量的难度。萧表示，这
种差异很可能是当时大量的非法移民所致（cf. Herrera Jerez and
Castillo Santana 2003）。

　　"加利福尼亚华人"比华人劳工、小生意者更富裕，他们通
过经营洗衣、果蔬和超市生意，成为华人街的中坚力量，巩固
了华人街的经济。自1858年华人企业家常李（音，Chang Li）
和来萧依（音，Laig Siu-Yi）建立唐人街第一家家庭饭馆和水果
商场以来，唐人街开始逐渐发展起来。在20世纪初期到中期这
段时间里，有了洗衣店、超市、便利店和小卖部的支撑，唐人
街扩张到了四十四个街区，成为拉丁美洲最大、最重要的唐人
街，与旧金山和纽约唐人街并肩而论。因为法律不允许人们居
住在市中心（现在的老哈瓦那），于是华人社区就把唐人街发展
成为了"一个独立的、广东省的古巴分区"（Fornieles Sánchez
1993：26）。

　　本地生意由会馆支持，而会馆则根据成员的姓氏（Asociación

Lung Kong Cun Sol, Sociedad Chang Weng Chung Tong, Sociedad Long Sai Li, Sociedad Wong Kong Ja Tong, Sociedad Sue Yuen Tong, Sociedad Chi Tack Tong, Socie- dad On Teng Tong, Sociedad Yee Fung Toy Tong ），祖籍（Sociedad Chung Shan, Sociedad Kow Kong）和政治倾向（Min Chih Tang，Alianza Socialista China de Cuba）进行组织。它们的协调机构古巴中华总会馆在 1893 年由古巴中国总大使馆荣誉主席谭干初注册登记。会馆为唐人街的商业提供重要支持，他们通过族群间互帮互助的网络和民族团结来招揽古巴华人去餐馆消费，从而帮助华人商业渡过难关，克服古巴华人法律上受到的不公正待遇。会馆还大力发展中餐馆，使之成为提供就业的重要渠道，帮助新移民适应当地文化；会馆同时还是商议社区事务的中心。但另一方面，餐馆依赖于与哈瓦那郊区农业生产者的私人关系获得原料，这些都让餐馆成为华人"社会经济"发展的缩影。20 世纪 40 年代初哈瓦那讲师都冯·C. 阔比特（Duvon C. Corbitt）如此描述华人农业项目的成功：

> 今天，绿色蔬菜的种植和配发大部分由华人掌控，在经营杂货店方面他们还成功打败西班牙移民……他们的产业分布甚广，在古巴，几乎所有小镇或重要村庄都有东方人经营的店铺。华人成为卡车农夫，在有些情况下他们还经营大范围农业。（1944：131）

除了一些在农业、洗衣生意和其他小商业上获得成功的华人外，大部分古巴华人并不富有。再排除商业精英"加利福尼亚华人"，就只有那些涉及有组织的赌博或鸦片贩卖的华人走上了致富的道路。然而，在 20 世纪 30 年代初，他们的成功仍然引起了当地人的抗议，使得拉蒙·格劳·圣马丁政府（1933—1934，1944—1948）（就像 1930 年的墨西哥以及随后 1935 年的巴拿马政府那样）要求职工队伍里至少要有 50%（后来提升至80%）的非华裔古巴人。当时的音乐作品就反映了人们对华人社区的妒忌和愤恨，歌曲模仿中文口音，歌词中叙说着古巴华人身兼多职，买下当地和美国所有财产（Oréfiche，1953），用钱引诱古巴女人（López，1942）。阔比特得出这样的结论，在和谐的民族融合下，歧视仍然是广泛存在的：

> 好的方面是，几乎所有华人都与古巴人毗邻而居，而且数量相当多的跨种族婚姻看起来与种族偏见这个事实不符；然而，只要足够了解状况，就会发现古巴人通常认为华人在社会上以及智力方面是低等的民族。（1944：131）

公众的歧视更是加大了华人社区与主流文化和商业的距离，唐人街遭受到的外部排斥和内部封闭恶性循环，一直延续了整个 20 世纪，就像下面提到的那样，直到今天，唐人街是否并入政府的管理和经济体系仍然是一个敏感话题。如果说唐人街的边缘化以及他们与主流社会践行渐远的事实造成了接下来几届共和政府的困扰，那么这无疑将与古巴革命所倡导的包容的精神背道而驰了。

革命对当地的冲击

1959 年，菲德尔·卡斯特罗进军哈瓦那，唐人街则凭借亲友网络和民族团结，继续以非正式的商业中心运转着。与外界几十年的敌对状态和边缘化使得这些网络独立于古巴的社会和经济环境，也因此成为了革命政府的攻击目标。为了把唐人街拉入革命队伍，民族革命军的一个特殊小队尤恩·王（José Wong）小队（以 José Wong 的名字命名，他是传奇的华人青年、共产主义者，非法时事通讯［Grito Obrero Campesino］的创始人，于 1930 年被刺杀）在 1960 年 2 月 17 日进入唐人街地区。这支队伍完全由古巴华人组成，用广东话交流，由佩德罗（Pedro Jesús Eng Herrera，又称 Tai Chao）所领导，该人后来为古巴华人文化史画上了重要的一笔。

后来，为了应对美国施加的经济压力，古巴在 60 年代初中苏交恶时支持苏联，由此，中国和古巴的关系转冷。1967 年，中国从哈瓦那召回驻古巴大使。华人及其社区因此受到了各种歧视，这些歧视更因为许多小型企业在 60 年代初经历了国有化以及 1968 年的"大革命进攻"而变本加厉。只有那些与华人及其社区有联系的餐馆——以及其私下的供应网络——仍然由社区掌控。

到了 1975 年，中古关系进一步恶化，在安哥拉的战争中，中古分别支持敌对的派系。古巴学者表示，那段时间里，与中华传统相关的公共活动，从学术研究到艺术表演，几乎都从大众视野里消失。直到 80 年代初，两国的民间关系开始回温，古巴华人社会主义联盟开始播放中国电影，并且在 1982 年联合古巴中华总会馆在哈瓦那美术设计中心组织了中国传统戏服公开展览。同一时期，两国官方关系也有所升温。1984 年中国派送主要军事人员到哈瓦那，中巴两国开始协商一系列外交、经济合作，其中包括中国人到访古巴免签证以及通过 1988 年协议，古巴成功用 100000 吨糖换取了中国制成品。

在古巴经济危机初期，中巴关系快速好转。1993 年江泽民主席访问古巴，卡斯特罗在 1993 年和 1995 年回访中国，磋商更大规模的消费品贸易。同时，随着美元买卖合法化，中国消费品开始大量出现在唐人街的小商店以及超市中，从丝绸被单、服装到唇膏，以及旅游纪念品。1999 年，中国政府给唐人街赠送了一个传统拱门（牌楼），该牌楼建在唐人街入口，由中国技术人员设计，古巴工人建造，反映了双方不断加深的双边贸易。

2001 年江泽民主席访问古巴期间，还向古巴提供了 650 万美元的无息信贷以及 2 亿美元的贷款，支持当地购买中国产品以实现通信行业的现代化，另外提供了 1.5 亿美元的信贷，用以购买中国电视机（Erikson and Minson 2006）。2003 年，北京正式认可古巴为中国公民旅游点，2004 年，胡锦涛主席访问古巴，签订 16 项协议，扩大了双方在教育、公共卫生、生物技术、通信技术、石油和镍行业的合作。2008 年 11 月，胡锦涛主席再度访问古巴，提供了 7000 万美元的贸易信贷，帮助升级古巴的医院，同时承诺在 2006 到 2011 年间派送 5000 名中国学生到古巴学习语言、医学以及旅游业。

两国的正式贸易还伴有双向的非法贸易。雪茄在中国新兴富裕阶层里很受欢迎，多米尼加共和国出产的 Don Diegos、洪都拉斯出产的 Flors 以及古巴国营烟草公司 Habanos 出产的 Cohibas 价格都在 250 元（40 美元）以上。这个价格让雪茄成为大部分中国人望而却步的奢侈品，但在一个有着 3.5 亿烟民的消费大国，雪茄的需求也随之增长。为此，世界第五大烟草公司 Altadis 实施了一个策略：以香草和法国白兰地为原料，生产价位较低的人造雪茄。但很多雪茄狂热爱者并不买账，他们以标准的 100 元（17 美元）的价格，要么在雪茄吧的桌子底下进行秘密交易，要么在新兴的都会区，比如像北京三里屯那样街上交易正宗的古巴"puros"（雪茄）。一项报告显示，由于高进口税和缺少零售许可，在北京、上海、深圳、广州和珠海出售的雪茄百分之九十都是走私货（Hua，2005：37）。

唐人街国营商店收益过低，导致那些中国进口商品的零售商不得不转向有着几十年历史的地下非正式的贸易网络。这时候，中国外交人员、商人与古巴华人开始建立越来越频繁的非官方联系，他们都以唐人街为结合点进行会面。就像以往外国投资者在中国大陆寻找商机时，需要依靠社会和家庭关系（通常以香港和台湾地区为突破点）来获得商业合同（Gold et al.，2002；Smart and Hsu，2004），中国商人想要在古巴、墨西哥等其他拉美国家开发商业项目时，也同样需要与当地有影响力的公共或私人机构的当权者打交道，或者是与重要的社区领导人建立社会联系，这过程中往往还需要世界华侨华人社团联合总会做中间人牵线搭桥。

由著名的功夫大师罗伯特·维加斯·李建立的古巴武术学校便是中国与古巴友好往来的最好的见证。维加斯·李在哈瓦那非常受尊敬与欢迎，他的学校在哈瓦那市内拥有1700多名学生，年龄介于4岁到90岁之间，他还于每周在电视上进行武术表演。经济上，李也享有丰富的资源，他的岳父是一位来自上海的商人，并且近期开始投资唐人街的餐饮业。李通过他岳父的人脉得以获得唐人街的资源，成为到访的中国大陆的官员和政客的在本地的引荐者。

古巴武术学校是古巴和中国友谊的象征，也是两国沟通交流的桥梁。我们的工作与中国大使馆紧密结合，中国访客，从外交人员到学生都把武术学校当作相互合作的平台。中国并不是要控制拉丁美洲，而是在寻求稳定的贸易合作，从民间力量中获取尊重。中国对古巴交通、教育和医药事业的支持就是友好的象征。同时，我也希望这个地区的人们能认识到这点（2008年12月20日的采访）。

人际关系可以为商业合作提供必不可少的友谊和信任，华人商业在全球的发展就是最好的例子。比如说在墨西哥边境城市蒂华纳和墨西加利，华人从中华民族的网络中汲取资源，从锡那罗亚州华人延伸到旧金山华人，以此来保护并且推动他们的经济地位（Velázquez，2001；Hearn et al.，2011）。与之相比，古巴非法的合作关系，特别是那些跨国网络，则被政府监视和掌控着，该政府从1959年起，因为把民族主权放在第一位而限制华人商业的发展。随着中古两国越来越深的经济、文化和政治联系，唐人街的管理问题自然而然就成为了古巴政府的担忧所在。

图 3：罗伯特·维加斯·李（图右）正在带领古巴武术学校的学生练习打太极拳（照片由恒安久拍摄，2012 年 1 月 12 日）。

正式化：经济发展的战略

早在 1847 年第一个劳工来到这里时，唐人街的非正式行业便已经被纳入了当地的民族团结中去。研究社会资本的学者认为——并且古巴华人社区的例子也论证了——如果一群人长时间承受消极社会经济压力，他们往往会变得退缩、自护，从而强化社会分裂，给管理体系带来重大挑战（Portes，1998；

图 4：作者和三位致力于复兴唐人街的主要人物合照，他们是
伊尔米娜·恩·梅纳德斯，胡利奥·赫拉多，卡洛斯
（照片由路人拍摄，2011 年 2 月 23 日）。

Portes and Sensenbrenner，1993；Woolcock，1998）。和之前的
尤恩·王小队一样，1994 年唐人街促进会的成立也是为了应对
挑战，它像 90 年代以来古巴其他城市发展机构那样（Hearn，
2008），尝试引诱当地非正式行业的关键人物签订合法的商业合
同。这样"从非法到合法"的尝试，就像一个古巴城市规划机
构所说（Coyula，Coyula and Oliveras，2001：12），本质上是为
了理性规划本地的社会资本和社区的统一，使之加强而非减弱
古巴政府的合法性。

促进会最先关注唐人街的餐馆并非巧合。几十年来，餐馆
和哈瓦那郊区的肉菜供应商通过非正式渠道的商业网络合作，
给餐馆提供了便利的进货渠道，解决了政府指派下的供货商的

存货不足的问题（Cheng，2007：40）。于是，促进会说服地方政府准许人们在唐人街开设农贸市场，让餐馆继续独立经营，减少了餐馆长期的非正式商业操作。就像当时促进会的会长所说：

> 动用我们与官方的关系真是十分奇妙。但我们的主要成就是无论处于经济开放还是封闭时期，我们都努力保持餐馆的独立性（2006 年 1 月 17 日的采访）。

促进会之所以能直接和会馆协商，是因为它与古巴华人社区以及古巴中华总会馆有深刻的渊源。但这也导致促进会与当地利益的联系过分紧密，约束了它调节社区活动的能力。它拒绝提高透明度，不愿为像龙冈会馆及其下属餐馆那样为非正式福利计划、食物分配以及老年人的照看承担责任。于是，在促进会的管理下，餐馆的经济责任依旧模糊不清。就像十岁搬到古巴，现今已故的古巴华人作家 Manuel Chiong Lee 所说：

> 我亲戚拥有三家餐馆和五家洗衣店。那是在 1959 年以前，所以都是私有的，他们做账十分细致。革命早期，很多华人产业国有化，街区的发展就停滞了。从那以后，人们赚钱的唯一方式就是与协会［比如会馆］或生产商合作，bajo el tapete［直译为"在表面以下"］，即在它们的掩护下操作……腐败总是不好的。它或许微不足道，毕竟没人拥有游艇之类的东西。但它在滋长，曾经它可不那么猖獗。所以政府决定是时候整治它了

（2006 年 2 月 24 日采访）。

促进会的困境告诉我们，施加在社区团结和清廉的压力是可以互相影响的。就像亚历山卓（Alejandro Portes）所论述的那样，当团体内部的社会关系过于强大时，就会阻碍它们与外部组织或政府机构维持并建立和谐的关系，这时，就会出现"消极社会资本"（1998：15-18）。相反地，如果有广泛影响力的机构提出明确地方利益与价值的主张，它会在公民参与和民主化之间形成一种阿瑞尔（Ariel C. Armony）称作是"可疑的联系"的现象（2004）。而不走这两个极端，能把握好当地利益与当局意志的平衡，从而保证机构廉正的做法被彼得（Peter Evans）称为"镶嵌自治"（embedded autonomy）（1995），被马克·格兰诺维特称为"弱联系的强大力量"（1973）。就促进会来说，它与当地社区的联系实在是太强了，这让它无力监管当地的发展，也最终导致它在 2006 年 1 月被"市历史学家协会"所取代。

在控制非正式商业，同时扩展正式经济行业这件事上，没有谁能比更有经验的了"市历史学家协会"。它的首要目标是将哈瓦那旧城未开发的物质和文化遗产作为商业发展的基础，规划哈瓦那旧城的未来。在经济发展方面，它的合作伙伴 Habaguanex 建立了酒店、酒吧以及购物中心，希望通过外国游客的到来吸引强势货币的流入。在政治方面，它并入了一大批当地活跃分子，而有些不加入的人则选择进入政府主导的项目，寻求独立发展（Hearn，2004）。

"市历史学家协会"对唐人街的管理结合了商业和政治两个方面，这反映古巴政府从萧条时期以来，加大了对经济管理的关注。除了古巴政府 2011 年出版的《经济和社会政策导向》（*Economic and Social Policy Guidelines*）外，最近劳尔·卡斯特罗政府还取消了对电视、录像机、移动电话、电脑和其他电子产品内销的限制。通过购买这些来自中国的产品，古巴政府进一步鼓励了古巴与中国工业一体化的进程，该改革使政府得以掌控那些曾经大量在地下进行流通的消费品，从而保护了政府的经济合法性。

尤西比奥·莱亚尔（Eusebio Leal）博士是该协会的主管，哈瓦那旧城的市长，他同时还是成功的诗人和拉美历史研究员。他表示，几个世纪以来，旅游业已经成为唐人街地区的重要特征。林立的酒店和其他商业活动都一律通过美元交易，当地人的酬劳以古巴比索交易，尽管该现象使得当地人产生了厌恶情绪，但是尤西比奥·莱亚尔（Eusebio Leal）博士对该发展的看法是：

……从历史上看，对于城市性能的恢复，整个城市都有受益。创造一个让外国人和古巴人和谐交融，洁净而又健康的环境很难。大部分古巴人恳切希望有真正的文化交融，我们也在努力寻找促进交流的方法…我们尝试保留学校和住宅，创造就业机会，鼓励真正的参与，为了做到这些，我们创造了有活力的财政机制，使得人们在历史街区的投资可以有利可图（2002年 4 月 29 日的采访）。

1993 年圣天使学院（Colegio del Santo Angel，18 世纪的商人住宅，被联合国教科文组织列为世界遗产地）崩塌之后，莱亚尔博士依据第 143 条法令，运用非凡的外交技能，使得这个财政机制得以执行。"市历史学家协会"成为了古巴唯一一个可以控制支出、利润以及自治范围内总体的经济管理的机构（Hill 2007：59）。[1] 自主财政管理将该协会从传统经济模式解放出来，传统的模式需要自治市牺牲自身利益，服从中央部门，而这些中央机构大部分时候是把国家利益放在自治市级利益至上的。因此，"市历史学家协会"迈出了实行资源分权管理重要的一步，这是很多激进的古巴政客和社会评论员期待在自己的自治区可以看到的，当然他们还有其他愿望，比如说促进生活水平多样化，哈瓦那旧城是一个例子。

1992 年，莱亚尔博士在他名为"旅游业对理解历史文化的重要性"的专题演讲上表达了"市历史学家协会"对唐人街的兴趣：

哈瓦那还有比唐人街漂亮、有趣的地方吗？然而即使是这样一个地方，如果一个最重要的任务没有完成，也将会消失。那么这个任务是什么？为了确保唐人街的延续……这不是要改变或者修饰一个地区，而是让它活起来，而这活力往往源自内

---

[1]　参照"市历史学家协会"的模式，另外三个机构先后成立以管理相对小型的历史街区（古巴圣地亚哥、卡马圭和千里达）的经济发展。

部。（引自 Wong and Baez，1993）

90 年代初"市历史学家协会"就意识到了与会馆建立合作关系的重要性。2006 年，会馆声称有 2550 名第一、二、三代华人会员（Montes de Oca Choy，2006）。据古巴中华总会馆秘书长豪尔赫（Jorge Chao Chiu）所说，2011 年初，会馆注册在案的第一代华人有 171 人。和这些零散个体不同，第二和第三代古巴华人不再是中国国籍，在血缘和文化上更加融入古巴社会。除了这个差异，华人后裔也对会馆表现出浓厚兴趣，并在民治党、龙岗（Lung Kong Kun Sun）以及中华总会馆拥有较高职位（尽管仍不是最高）。

为了和会馆发展关系，"市历史学家协会"在开发本地旅游资源时，委派唐人街的社区领袖进行一系列策划和推介。这些推介在唐人街的中国传统艺术中心举行，充分展示了唐人街的志向：

我们一定要尽可能使选择多样化，打破沙滩酒店的旅游模式。我们鼓励游客多了解这里的人和事，很多时候游客们不打算了解这些，这是很可惜的……在我们看来，为了推广产业的目标，增加国家的货币，我们还没有竭尽一切所能满足游客的需求……在古巴，在我们的城市，在我们的自治区有一条唐人街；让我们努力把它建设成为我国另一个旅游品牌。（Wong and Baez 1993：8，9，12，强调为原话）

为了达成这个目标，另一份报告中提出聘请演员穿上中国传统服装，模仿 19 世纪末 20 世纪初的果蔬摊贩在广场巡游，以吸引邻近自治区的游客。而另外一小部分演员则饰演传统宗教人物，如非裔古巴祖先尚戈（Changó）、天主教圣芭芭拉以及中国的 San Fan Kon（或称关公），让大家关注到和非洲、欧洲文化并行的中国宗教文化，从而了解到古巴的多元文化传统（Chong López，2006：6）。

第三个报告推荐建立一个古巴华人文化博物馆以及一个中国风酒店，让旅游者享受地道的按摩和中国茶。为了抢占新兴中国中产阶级的市场先机，报告建议道："我们必须使得中国游客宾至如归，那样，亚洲游客才会向亲友推荐古巴最佳酒店。努力做到让游客从踏入酒店那一刻起，因陌生的风俗习惯而引起的负面情绪就能得到缓解。"（Alay Jo et al.，2002：30）报告总结道，唐人街发展这种设施的关键是要升级基础设施，改进与国外旅行社的关系，他们认为"项目的成功离不开优秀的组织策划。"（2002：30）

有了对唐人街的行政控制，"市历史学家协会"通过建立商店，整修历史文化街区，引入旅行社以及建立孔子学院来扩大国家主导的商业活动。这项策略的另一个关键就是要掌控非正式行业，因为它们从 19 世纪 50 年代该地区建立以来，就一直挑战古巴各届政府的管理。政府曾经要求餐馆做更加精细的账目，试图把它们的郊区地下供给链纳入正式经济体系。但现在，一些餐馆老板抱怨除了要给国家税务组织（Organización Nacional de Asuntos Tributarios，ONAT）纳税，还要给"市历史学家协会"交税来支援社区发展项目基金，这让他们不得不缩减或放弃独立的慈善项目，包括给当地最需要的居民提供食物。

另外，"市历史学家协会"还给那些与外国组织有联系的机构制定了详细的管理准则，例如为很多仍健在的 163 名第一代华人提供住宿、医疗看护等服务的"中国住所"（Residencia China）就是这样的组织，据中国住所的主管克里斯蒂娜所说：

> 我们经常收到国外赠送物。这些通常都是个人捐赠，其中大部分是中国人。以前，这些礼物大多经由促进会送到我们手中，我们对他们有很高的理解和信任。但现在，如果我需要为组织买一张新沙发，我必须要先走很长的流程获批，而且对于使用的每一分钱，都要作出说明。不过，这也有好处，"市历史学家协会"和外国非政府组织有联系，有资金和资源来源。而且现在我们有了和捐赠者联系的正式途径。（2006 年 1 月 16 日的采访）

"市历史学家协会"通过将当地的合作纽带和社会资本——克里斯蒂娜所称的"理解和信任"纳入更透明、更有规章制度的管理方案，有效地抑制了地下非正式活动的滋长。

慢慢地，华人社区和中国外交人员、商人、学生的联系越来越紧密，对此，新官僚制度的结构也做出了改变，这与前古巴驻华大使毛罗·加西亚·特里亚纳（Mauro García Triana）认为的中国为增强和拉丁美洲联系而实行的"文化战略"一致：

中国人精于评估现状，善用古巴和中国的历史关系，他们将这个视为经济合作的基础。唐人街是两个国家交往最显著的标志……华人后裔延续了这份历史，有了这个历史基础，中国商人在古巴做生意就不会感到陌生。我觉得唐人街将来会是一个重要支点，如果古巴政府打算吸引新的中国移民，这会更加明显。我想，那会对古巴经济有所帮助，因为华人大多都很勤奋、守纪，他们还很有科学和工业天赋。（2008 年 10 月 20 日的采访）

但是，日益加深的人际关系也可能带来政治学家阿瑞尔（Ariel C. Armony）所说的潜在危险"集合"。确实，人际关系和社会资本在促进合作、"减少交易成本"的同时，也可能破坏规章制度，比如说华人"走后门"和古巴"在底下"（bajo el tapete）解决问题的习惯，都可能对这个力求高透明度和遵纪守法的体系造成空前的挑战。如果不加以控制，跨国非法集团可能会以关系、民族、社会团结、社会主义，或从同伴那里以及一个身处高位的朋友处获得的支持为基础，迅速扩张。就此而论，"市历史学家协会"接管唐人街，通过一个完整的系统来管理商业发展，可以减少当地的非法合作关系。

总结

唐人街长久以来与当地政府管理相分离的社会经济发展状

况，使其融入有组织的、制度化的政府管理十分困难。不人道的劳工贸易和 19 世纪末 20 世纪初的仇外情绪在历史文档、早期音乐和一些个人的记忆里仍可寻得踪迹。这些事件，激发了华人强烈的民族团结意识和认同感，今天在无数华人后裔身上仍能感受到这些。在历史传统的浸润下，唐人街成为古巴和中国标志性的文化、外交桥梁，同时也顺理成章地成为两国外交人员和企业家的交流平台。

自 1959 年起，古巴政府一直宣称自己是一个中间人，协调着当地人和外国人的关系，他们的工作涉及人道主义的 NGO 到宗教团体。"市历史学家协会"接管唐人街也反映了这一点，它的建立很大一部分是为了调节社区华人与中国外交、商业人员越来越频繁的联系；也是为了能更近距离地对地下经济及其跨国联系进行监管；更是为了扩大希望能惠及双方的，在旅游业支撑下的正规经济领域。

"市历史学家协会"将唐人街整合进它的政治和经济体系，或许并没有依照它原本的计划展开，但随着中国与世界华人社区的联系越来越紧密，其他国家的地方政府很可能也会制定更加细致的对策去管理国内的唐人街。无论是为了追求经济增长、更加和谐的社会政治交融或者是更有效地管理和监控跨国合作，这样的举措，这样的未来图景，可以化解以往种族边缘化所带来的问题。但同时，他们也面临促进会前主管伊尔米娜·恩·梅纳德斯注意到的一个社会悖论："尽管新的管理者努力去理解和管理唐人街，但可以确定的是，华人社区暗地里还会继续以它自己的方式运作。"（2006 年 1 月 17 日的采访）

参考文献

Alay Jo, Ernesto, Carlos A. Alay Jo, and Jorge A. Alay Jo. 2002. "El Barrio Chino de la Habana: Un Producto Turístico." Paper presented at the 5th Festival of Overseas Chinese, Havana.

Armony, Ariel C. 2004. *The Dubious Link: Civic Engagement and Democratization.* Stanford: Stanford University Press.

———. 2011. "The China-Latin America Relationship: Convergences and Divergences." In *China Engages Latin America: Tracing the Trajectory.* Adrian H. Hearn and José Luis León-Manríquez,

eds., pp. 23-50. Boulder: Lynne Rienner.

Baltar Rodriguez, José. 1997. *Los chinos de Cuba: Apuntes etnograficos.* La Habana: Fundación Fernando Ortiz.

Benton, Gregor, ed. 2009. *The Chinese in Cuba: 1847-Now.* Lanham, MD: Lexington Books.

Cheng, Yinghong. 2007. "Fidel Castro and 'China' s Lessons for Cuba' : A Chinese Perspective." *The China Quarterly* 189: 24-42

Chong López, Alfredo. 2006. "Proyecto: Barrio Chino ── Hua Qu." Unpublished report from the Hua Qu plastic arts collective; proposal for the 9th Biennial of Havana.

Choy, Armando, Gustavo Chui, and Moisés Sío Wong. 2006. *Our History is Still Being Written: The Story of Three Chinese Cuban Generals in the Cuban Revolution.* New York: Pathfinder Press.

Chuffat Latour, Antonio. 1927. *Apunte histórico de los chinos en Cuba.* La Habana: Molina y Cia.

Corbitt, Duvon C. 1944. "Chinese Immigrants in Cuba." *Far Eastern Survey* 13(14): 130-32.

———. 1971. *A Study of the Chinese in Cuba, 1847-1947.* Wilmore, Ky: Asbury College.

Coronel, Rogelio. 2008. "El Rastro Chino en la Cultura Cubana." *La Ventana.* Online: <http:// laventana.casa.cult.cu/modules.php?name=News&file=print&sid =4233>

Cosme Banos, Pedro. 1998. *Los Chinos en Regla, 1847-1997: Documentos y Comentarios.* Santiago de Cuba: Editorial Oriente.

Coyula, Mario, Miguel Coyula, and Rosa Oliveras. 2001. *Towards a New Kind of Community in Havana: The Workshops for Integrated Neighborhood Transformation* (translated by Adrian H. Hearn). La Habana: Grupo para el Desarrollo Integral de la Capital.

Crespo Villate, Mercedes. 2004. *Legación Cubana en China, 1904-1959: Primeros Consulados Diplomaticos Cubanos y Vivencias Historicas con la Nacion Asiatica.* La Habana: Editorial SI-MAR.

Dorsey, Joseph C. 2004. "Identity, Rebellion, and Social Justice among Chinese Contract Workers in Nineteenth Century Cuba." *Latin American Perspectives* 136(31/3): 18-47.

Eng Menéndez, Yrmina G. 2008. "Revitalización de las Tradiciones Chinas en Cuba: El Proyecto Integral de Reanimación del Barrio Chino de La Habana." In *Cultura, Tradición, y Comunidad: Perspectivas sobre la Participación y el Desarrollo en Cuba.* Adrian H. Hearn, ed., pp. 200- 243. La Habana: Imagen Contemporánea and the UNESCO Centre for Sustainable Human Development.

Erikson, Daniel P. and Adam Minson. 2006. "China and Cuba: The New Face of an Old Relationship." *Hemisphere* 17, pp. 12-15.

Evans, Peter. 1995. *Embedded Autonomy: States and Industrial Transformation.* Princeton: Princeton University Press.

Fornieles Sánchez, Luz María. 1993. "El Barrio Chino." *Contrapunto* 3(27): 25-26.

García Triana, Mauro. 2003. *Los Chinos de Cuba y los Nexos entre las dos Naciones.* La Habana: Sociedad Cubana de Estudios e Investigaciones Filosóficas.

Gold, Thomas, Doug Guthrie, and David Wank, eds. 2002. *Social Connections in China: Institutions, Culture and the Changing Nature of Guanxi.* Cambridge: Cambridge University Press.

Gómez Navia, Raimundo, and Graciela Chailloux, eds. 2007. *De Dónde son Los*

Cubanos, La Habana: Editorial de Ciencias Sociales.

González, Angel T. 2005. "La Milicia China de Castro." *El Mundo* 5(668), 19th June.

Granovetter, Mark. 1973. "The Strength of Weak Ties." *American Journal of Sociology* 78: 1360-1380.

Guanche, Jesús. 1983. *Componentes Etnicos de la Nación Cubana.* La Habana: Editorial Ciencias Sociales.

Hearn, Adrian H. 2004. "Afro-Cuban Religions and Social Welfare: Consequences of Commercial Development in Havana." *Human Organization* 63(1): 78-87.

——. 2008. *Cuba: Religion, Social Capital, and Development.* Durham: Duke University Press.

Hearn, Adrian H., Alan Smart, and Roberto H. Hernández. 2011. "China and Mexico: Trade, Migration, and Guanxi." In *China Engages Latin America: Tracing the Trajectory.* Adrian H. Hearn and José Luis León-Manríquez, eds., 139-157. Boulder: Lynne Rienner.

Herrera Jerez, Miriam, and Mario Castillo Santana. 2003. *De la Memoria a la Vida Pública: Identidades, Espacios, y Jerarquías de los Chinos en La Habana Republicana (1902-1968).* La Habana: Juan Marinello.

Hill, Matthew J. 2007. "Reimagining Old Havana: World Heritage and the Production of Scale in Late Socialist Cuba." In *Deciphering the Global: Its Scales, Spaces, and Subjects.* Saskia Sassen, ed., pp. 59-76. New York: Routledge.

Hua, Shajun. 2005. "Puros en China." *China Hoy* 46(3): 34-37.

Hu DeHart, Evelyn. 1993. "Chinese Coolie Labor in Cuba in the Nineteenth Century: Free Labor or Neoslavery?" *Slavery and Abolition: A Journal of Slave and Post-Slave Studies* 14(1).

——. 1998. "The Chinese in Cuba." In *The Chinese Diaspora: Selected Essays.* Lingchi Wang and Gungwu Wand, eds. Singapore: Times Academic Press/ Marshall Cavendish Academic.

——. 2005. "Opium and Social Control: Coolies on the Plantations of Peru and Cuba." *Journal of Chinese Overseas* 1(2): 169-83.

——. 2007. "Race Construction and Race Relations: Chinese and Blacks in

Nineteenth-Century Cuba." In *Alternative Orientalisms in Latin America and Beyond.*
Ignacio López-Calvo, ed. Newcastle, UK: Cambridge Scholars Publishing.

Jung, Moon-Ho. 2006. *Coolies and Cane: Race, Labor, and Sugar in the Age of Emancipation.* Baltimore: Johns Hopkins University Press.

López, Johnny. 1942. "El Chinito Pichilón." Musical recording. New York: Decca [format: 78-10, publish #: 21266-1].

López, Kathleen. 2004. "One Brings Another: The Formation of Early-Twentieth-century Chinese Migrant Communities in Cuba." In *The Chinese in the Caribbean.* Andrew Wilson, ed., pp. 93-127. Princeton: Markus Wiener.

———. 2008. "Afro-Asian Alliances: Marriage, Godparentage, and Social Status in Late-Nineteenth-Century Cuba." *Afro-Hispanic Review* 27(1): 59-72.

Montes de Oca Choy, María Teresa. 2007. *Las Sociedades Chinas en Cuba: Pasado y Presente.* CD-ROM. La Habana: Universidad de La Habana, 2007.

Montes de Oca Choy, María Teresa and Roberto Vargas Lee. 2008. "Llevando a la Práctica la Cultura China: la Cátedra de Estudios Chinos y la Escuela Cubana de Wushu." In *Cultura, Tradición, y Comunidad: Perspectivas sobre la Participación y el Desarrollo en Cuba.* Adrian H. Hearn, ed., pp. 162-199. La Habana: Imagen Contemporánea and the UNESCO Centre for Sustainable Human Development.

Oréfiche, Armando. 1953. "Chino Li-Wong." Musical recording (with Billo's Caracas Boys). Venezuela: Billo's [format: 78-10, publish #: 4056-1].

Ortiz, Fernando. 1995. *Cuban Counterpoint: Tobacco and Sugar.* Durham: Duke University Press. Originally published in 1940.

Padura Fuentes, Leonardo. 1994. *El Viaje más Largo.* La Habana: Ediciones Unión.

Pastrana, Juan Jiménez. 1963. *Los chinos en las luchas por la liberación de Cuba, 1847-1930.* La Habana: Instituto de Historia, Comisión Nacional de la Academia de Ciencias de la República de Cuba.

———. 1983. *Los Chinos en la Historia de Cuba: 1847-1930.* La Habana: Editorial de Ciencias Sociales.

Pérez de la Riva, Juan. 2000. *Los Culíes Chinos en Cuba.* La Habana: Editorial Ciencias Sociales.

Portes, Alejandro. 1998. "Social Capital: Its Origins and Applications in Modern Sociology." *Annual Review of Sociology* 24: 1-24.

Portes, Alejandro and Julia Sensenbrenner. 1993. "Embeddedness and Immigration: Notes on the Social Determinants of Economic Action." *American Journal of Sociology* 98(6): 1320-1350.

Quesada, Gonzalo de. 1946. *Los Chinos y la Revolución Cubana.* La Habana: Ucar, García, y Cía.

Ratliff, William. 2004. "China's 'Lessons' for Cuba's Transition?" Cuba Transition Project, the Institute for Cuban and Cuban American Studies, University of Miami. Online: <http://ctp. iccas.miami.edu/Research_Studies/WRatliff.pdf>

Rovner, Eduardo Saenz. 2004. "Contrabando, Juego, y Narcotráfico en Cuba entre los Años 20 y Comienzos de la Revolución." Paper presented at the Red de Cátedras de UNESCO conference: *Transformaciones económicas y sociales relacionadas con el problema internacional de las drogas,* México D.F. Online: <http://taniaquintero.blogspot.com.au/2007/08/contrabandojuego- y-narcotrfico-en-cuba.html>

Siu, Lok. 2008. "Chino Latino Restaurants: Converging Communities, Identities, and Cultures." *Afro-Hispanic Review* 27(1): 161-171.

Smart, Alan and Jinn-Yuh Hsu. 2004. "The Chinese Diaspora, Foreign Investment and Economic Development in China." *The Review of International Affairs* 3(4): 544-566.

Steele, James W. 1885. *Cuban Sketches.* New York and London: G.P. Putnam's Sons/The Knickerbocker Press [originally published in 1881].

Strubbe, Bill and Karen Wald. 1995. "Start with a Dream: Rebuilding Havana's Chinese Community." *The World and I,* September, pp. 188-197.

Valdés Millán, Ana. 2005. *Una Cultura Millenaria en el Siglo XX Guantanamero.* Guantánamo: Editorial el Mar y la Montaña.

Varela, Beatriz. 1980. *Lo Chino en el Habla Cubana.* Miami: Universal.

Velázquez Morales, Catalina. 2001. *Los Inmigrantes Chinos en Baja California 1920-1937.* Mexicali: Universidad Autónoma de Baja California.

Wong, Alejandro Chiu, and Eradio Salgado Baez. 1993. "El Barrio Chino de La

Habana: Una Legendaria Opción Turística." Paper delivered at the 3rd Ibero-American Symposium on Tourism, Havana.

Woolcock, Michael. 1998. "Social Capital and Economic Development: Toward a Theoretical Synthesis and Policy Framework." *Theory and Society* 27: 151-208.

Xinhua. 1994. "La Comunidad China en Cuba." Xinhua News Service Editorial, 6 April.

Yun, Lisa. 2008. *The Coolie Speaks: Chinese Indentured Laborers and African Slaves in Cuba.* Philadelphia: Temple University Press.

Yun, Lisa, and Ricardo René Laremont. 2001. "Chinese Coolies and African Slaves in Cuba 1847-74." *Journal of Asian American Studies* 4(2): 99-122.

第七章
唐人街的问题化：关于巴黎唐人街的矛盾与叙事

庄雅涵　泰孟·安林

当人们问巴黎有没有唐人街时，第一个浮现在我脑海中的就是法国第 3 区了，它更准确名称是舒瓦西三角（Triangle de Choisy）（Tabola-Leonetti and Guillon，1985；Raulin，1988），该地区集中居住了 20 世纪 70 年代末的东南亚难民。但是除了第 3 区，巴黎城区内还有其他更具有中国特色的唐人街，与第 3 区相比，它们拥有更多的华人人口，历史也更加悠久。这些华人社区有的位于巴黎第 3 区（Temple—Gravilliers，Ma Mung，2000：107-111）的贝尔维尔，它地处第 19 区、20 区、10 区、11 区的交界地带，有的位于 11 区，例如塞当 – 波宾库（Sedain-Popincourt），还有的在第 19 区，比如弗兰德（Flandre）。① 这些唐人街的成立与接二连三的移民潮密不可分；早在 19 世纪中期，温州商人便已经踏上了这块土地，接着在两次世界大战期间，不断有温州和青田的移民到来（战后短暂停滞），直到 1978 年

---

① 巴黎市区被划分为 20 个街区，每个街区由一个市议会和一位市长（maire d'arrondissement）进行管理。

中国改革开放以后，移民潮再次高涨（Poisson，2004，2005）。到 20 世纪 80 年代和 90 年代，移民活动更加激烈，唐人街不仅涌入了更多的中国人，而且中国餐馆和中国商店如雨后春笋般冒出来。这些移民大多来自浙江省，其次是福建和东北。一些新移民也聚居在巴黎郊区，比如塞纳河畔伊夫里（Ivey-Sur-Seine）、巴尼奥雷（Bagnolet）、旁坦（Pantin）、欧贝维利、拉库尔纳夫（La Courneuve）、洛涅（Lognes）。据统计，在大约 400000 法国华人中，有 90% 的华人在巴黎以及巴黎郊区工作生活。[①]

该章节并不试图再现所有巴黎华人，甚至整个法兰西岛华人的生存场景。该篇章将集中探讨两个著名的华人聚居区，一个是位于巴黎城市中心的波宾库，另一个是位于巴黎边郊的欧贝维利。这两个地方的唐人街拥有一些共性，呈现出与其他唐人街截然不同的特色。[②] 这里的华人擅长从事服装和皮革的生产

① 这仅仅是估算。出于以下几点理由，要想准确计算出法国华人的人口数量是非常困难的。首先，我们很难从华人总人口数中将来自老挝、越南和柬埔寨的华人抽离出来。其次，针对法国公民的人口普查并没有区分不同的民族，因此如果父母双方都已经获得法国公民身份，那么他们的孩子也将自动成为法国人。最后，大量无证移民以及他们的孩子并没有被计算进去。一份非常谨慎的报告指出，在法华人的数字大约为 40 万（Ma Mung，2009），但是也有其他资料声称这个数字大约为 60 万到 70 万。不管是哪种情况，巴黎都被认为是欧洲最大的"唐人街"。

② 除了 Temple-Gravilliers 街区（这里也聚集了大量的批发商店），其他华人街区，比如像舒瓦西和贝尔维尔都是食品专供区（中国杂货铺、超市和餐馆），同时还提供各种各样专门面向华人居民的商业活动和服务（银行、房地产、图书馆和音乐 /DVD 租赁店）。我们在这里对波宾库的分析也同样适用于 Temple-Gravilliers。

以及批发。他们主要给法国人的连锁品牌零售店供货，这些商店主要是售卖服装和鞋类，在少数情况下，也供货给法国其他城市的华商或者其他欧洲国家的零售商（比利时、荷兰、德国、西班牙、意大利）。一小部分商品由当地的血汗工厂（这些工厂是基于民族网络运营的）生产，除了这小部分商品，大部分商品都从中国进口，另外一小部分进口自意大利，因为意大利有一个以浙江人为主的专门从事纺织品工业的群体。

　　我们在这里要提出的问题是唐人街是如何产生的，它们的空间结构是怎样的，怎样从社会属性上去理解它们的"中国"或者"非中国的"特征。使用更广泛的田野调查收集的研究材料，我们探讨了在这两个地区，高度集中的批发商店如何产生社会问题，以及如何以不同方式解决这些问题①更准确地说，我们这里要处理的问题是当地居民、企业家和政治家采取哪些措施来对抗批发业务的扩展，消除其不良结果，比如像交通阻塞、噪音、污染，以及退化的城市景观？围绕这些社会问题存在着各种各样的声音，我们描述它们如何定义和处理问题。因此，我们不应该把这些社会问题看成是客观存在的条件；得益于"社会问题"的社会学理论（Blumer，1971；Gusfield，1981；Kitsuse and Spector，1973a，1973b；Schneider，1985；Cefai，1996），我认为"社会问题"是不是从给定事实的角度来考虑，

---

① 这包括庄的博士论文和泰孟对欧贝维利的研究，庄的论文探讨了巴黎中国移民自 1978 年以来的经济的和空间的流动性，泰孟的论文则重点讨论了欧贝维利市政府如何通过一系列政策同化华人移民企业家。

而是主要从它们如何被定义，以及它们如何在行动中和互动中出现的层面。科特苏斯（Kitsuse）和斯派科特（Spector）指出，社会学家应该研究的是**"人们是在怎样的情况下提出某项诉求，该行为又是如何维持的，针对诉求，人们又采取了怎样的回应"**（1973a，原文强调）。从这个"结构主义"角度来看，对于某项诉求为什么会被提出（具有追责归咎性质提问），我们对"诉求的事件（imputed condition）不感兴趣，比如说交通阻塞等，我们要做的是比较分析不同群体对现状提出的不同诉求、抱怨和看法。我们感兴趣的是这些问题是怎样以因果关系的逻辑来定义的，人们提出了什么样的解决措施，以及这些问题是怎样在公共领域被提出来。

在这两个案例中，人们提出的诉求事件主要起源于华人商铺剧增，密度加大。然而，在波宾库的案例中，批发供应商的集中度被归类为"单一活动"，这是一种带有负面含义的分类；也就是说，批发业务的"单一性"和"统一性"本身就是一个需要解决的问题。但是在欧贝维利，这种"单一性"却完全不存在问题，反而被视作积极的一面；唯一有争议的是：华人商铺集中导致的不良后果——交通阻塞，成为了众矢之的。

在寻求解决办法的过程中，对社会问题的公开化也有所不同。这就是为什么我们用"社会问题"，而不是"公共问题"来形容这个情况。科特苏斯和斯派科特认为把私人问题转化成公共问题是发生在社会问题的"自然历史"的第一阶段，但是古斯法德（Gusfield）提出不同的看法（1981：5），他认为"公共问题"区别于"社会问题"，公共问题是为了公共利益而提出的，而针对社会问题的诉求是以个人名义和私利提出的。[①] 在这里的两个案例中，华人商铺占据街道，制造交通问题，巴黎人民纷纷抗议，但这些问题是某些群体站在他们私利的角度提出来的。然而，这并不意味着没有这些"社会问题"公共化的动态：被召集起来的群体的确呼吁公共机构参与（市政府、警察局和法院）来解决问题，所以可以说社会问题也被提到了公共议程和空间。我们的研究表明，通过这些手段，即使没有涉及"公共利益"，"社会问题"也可以被公开化——这个公开化过程其实也是公共机构管辖行为私人化的过程。

社会问题的分析重点可以帮助我们更好地了解华人在当地城市发展过程中的地位。为了解决这些社会问题，批发商们往往要周旋于不同角色之间，要同社区居民、其他经济主体以及公共机构协商解决办法。通过追溯这样一个过程，我们将看到人们是如何处理社会问题中的"中国"或"华人"因素的。在这两个案例中，还浮现出了一种"文化式"的叙事，这种叙事手法强调中法友谊、跨文化对话，以及中国文化对当地社会的输入。借鉴塞法（Cefai，1996：47）的观点，我们认为这种叙事实际上是社会问题"稳定，化解和解释"的参考框架。这种话语是"在生产和接受解释性和描述性的动态中"（Cefai，1996：47）传达的。

在法国，种族主义主要针对来自北部的和非洲撒哈拉沙漠

---

① 科特苏斯和斯派科特区分了社会问题的"自然历史"中的四个阶段（1973b：148-156）。

以南地区的移民，最近，由于极右翼政党民族阵线的挑唆，法国种族主义开始呈现出"伊斯兰恐惧症"。而中国移民通常被看作是模范移民，他们具有许多优点（勤奋努力，低调工作等等）。在我们看到的案例中，尽管人们对华人的垄断行为和他们引起的交通阻塞不满，但是他们非常小心自己的申诉行为，想要尽量避免和种族歧视联系起来。

波宾库和欧贝维利的"文化叙事"的形式与范围都有所不同。位于巴黎中心的波宾库的文化叙事包括一系列发扬华人文化的活动，比如像华人节庆，展览等，并且试图把华人的历史写入邻里多层次的移民历史当中。这种行为可以看作是人们特地想要缓解针对华人商铺聚集引起的矛盾，避免华人把他们的不满看作是种族主义式的恐惧。与之截然不同，欧贝维利位于巴黎边郊，在这里，人们没有那么多想要限制商铺活动，而是他们想要把这个区域发展成为专门和中国做贸易的地方；对欧贝维利的文化叙事一方面是通过强调其移民历史来实现，另一方面，市长希望通过这种国际关系策略来提升欧贝维利的国际形象，正是在这样一个话语中，欧贝维利成为了"中法交流的平台"。同时，这种叙事模式也导致了"他者化"现象的产生，关于这点，我们将在结论中进一步讨论。

通过巴黎中心和市郊的两个地方的比较，我们可以看到针对类似的问题，人们如何采取不同的方法来表述和解决，理解这种差异性就需要我们看到不同地区有着不同的社会和经济特性，要求市政府采取差异性的政策来对待。或者说，这些社会问题的关键在于占据和管理城市空间的斗争。欧贝维利与波宾库的不同点在于前者是一个经济发展区，而不是一个居住区，后者则恰恰相反。另一个不同之处在于，在欧贝维利，当局为了实现城市经济增长，往往采取与华人商人精英合作的策略（Molotch，1976）。在欧贝维利，一些拥有土地的人们往往会把土地尽可能地租给批发商，但是在巴黎城区，当地居民认为华人商铺对他们的公寓的价值带来了极大的威胁。值得注意的是，这些特点并不是这些地区与生俱来的，而是由不同政策导致的——越来越多的华人出现在巴黎中心，这一现象驱使当局做出不同决策，当权者要么考虑经济因素，要么考虑居住功能（意思是说政策要么选择偏向发展经济活动，要么选择保护"居住区生活"［vie de quartier］），这样一来，他们精心制作了一幅领土的形象，同时也实现了对该城市的叙事。

我们简单勾勒了两个城区的不同点，然而，我们的比较不仅仅限于此。在本章中，虽然我们企图通过平行的结构来分析这两个案例，但是我们也希望通过更全面的视角来探究两者之间的联系。显而易见，这两个地区的联系是由巴黎市及其郊区之间的关系构成和支撑的。一些研究者已经观察到巴黎中心正在酝酿着一股"士绅化"（gentrification，成为中产阶级）的趋势，由于房价和商务租金不断飙升，工人和移民群体被进一步推向了郊区，从而导致城市中心经济活动逐渐消失（Corbille，2009；Clerval，2011；Collet，2008；Préteceille，2007；Vermeesch，2011）。巴黎和其他世界城市一样，文化消费占据着"都市生活方式"的主体（Smith，1987；Zukin，1998），"多样性"成为了国际大都会的关键因素（Corbillé and Lallement，

2007）。这样一来，通过政治经济政策的调整，咖啡、餐厅、酒吧、奢侈品商店等文化消费行业就比纺织业和批发行业等生产性行业重要得多。至少可以说，地位较低的经济活动打破了巴黎居民生活的平静，也给他们公寓的价格带来了威胁。

把华人商业活动放到合适的历史语境中去，我们首先要了解纺织业，这是一个自上个世纪末开始几乎被华人垄断的行业，它主要包括了进口、批发以及少数的生产。犹太商人主导的桑蒂尔区（Sentier）一直以来被认为是巴黎最主要的服装生产批发地区，20 世纪 90 年代开始，桑蒂尔遭受了重大危机。危机的出现由几个方面因素导致，一方面警察对该地区的血汗工厂进行了几次大扫荡，披露了内部大量的丑闻，但是最致命的还是来自中国商人的竞争，这些中国商人开始大量从中国进口衣服和配饰。[①]当中国在 2001 年加入世界贸易组织之后，危机进一步加深（Pria et Vicente 2006）。于是，从 20 世纪末开始，桑蒂尔逐渐变成了一个高科技和电子媒体基地，而中国人也取代了犹太人，开始主导巴黎服装业。波宾库现在被称作是"中国人的桑蒂尔"，欧贝维利也紧跟其后。在欧贝维利和波宾库做生意的中国人有几个共同点：首先他们都是来自温州的，经营纺

---

① 桑蒂尔区因为集中了大量的血汗工厂和来自各个国家的移民劳工而著名。因此，这个地区也常常受到劳工监管人员和警察的到访，他们会对违反劳工法条例的行为进行监管。波宾库崛起可以看作是桑蒂尔生产模式的延伸。面对来自波宾库街区的价格竞争，那些选择留在当地的现成工业基地的企业家们更倾向于把他们的目标转向了高档市场。参见 "Un quartier sur emprise chinoise", *Le Figaro*, 15/10/1998, "Pas de Quartier pour le Sentier", Libération 06/06/2005.

织和皮革的家族企业，其次他们几乎同时移民到法国，他们在法国都有亲人，一些是早在1949年之前就移民到法国的，一些是从20世纪70年代开始来的，或者还有一些是70、80年代过来的第一代移民。一些欧贝维利的商人是在90年代或者21世纪初移民过来，他们大部分人受市政府限制批发业的政策影响，是从巴黎中心搬到欧贝维利来的。综上，这两个地方的华人从职业到文化背景都是一个同质的群体，他们之间形成了一个横跨两代人（某些情况下有三代人）的互相关联着的社会关系网络。

因此，只有在适当的历史背景以及巴黎——边郊的中心边缘关系的语境中，我们的民族志描述和分析才能得到更好的理解。还有一个突出的不同点在于波宾库的商人可以拥有商铺，但是在欧贝维利，他们只能靠租赁。尽管这不是他们的目的，但是市中心地限制导致批发商店转移到郊区，另一个后果是店主成为商店的租户。

本章按照三种逻辑分成三块内容：即对空间的生产、构建以及重新缩放。空间的"生产"的概念具有唯物主义的重点，可以分析历史的出现以及空间的政治和经济形成。空间的"建构"强调空间的现象性和象征性经验，这种体验是如何在一系列社会关系（交换、产生矛盾以及实施控制等）中斡旋挣扎的，该观点试图探究空间是如何在有特定意义的情景与行为中发生转变的（Low, 1999：112）。在波宾库和欧贝维利这两个案例中，第三个方面就是空间的"定位"——就是说，空间定位在地方层面缩小（例如"邻域"）或者在全球层面放大（例如"国际中心"），以提供领土的地方图像或全球图像。在波宾库解决问题的过程主要是地方性的，至少部分是地方势力努力想把华人写进当地的历史中去，但是在欧贝维利，问题从地方居住区一下子跳跃到了全球范围的国际关系范畴。首先在第一部分，我们将探究到底是什么原因导致了两个地区矛盾的爆发（即空间的生产）；在第二部分，我们将探讨这些问题是如何得到解决和协商的（即空间的构建）；最后，我们展示人们为解决矛盾尝试使用了不同的"文化式"叙事，它们的意义和范围根据"缩放"定位这些空间而有所不同：波宾库的文化叙事强调居住区特质，而欧贝维利则强调国际关系。

华人批发区的形成

波宾库

　　波宾库街区位于第 11 区，地处巴黎东部城区内，毗邻巴士底狱广场和民族广场中间，该街区由五条街道组成，分别是拉罗屈埃特大道，巴曼迪耶大道，拉夏尔耶大道，勒努瓦大道，以及圣萨宾大道，总共占地约 34 公顷（APUR 2001）。波宾库大街位于该街区的中心地段，是批发商最集中的地方。现在，我们在波宾库可以看到大概 600 多间服装批发店，主要是由来自中国温州和浙江地区的移民经营。历史上，这里的人口主要由工人阶级移民组成，同巴黎东部其他街区类似，他们主要来自法国农村地区①，尤其是19世纪从奥弗涅②过来的农民们。从20世纪20年代开始，大概3000多塞法迪犹太人从土崩瓦解的奥斯曼帝国逃难到法国巴黎谋生，从事各式各样的小生意：开咖啡店、餐馆、酒店以及洗衣店。在街区附近我们还可以看到各种各样带有犹太标志的建筑物，例如肉铺、杂货铺、犹太教堂等（Benveniste, 1999）。随着城市改造的推进，巴黎东部从20世纪80年代开始转型，包括在第10区、11区、12区和19区缓慢推进的士绅化进程。如此一来，年轻的中产阶级同工人和移民阶级成为了邻居，在同一个街区共享着一样的街道和咖啡店（Clerval, 2008, 2011）。

从20世纪90年代中期开始，中国的批发商开始在波宾库定居下来。许多浙江商人的家人们早在第二次世界大战之前就已经在巴黎定居，他们追随着家人的步伐，在七八十年代也来到了巴黎。同许多其他世界性城市的移民一样，他们很快地融入到当地现成的工业中去，通过家庭式工场或者到工厂干活的方式参与到当地的供应链之中（Green, 1997；Waldinger, 1984）。他们中许多人最早是在桑蒂尔接触到服装行业，桑蒂

① 正如哈维（2003）曾生动地指出，现代巴黎的社会空间结构形成于19世纪奥斯曼的改造项目，这个项目旨在把巴黎转变成一个消费和资本的中心，因而得以把贫困的工人驱逐出城区。因此，人们在巴黎西部建造了几家面对法国资产阶级和游客的百货公司和购物大道。另一方面，塞瓦斯托波尔大道东部的街区是巴黎中心轴线所在之处，恰好是划分了西部和东部的边界，这块地方却被小型工业主导，人口以工人和农村移民为主。

② 这是一个位于法国中部的一块地方，以19世纪的移民传统而闻名（cf. Tardieu 2001）。

尔是一个由德裔犹太人在战前创办的以服装批发业为主的市场，后来，这个市场逐渐被巴黎第 2 区（距离波宾库仅 10 分钟车程）的塞法迪系的犹太人占据。举个例子来说，J 先生在 80 年代来到巴黎，他开了一家家庭式纺织工厂，专门为桑蒂尔的犹太商人供货。他的发展轨迹可以很好地说明这个过程。J 先生曾经从事了五年的餐饮业，后来他说他发现自己对全球服装产业更感兴趣，于是在 1996 年，他在波宾库的绿径街开了一间自己的批发商店，他说道：

> 在 80 年代的时候，这里已经有了好几间洗衣店和零售店，有的是犹太商人的店，有的是从中南半岛那一带过来的华人开的店。很多中国来的商人为他们打工，从事服装生产，正是通过这样的接触我们浙江人才了解到这样一个现成的工业。我们从犹太人身上学到了很多东西，不仅仅是服装行业的规则，还有生活的智慧，比如说勤奋工作，学会了买好的汽车开，也学会了谨慎做事。①

从 90 年代初期开始，许多温州商人就开始从犹太人手上买下店铺。同时，浙江移民源源不断地涌入，加入到以家庭为单位的工厂中，大大充实了这个"劳动预备军"。有犹太人的桑蒂尔做模范，在几年的工夫里，浙江商人在附近街区租了（很少

---

① 2011 年 2 月 18 日，作者采访了 J 先生，J 先生 50 岁，他于 1985 年来到巴黎定居，于 1996 年在波宾库开了一间店铺。

情况下也购买）上百家商用店铺，并且把他们都变成了批发商店。在 2001 年，该地区的批发店增加到 332 间，占该街区商业的 52%（APUR，2001）。到 2010 年，服装批发商增长到了 621 家，并且不断向周边地区扩展。[①]

中国商人的到来不仅改变了街区的景观面貌，也给居民的生活带来了影响。当地那些所谓的"手工艺品"商店，像面包店、肉铺、咖啡店以及餐厅逐渐被服装批发店取代，许多来自中东和非洲的欧洲商人被这些批发店吸引，纷至沓来，造成了交通阻塞，垃圾堆砌等问题。更鲜为人知的是，许多非法劳工（大部分是没有合法身份的浙江移民，他们凭借亲属关系来到法国）住进了地下室和公寓，在那里不分昼夜地从事服装生产。

欧贝维利

在欧贝维利，我们所知道的"中国批发商专区"就紧靠着巴黎。该地区位于欧贝维利南部，穿过那条包围着巴黎城的高速公路环城大道就到了。几个世纪以来，这个地区一直以来扮演着巴黎货仓的角色，19 世纪该地区也参与到了城市转型和巴黎经济中心建设的过程中来（Backouche，2006：3-5）。该地区的成功转型要归功于汉谷罗（Hainguerlot）家族建造的运河，这条运河在 21 世纪前半叶建成，促成了该家族手下一个巨大的工业区的诞生。在 1874 年，靠近运河的一块地方被一个名叫欧贝维利圣丹尼斯仓库和商店匿名协会的公司买下来，该公司专

---

① 数据来自于 2011 年 3 月 8 日的采访，由 SEMAEST 提供。

门负责管理储藏在货仓里的殖民地货物的关税问题。到1879年，这个公司改名为通用仓储商店公司，由豪斯曼男爵管理。自那之后，这块地又从拉维莱特港口扩张到了查普尔港口。早在20世纪初期，造纸业和化工业开始在当地发展起来，但是从60年代开始，该地区又逐渐转向了服务业。

现在，这些以前被用作货仓的地方被卖给了一家叫作ICADE的公司。一开始这个公司是一家公共金融组织CDC（Caisse des Dépôts et Consignations）的子公司，这个公共金融组织专门负责为法国经济策划战略性的投资项目。在2006年，该公司走向了私有化和公众化，转向了最暴利的行业，即商业房地产。在我们现在看的这块区域，ICADE拥有差不多四分之三的土地，这其中一部分出租给了商务办公楼，而不是仓库。ICADE面向的主要是那些既需要商务办公地，又希望靠近巴黎的租户。

ICADE最重要的客户之一就是欧亚公司。该公司的总裁黄学胜先生对该地区从仓库转型到批发业起着至关重要的作用。欧亚公司成立于1993年，公司早期的经济增长主要依靠从中国进口商品，从2000年开始，王先生积极参与到房地产市场中去，他买下了当时欧洲最大的进口中心"LEM 888"。他进一步把这个地区分割成几个下属单位并把它们租给了中国批发商，我们还知道，这位王先生同时还进口商品并且把它们卖给同一批批发商。[1] 黄学胜的策略反映了城市发展的一般走势，即把仓库进

---

[1] "Les grands projets de M. Wang", *Le Monde*, 13/02/11.

一步推离巴黎，这也是经济向上发展的一般模式。王先生的生意经主要是从以前那些在欧贝维利的犹太商人那里学到，一些温州小商人也企图跟随着黄学胜的步伐。

以上这些趋势和策略说明了当下这块区域的物质形态。在短短十年内，展厅（批发商用来陈列货品的店铺）的数量从几个增加到了几百个。现在在这个所谓的中国批发商专区，有大约700家批发商。但这并不意味着他们住在这里，他们往往住在巴黎或者边郊地区，而且他们也并不全是中国人。我们至今还没有做过系统的调查，但是我们可以估计至少一半以上所谓的"中国批发商"其实是早在欧贝维利创业的中国先民的子孙后代，他们的员工往往是新移民。只要他们的批发业包括售卖衣服、鞋子以及其他各种从中国进口的商品，我们便坚持用"中国批发商"来形容他们。在这个法国媒体称之为"欧贝维利"的中国人社区，批发店铺数量的增加在新年的时候尤为突出，因为我们可以看到一条条舞龙队在新年期间进进出出这些店铺。每年他们都需要越来越多的龙，这些龙也需要一个个拜访这些批发店铺。2012年春天，该地区又开始建造一个叫作"时尚中心"的新项目，目的是为了吸引更多来自波宾库街区附近的批发商能够在2014年搬进来。

集体行动

波宾库

从 1995 年开始，波宾库的居民和区政府分别发动了一系列动员运动，旨在保护街区的生活质量和商业多样性。单一经济行为（monoactivité）的概念由此产生，通常用来指专攻某一项经济领域的行为，这个词的动员对象就是中国人的批发商和服装厂。[①]

首先，居民在 1995 年组织了一个名为"保卫波宾库街区"的组织（Sauvegarde du Quartier Popincourt，后称 ASQP），该机构目的是为了给市政府（11 区的区政府以及巴黎市政府）施加压力，迫使其参与到与中国商人的谈判中去。[②] 该组织主要围绕两个问题展开行动：其一，如何应对单一经济行为的状况？其二，如何想出一个更合适的商业策略来发展波宾库？

自该组织 1995 年建立以来，居民的行动大部分围绕在环境

---

① 在巴黎，同一商业活动在某一地方聚集不仅仅是波宾库街区特有的现象。Gravilliers-Temple 是巴黎第三大最古老的华人社区，这里也是纺织业 / 配饰品 / 皮制品批发商店高度集中的地方。

② 尽管波宾库是一个住宅区，但是仍有一些住在附近的中国批发商在那儿经营生意。庄开展的一份随机调查显示，大约有 30% 的企业家住在第 11 区（不一定是在波宾库街区，但有可能在像 Belleville 的地区）。但是，许多工人阶级也搬进了街区的公寓。所以，华人不仅以"企业家"的身份，而且还以"居民"的身份活跃于街区中，但是"居民的"组织仅仅是针对法国居民的。

恶化方面的具体问题。人们列举了一系列由批发店过度集中所导致的环境恶化问题，包括交通阻塞、噪音、空气污染、堵塞人行道、火灾隐患、非法将居民区建造成工厂，以及对街区遗产缺少尊重。[①] G 先生曾经是该组织里一名活跃的成员，他表示自己被这些"陌生人"的行为惊吓到了："人们总是很无礼，他们大声按喇叭，到处乱停车，到哪里都匆匆忙忙，整条街一直处于混乱的状态。"[②] 许多司机甚至没有驾照，这更加让居民们感到恐慌。事实上，在 2001 年，G 先生居住的院子里有一位门卫死于交通事故，这桩事故引发了一场官司。自那以后，卡车被禁止进入建筑物的庭院里。[③]

　　为了强调这些问题，居民们曾试图寻求官方渠道，通过区政府与批发商协商。迫于居民的压力，中国商人也建立了自己的一个机构，即法国成员华商协会，简称 ACCPPF。双方的首次冲突不欢而散，接下来几次的矛盾导致双方在 2000 年发表了

---

① 　2007 年传发的传单"Sedaine- 波宾库"。

② 　作者于 2011 年 2 月 18 日采访了 ASQP 的前成员，他是一位 40 来岁的经理人。这位受访者于 1992 年和妻子一起在此街区定居，1995 年，他第一个女儿出生时买了现在这个位于波宾库街的公寓。

③ 　2001 年 5 月 3 日，一位看守大楼的保安被一辆逆向行驶的大卡车撞倒身亡。调查显示，这个肇事司机是一位非法工人，受雇于当地一家交通运输公司，并且没有驾驶执照。发生事故后，这位司机立马潜逃。该大楼合伙人议会（syndicat de copropriétaire）把批发商老板告上了法庭，并且要求商铺的大门永久性关闭，只有在办公时间打开一道侧门。另一方，后者要求议会每日补偿交通运输公司的经济损失。最后前者在 2005 年赢得了官司。（Cour de Cassation 3.me chambre civile，Arr.t No. 558 FS-D，11 May 2005）.

名为"保护街区环境，人人有责"的联合声明，该声明被翻译成两种语言，分别由两个组织的人员分发到各个店铺。[①] 中国商人选出了 5 名代表，每个人分别负责与各自街区的居民沟通。于是，居民和批发商之间都跨出了第一步。但是，该地区的批发店铺持续增长。从 2000 年开始，居民的诉求逐渐转向了对批发业的"去地方化"，要求街区商业多样性发展。这意味着问题走向政治化与公共化。居民们组织了几次游行企图让公众关注到本地商业的消失。[②] 劳工部和海关人员派遣调查人员在该地区关闭了那些雇用非法劳工制造衣服鞋子的血汗工厂。居民们纷纷向巴黎市市长贝特朗·德拉诺埃请愿，希望得到市政府的干预。并且，该组织还展开了研究调查，罗列了一些对该街区发展有利的服务业（Cohen，2003；Pribetich，2005）。

另一方面，11 区政府的政客们采取了法律手段来遏制批发商的发展。乔治·塞尔，一位与法国公民与共和运动党联系密切的左翼市长，在 1998 年提出了一项议案，他认为本着保护当地手工艺商人和小型商贩利益的原则，市长有权对商务空间的

---

① ASQP 主席回忆起第一次与 ACCPFF 接触的场景："在得知 ACCPPF 的成立后，我多次拜访王先生的店铺，邀请他参加我们组织的大会。但是在那一天，另一个中国商人来了，他基本上不会说法语。这个人显然对我们非常生气，这次交流并不成功，这是一次困难的交涉。"2011 年 2 月 15 日的采访。

② 例如，2000 年 5 月，居民自发在最近刚关门的烘焙店门口组织了一次静坐，以此来强调这家店是由中国商人买下的。参见 "Le Quartier Popincourt ut se pr.server sa boulangerie", *Le Parisien* 08/04/2000. 2001 年 3 月，市民们又组织了一次游行，希望以此将该地区的批发商驱逐到边远的郊区。ASQP 的成员们于周一早晨聚集在马路上，手持巨型标语，上面写着"去地方化"。

分配进行决策，从而统一商业活动，达到商业多样性的目的。①
该法律得到了右翼党派的反对，在 2003 年，最终被宪法委员会
认定为违反"宪法规定的商业自由"。塞尔市长对此判定结果非
常生气，于是他组织了两次名为"愤怒的区政府"的罢工，以
此来吸引公共关注。② 据他陈述，该行动是为了向宪法委员会的
决定宣泄不满，意图要求区政府制定一条法律来阻止批发商的
垄断行为。③

　　在这场对峙中，民族和经济两方面的因素进一步激化了矛
盾。表面上，居民和政客强调的是单一经济行为，即城市中心
的商业活动被单一的工业占据并且该行为对居民日常生活的影
响。但是，由于缺少对这个移民群体的了解，人们很容易在媒
体报道中诉诸刻板印象来描述这些中国人，比如说"黑手党"，

---

① 　政治党派 Mouvement R.publicain et Citoyenne（共和国公民运动）脱胎于
1991 年分裂的社会党。该党派的宗旨是反对超越民族国家体系的扩张，号召维护
国家主权、经济保护主义和提升工人阶级福利。

② 　这两次罢工分别发生于 2003 年 5 月 19 日和 2003 年 11 月 19 日。两次罢工
都伴有大众在区政府大厅之前的游行。"Dans l'Est Parisien, George Sarre voit des
Chinois Partout", *Libération*, 20/05/2003.

③ 　参见 *Le Parisian* 23/05/2003, "En col.re, George Sarre ferme sa mairie." "这是必
要的行动，我也是被迫才对政府发起挑战的。在这十年里，纺织批发贸易的垄断
行为不断滋长。波宾库街区已经变成了一个工业区，所有的商店都搬离了。我们
决不允许这样一个地方存在在我们的市中心。这太疯狂了！尤其是考虑到巴黎其
他地区也存在着同样的问题，比如像 Gravilliers、第十区以及十八区。这正是我
们急需政府颁布的法律。"

"现金手提箱","人口奴役"。[1] 可想而知,这些评论激怒了中国商人。其中某个店铺老板认为这是排外,"这全是歧视!如果你了解法国法律,你会发现法律里没有一篇文章说这是垄断,即使国家政府也没有权力这么做,区政府市长又有什么权力阻止我们(买店铺)?"[2] 另外一个中国商人,也是 ACCPPF 的前任主席回忆道:"我们都是正常的生意人,但是区政府给我们贴上黑手党的标签,这给我们带来了致命的打击。即使现在我们有了一个新市长,我们还是一直觉得在一个很敏感的地方做生意,因此我们说话要特别小心。"[3] 导致互相误解的关键是双方把移民的生存策略与法国人公共观念里的非正规经济活动对立起来。对移民商人来说,"黑手党"意味着他们是一个暴力的犯罪团伙,因此对他们来说是非常严重的侮辱。为了维护他们的形象,商人们甚至以"公开诽谤"的罪名起诉市长塞尔,但是最后也撤销了。[4]

---

[1] 参见 Le Figaro 23/05/2003, "La r.volte gronde dans le quartier Sedaine-Popincourt". 在关于区政府罢工的文章中,一位记者提到乔治·塞尔曾发言论说"都是中国人在这里",这一说法立马得到了社会党阵营的同事的反驳,他们说道"不要用那个单词。我们反对的是垄断行为,而不是针对中国人"。在文章后部分,乔治·塞尔还说道,"根据我们获得的信息,这些批发商都来自中国同一个省份,他们是在人贩子的帮助下,通过某个黑手党组织在一起的。"

[2] 2010 年 2 月 8 日与 Q 先生的采访,Q 先生是一个批发商,于 2000 年来到布雷盖街。

[3] 2011 年 2 月 18 日与 J 先生的采访。他是一位批发商以及 ACPPF 的前主席,他于 1996 年在绿径开了自己的批发店。

[4] "L'.lectorat Chinois se laisse desirer", *Lib.ration*, 21/01/2004.

　　市长组织下的戏剧化的抗议激起了对峙双方的敌意，但是局面最后因为三个变化有所缓解。第一，一些非法血汗工厂被关闭后，许多商人迫于压力不再在巴黎从事生产活动，转而开始从中国进口商品，尤其当中国在 2001 年加入世界贸易组织之后。工厂的减少缓解了许多环境问题。第二，在组织中，原本有一些倾向使用激进手段进行抗议的成员，比如说静坐和游行，随着这些成员的离开，在 2002 年 6 月，该组织的名字改成了"波宾库街区团结法案"成员们开始更加倾向以"对话"的方式解决问题。更重要的是，在反对垄断法案得到否定之后，巴黎市政府设置了一个新的公共组织，叫作东巴黎多经济管理协会（ Société d'Economie Mixte d'Aménagement de l'Est de Paris ），简称"SEMAEST"，从 2004 年开始，市政府希望通过这个组织来执行"优先权"，从而对街区的商业植入进行干涉。[①] 2000 年 10 月，ASQP 同当时还在竞选巴黎市长的贝特朗·德拉诺埃会面，他们达成一致认为巴黎市政府会采用优先权来决定哪一方可以购买土地。2003 年，在塞尔的法案被议会否定之后，巴黎市政府决定把波宾库囊括进"重要街区"的计划中，该计划旨在促进巴黎 11 区商业的多样化。拿着 8.75 亿欧元的预算，SEMAEST 通过购买空置商业用地，公开选拔适合该地区发展的商业提案来执行优先权。在 2004 年到 2011 年之间，SEMAEST 买下了 43 家一层商业店铺，把他们变成了咖啡店、餐厅、超市、

---

① 　"规划巴黎东部的混合经济企业"。该计划于 1983 年由巴黎市政府实施，旨在对若干个巴黎东部街区，尤其是 12 区进行城区整修。

美发沙龙、书店等等。这样一来，波宾库的服装批发店在 2010 年第一次有所下降，从 631 间减少到 621。①

欧贝维利

批发商的密集造成了欧贝维利的交通堵塞。这里曾经是一小部分人使用着一大块空间。但是现在，这块地被几百家批发商铺占据，除此之外，ICADE 买下了这里的几个私人商业公园，周围几乎不剩下任何公共领域。商业公园四周都被大门封闭住，非工作人员不得进入。四周只有几条狭窄的道路，包括横跨运河的维克多·雨果大道，它可以直接连通欧贝维利市中心，沿着运河还有一条匡·路西昂·乐弗兰克（Quai Lucien Lefranc）的大道，东西部有一条戈迪诺（Gardinoux）街道，以及最重要的一条贯通南北的埃科克街（Haie Coq），每个开车要去环城大道的人必须经过这条大路。但是公路的基础设施并不适合批发商们和他们妻子孩子的私家车，以及他们送货的大卡车，还有来自法国和欧洲各地的客户们。② 批发商的增加造成了海·科克道路上永久性的交通堵塞。导致该现象最主要的原因是他们的货车总是在道路中间装卸货物，而街边的送货场地都被私家车所占用了。更糟糕的是，在埃科克街北边，有一个大型的公交汽车总站，所有开往巴黎的公共汽车都从这里始发。

沿着埃科克街行驶到一半的地方，有一个用钢铁和玻璃建

---

① 数据从 SEMAEST 主席 Philippe Ducloux 处获得，2011 年 5 月 24 日的采访。
② 但是，仍有许多职员选择骑自行车。

造的大楼，这就是侯迪亚（Rodia）研究发展中心所在地，侯迪亚是一个专门从事化学物质生产的跨国公司，[①]它的老板从ICADE 手上买下了这栋大楼。2011 年，我遇见了帕克女士，她当时正担任侯迪亚在该区的负责人，现在她已经是侯迪亚设备在全法国公司的负责人。在采访中，她告诉我，当她 2007 年刚从若迪亚的里昂分公司回来的时候，整个欧贝维利突然被批发商占据着，据她所述，这些批发商"占据了街道的每个角落。"[②]她每天都能收到员工和客户发给她的充满了怒气的邮件，他们抱怨这些批发商阻塞道路，导致他们上班困难，工作时间也因为外面街道上的喇叭产生的噪音无法集中精神。

帕克女士还描述了埃科克集体行动建立的过程，这是一个旨在解决该地区交通问题的行动。在这里我们只简单总结一些事件发生的顺序。某一天，帕克女士决定采取一些行动，她走上大街和那些正在贴罚单的公交车地铁公司的代表们交谈，然后警察也加入了讨论。他们以更加正式的形式又进行了几次会面。帕克尝试着去接触一些中国批发商，但是没有取得成功。"一开始我们只是聚在一起评估一下当下的情况"，她说。几个月后，她联系到了普连公社（Plaine Commune）的主管部门。普连公社是一个镇以上级别的市政治组织，而欧贝维利正是该组织成员之一，这个组织非常重要因为作为一个政治团体，它有权力对道路建设方面做决策，但也因为这个组织一直提倡经济发

---

① 总部位于 La Défense，是一个商业为主的街区。

② 2011 年 3 月 31 日的采访。

展，征收商业税，所以它和当地经济参与者有着密切的关系。

通过这个组织，帕克女士认识了欧亚公司的总裁黄先生。黄先生组织了几次与华人社团 AFCC 的会面。第一次会面气氛很紧张，因为批发商们感到了威胁，他们担心自己会被赶出这个地方——因为他们知道在巴黎市内很多中国批发商正在被驱逐。当帕克女士带着他们侯迪亚保安拍摄的街道的相册集时，气氛得到了大大缓解，双方也都有了更多信心，这个相册集里的照片展现了一个非常糟糕的街道情况（比如大卡车在路中卸货，阻塞交通），这些照片把情况以物质的形式表现出来：他们表达了一种希望共同解决问题的诉求，而不是把双方放置于原告与被告的对立面。侯迪亚，RATP（公交汽车公司）、警察、普连、黄先生或者华人社团的其他代表在侯迪亚的办公楼召开常规会议，讨论该采取何种措施解决问题。除了普连比较远之外，其他参与者都可以步行到会面地点侯迪亚。侯迪亚的中心位置非常关键，因为人们往往在侯迪亚附近吃个午饭，然后才聚集到一起讨论问题与措施。一些措施已经付诸实施（比如说，超过尺寸的大卡车不得在办公时间卸货），尽管交通情况仍然比较糟糕（在写这篇文章的 2011 年 2 月到 2012 年 2 月之间，我们每次来到这里道路都是阻塞的），但已经有了一些提高。四年来的非正式会面最大的成果就是建立了街区的联系。参与者们亲吻彼此的脸颊，直呼对方的名，突然在街上遇到对方也会停下脚步交谈。

然而，尽管该组织称为集体行动连线，它实际上体现了一个双元化的结构：一方面是中国人，另一方面是欧洲人（他们

图 1：新年期间，巴黎 11 街区市政府的舞龙队
（照片由庄雅涵于 2011 年 2 月 7 日拍摄）。

自称）。首先，会议是由普连和侯迪亚事先准备好的。采取何种措施的意见书并不是在会议期间产生的，而是会议之前就讨论好的，这是因为，据帕克女士解释说，中国人无法忍受我们"欧洲人"冗长的永无止境的讨论。"因此，我们在会议召开前事先达成一致"。在埃科克集体行动的会议上，其他问题也列入了讨论议程。这些问题并不直接涉及交通，而是关于到中国批发商遭受的专门针对中国商人的暴力抢劫等缺乏安全感的问题。"埃科克集体行动"实质上是一个中间人的组织，通过私人企业侯迪亚的介入来调节当地政治机构和中国批发商之间的关系。

文化式叙事作为解决问题的过程的一部分

图 2：埃科克街上典型的交通阻塞情况
（照片由侯迪亚拍摄，图片为照片的扫描版，2009)。

波宾库

SEMAEST 对垄断行为的官方介入使矛盾得到了平息。但是居民与中国批发商的日常关系问题仍然没有得到解决。他们该如何与居民相处？中国商人在街区又扮演着怎样的角色？为了消除居民与批发商之间的隔阂，居民社团 ASQP 在其中扮演了重要的角色，他们希望通过举办文化活动让中国商人融入到街区生活中去。ASQP 的主席是一个研究犹太人宗教的社会学家，同时他也积极提倡人权运动。对于居民的动员运动，他十分警惕，因为他知道这些活动极可能导致种族排外，引发人们的恐惧。在批发商扩张得到遏制之后，ASQP 与 ACCPPF 合作，试图把商人和居民聚到一起。通过庆祝中国的文化节日和书写中国的移民历史，街区逐渐形成了一种共存的和谐氛围。

破冰之步发生在 2008 年。ASQP 与中国社团"汇集"的一些成员，共同举办了电影之夜，播放了一部名为"Le là-bas des Chinois ici"（字面意思翻译为"这里的中国人的那些事"）的电影。这个活动吸引了许多中国家庭，包括新上任的 11 区市长。在此成功的基础之上，2009 年 ASQP 又提议了一项活动：欢庆中秋。"我们意识到问题在于居民从来没有机会和商人们接触，因为这些活动向来都不对居民公开。那么为什么我们不一起欢庆中秋佳节呢？"[①] ASQP 的主席解释道。该活动包括一起品尝月饼，观赏中国传统歌曲表演，这个活动也吸引了几百个中国和法国家庭的参与。中国驻法国大使也参加了活动以示支持。自那以后，ASQP、ACPPF 以及 11 区政府共同参加庆祝中秋节和新年变成了常规活动。另外，11 区政府也改变了之前敌对的

---

① 2011 年 2 月 15 日的采访。

态度，转而变成文化节日的合作伙伴。2011 年欢庆中国新年时，中国大使，批发商以及许多法国市民汇聚到了一起，新市长在人群面前发表了官方演讲，他是这样描述中国商人的角色的：

中国人的春节和中秋这两个节日是中国农历最重要的日子。因此，作为拥有最多中国人口的 11 区，我们庆祝这个日子是很正确的。我们要借助这个机会把中国节日也加入到我们的日历中去。11 区一直以来都拥有着自己的移民历史，世界各地的移民选择这样一个良好的、繁荣的地方开始生活。这里已经成为了一个包容性社会的模范，告诉大家我们在这里共享生活、文化以及理想。[①]

前一任市长把中国人看成是当地街区"城市乡村"生活的入侵者，与之截然不同的是，新市长把中国商人描述成融入街区日常生活的新客，他把他们看成是奥弗涅人、犹太人和美国商人的后继者。根据这样的叙事，中国批发商不再是威胁街区遗产的陌生人，而是受欢迎的"新客人"，他们正在积极融入到当地生活中。ASQP 举办的活动更进一步认证了这样的立场，2011 年春，ASQP 举办了一系列名为"波宾库的这儿和那儿——交织的回忆，交织的声音"的公开讨论会，其中包括两场混合了中国和土耳其传统音乐的演奏会，在演奏会开场之前，主办方还邀请了犹太商人和中国商人一起畅谈他们在波宾库街区的

---

① 摘自市长 2011 年 2 月 4 日所作演讲的摘要部分。由庄从法文翻译过来。

生活。[1]

从 11 区政府的角度看，强调文化节日是通过外交手段展示他们对移民的包容，从而重塑巴黎文化多样性的形象。尤其是，中国社区不仅仅是一个经济参与者，而且还拥有着许多上学的孩子以及未来的法国公民。即使文化活动的确可以促进居民与商家的互动，但是批发商带来的问题并不能得到完全解决。在最近召开的围绕街区交通流动的区政府会议上，一些居民针对如何和中国批发商共处表达了失望。一些人抱怨停车困难，一些人认为街区没有以前有活力了。更有甚者，除了那些出于好奇心参加会议的中国员工外，没有一个中国商人出席会议。这似乎表明了中国商人对街区公共生活并不感兴趣。[2] 尽管擦肩而过的矛盾被委婉地表达为"文化对话"，但是商业活动仍然是潜在的不满的源头。

欧贝维利

让政治组织和公共机构（例如，Aubervillier 市长和普连公

---

[1] 名为 "Rencontres des mémoires migrants"（与移民的回忆面对面）的活动于 2011 年 5 月 26 日，在 11 街区的区政府举行。

[2] 庄，摘自 2012 年 2 月 9 日的田野笔记。会议主题是要宣布一项新的实验计划，在该实验中，11 区政府将会对波宾库街区的几条街道的车辆流向进行引导。大约有 50 位居民出席了该会议。但是，在那一周，许多中国商人回到了中国，因此，唯一的一位中国参与者是 ACCPPF 的雇员。据她描述，她来参加会议只是出于好奇心，而不是受上级指示。她显然对会议上提出来的抱怨感到很生气，最终试图要求公众理解他们商人的努力。她离开时说道："法国人太爱挑剌了。我再也不会参加这种会议了！"

社的副主席）参与进去是政府试图融合欧贝维利的中国人的政策的一部分。[1] "埃科克集体行动连线"的形成必须在欧贝维利城市政策的背景下来理解，只要提到欧贝维利的人口组成便可得知，这里至少有三分之一以上的人口是外国公民，所以欧贝维利向来采取多文化多民族的政策。就中国人口而言，欧贝维利是仅次于巴黎的法国第二大镇，它的中国人口也仅次于阿尔及利亚人，排名第二。市政府明显特意想要维持自己在文化和国际关系政策上的延续性。在对市镇的行政管理上，"社区政策"的负责人也是国际关系的负责人。正是这位主管负责联系其他组织举办中国新年，也是他在联合国际和当地的关系。这也是得益于自1980年开始法国的去中心化进程，在这个进程中，政府逐渐把决策权下放到当地行政部门，于是市镇逐渐开始拥有更多权力来处理国际合作关系。[2] 这个现象反映了一个总体的趋势，即在当今，全球化开始转向一种"降级了"的国际关系，同时，当地地区之间经济竞争愈发激烈，人们称这种现象为"全球城市化"（glurbanization）。

在2009年期间，欧贝维利新上任的市长参观了温州瓯海，这是许多欧贝维利著名华商的侨乡。[3] 在7月份，双方签订了一

---

[1] 欧贝维利市长就是这样阐述他的政策的，他的这种方式受到了法国媒体的负面评论。例如，一家主要的法国杂志 Le Monde 的一篇文章中这样描述道："市长'同化'策略的核心对象是700名批发商和4000位员工。这些中国商人占据着的城市的入口（……）大大阻碍了城市发展项目的推进。" Le Monde 30/01/2011.

[2] Laws of 06/02/1992 and 02/02/2007.

[3] 这位市长是一位社会主义者，他的政治生涯始于对毛泽东思想的信仰，因此他声称与中国有着特殊的联系。

份"建立瓯海—欧贝维利友好交流关系草案"。该草案是为接下来一年签署的友好协议做准备。然后双方想要利用上海世博会的契机来举办仪式，从而获取最大影响力。为此他们还专门成立了一个名为"欧贝维利普连上海2010"的组织，并且由帕克担任主席。这个组织的成员包括欧贝维利、普连公社、侯迪亚、ICADE，以及温州商人（比如黄先生）建立的一些大公司。该组织还得到中国大使馆的赞助支持。由于欧贝维利本身并没有资金资助这趟行程，该组织只好向阿兰·德斯特瑞姆（Alain Destrem）寻求帮助，阿兰·德斯特瑞姆是法国国民大会的代表，也是颇具影响力的欧洲——中国合作俱乐部的主席，这个俱乐部聚集了法国政客以及大公司的负责人，它与政府关系密切，并且一直提倡与中国双边友好关系。多亏了这些关系，欧贝维利代表团获得了免费的世博会展览区，并且在法国国家展厅举行了签署仪式。（在这次行程中，代表团参观了温州，并且与温州乐清地区签署了第二项协议。）这次旅程得到了媒体大篇幅的报道，欧贝维利市长在每一个场合都声称欧贝维利成为了欧洲第一个与中国建立进出口平台的地方。[1]温州商人同时也积极响应中国大使馆的官方言论："我们必须把欧贝维利变成法国的中国展览馆"。

通过"埃科克集体行动连线"，街区之间的关系得到了重新调整。换句话说，他们之间的关系切换到了中法政治经济国际合作伙伴层面。为了参加世贸会，他们还专门建立了永久性组

---

[1] Le Parisien, 28/09/2010.

织，在这点上，新的合作关系显得尤为明显。执行委员会通常在埃科克联合会之后召开，这很容易理解，因为参加者基本上是同样的人员。"联合会"已经变成了一个联结当地政治经济参与者的精英俱乐部，这点在 2011 年九月周六晚上举办的盛会上显而易见。[①] 所有的欧贝维利—上海集团的成员聚集到一起，参加了慈善晚会拍卖，地点在欧贝维利的皇家王朝餐厅，这个餐厅老板也是埃科克联合会的常规会员。

结论：从比较视野到全球观下的巴黎唐人街

我们对巴黎市内外两个地区近几年发生的事情做了平行的叙述，通过该叙述，我们看到"中国人"特色是如何被定义成一个问题，而该问题又是如何通过"中—法"文化对话得到诠释的。我们对社会问题的分析侧重强调中国人在法国城市空间形成过程中扮演的重要角色。中国批发商扎堆如何变成了一个社会问题，人们又是如何寻求解决方案的，通过追溯这样一个发展过程，我们看到了人们是如何对同一个社会问题给予不同的定义，同样的，他们又是怎样通过不同方式来进行协商解决的。通过对这两个案例的研究，我们看到了它们之间一个惊人的相似点，即在寻求解决方案的过程中，人们都诉诸于一种"文化式"叙事方式。

---

① Trémon，田野笔记，24/10/2011.

我们现在可以更精确地认识到底何为文化式叙事。文化式叙事指人们试图从中—法文化碰撞的角度来诠释他们面对的社会问题，强调双方的文化对话与交流。这种叙事方式并不是从外部强加给社会问题的，而是社会问题本身的"自然历史"的一部分。它只是提供了一个有益的叙事模式，借助它，参与者可以更进一步把他们的行动合理化。它为那些提出问题的波宾库居民和欧贝维利的法国商人（而不是中国批发商）采取何种行为提供了理论参考。他们采取的行为反过来进一步强调了他们所采用的叙事。即使中国商人不愿意在日常商业活动中强调他们的认同感（在这两个地区几乎找不到任何中国式的符号和名字），他们的确成为了当地参与者寻求解决方案的一部分，他们也成为了这两个地区所展现的共同的画面和历史的一部分。在这里，我们的文章阐明：通过将中国商人的存在塑造为社会问题，中国商人和街区的"中国性"反而都得到了强化。

但是它们的共性并不能掩盖了我们在本章中一直强调的差异性。首先，这两个案例对社会问题有着不同的定义。在波宾库，人们把问题归结为单一经济行为，委婉地绕过了和中国人相关的问题，转而强调居民们希望保护街区日常生活的愿望。在欧贝维利，单一经济行为不是问题所在，相反，该地区专门同中国做贸易被看作是一项策略性的优势，唯一被认为造成社会问题的是该地区的交通问题。第二，解决问题的方法也有所不同。尽管两个地区都把公共机构卷入进来，但是在波宾库，问题的公众化和政治化程度远超过欧贝维利。在波宾库，人们是通过巴黎市政府的官方干预以及居民社团的支持，才遏制了批发商业活动的扩张。在欧贝维利，交通问题并没有得到解决，但是使用这一空间的参与者还是会组织在一起，每年举行四到五次会面，讨论解决方法。同时，通过私人企业的介入，该组织扮演着当地政治组织和中国批发商之间的中间人。人们一旦诉诸公共机构，它们迫于压力也要采取些行动，但是他们没有把问题变成政治问题，也没有把问题广泛公之于众。这样一来，问题就只是停留在只涉及一部分当地参与者的私人领域。而且，中国商人被看作是经济活动的关键参与者，所以他们能够说服公共机构为他们说话。人们试图让公共机构参与进来，希望公共机构可以有所节制得进行干预，在这过程中，问题仍然停留在介于私人与公共之间的模糊地带，"埃科克集体行动连线"也依旧是一个非正式组织。

最后一点，尽管人们采用类似的叙事方式来诠释和理解这两个地区的社会问题，但是叙事在形式和范围上相差甚远。在波宾库，居民不仅要想办法和中国商人共同生活相处，而且还要通过街区的移民历史来把陌生人融入到当地社会。在欧贝维利，通过非正式组织建立起来的居民和中国商人的关系得到了重新调整，人们以"文化对话"的形式来诠释这层关系，把这层关系上升到了中法国际政治经济合作的层面。将城市生活的矛盾诠释为文化问题有助于参与者重新诠释街区或者城市的形象和历史，但是这层重要性对两个地区而言也有所差异。在波宾库，当人们对城市空间的使用产生矛盾时，当地人的行为往往被理解为了"排华"，正因为如此，文化对话就变成了缓解本地人和移民之间关系的一剂良药。通过公民社会的调节，中国商人被看作是移民潮的继承者，从而融入了当地的历史书写中，这样他们再次肯定了法国国家意识形态中对移民的"同化"。在欧贝维利，尽管中国人也被看作是犹太人移民的继承者，但是这段历史并没有得到重视。相反，因为对话的参与者并不是当地居民，而主要是经济活动者，所以团体间的对话被看作是交流的"平台"，通过它来展示中国商人如何积极融入当地，联结着本土与全球，从而寻找可能的经济合作。尽管如此，"法国人"和"中国人"之间的差异还是扩大了，因为在中法国际对话的语境下，两者的关系被重新调整了，而且得到了新的诠释。综上，在这两个案例中，中国商人的"他者性"都被强化了。

对比了两者对中国批发商截然不同的接受程度，我还要在这里强调资本和象征价值如何从巴黎流向了边郊地区欧贝维利。许多研究表明，从 20 世纪 80 年代开始，巴黎开始经历一个缓慢的分散的"士绅"运动。"巴黎中产阶级"区域逐渐扩大，已经超越了传统的中心—边缘的边界，消费性商业获得了一种比生产更高级的象征价值。因此，人们认为在巴黎市中心的纺织制造业和批发业威胁了房地产业的价格，因为这些行业与巴黎这个"时髦的都市"（La Ville Bran-chée, Van Criekingen and Fleury，2006）形象格格不入，而这个形象恰恰是巴黎市政府和房地产商竭力想要塑造的形象。另一方面，欧贝维利地处半边郊地带，正处在融入城市中心的过程中，它迫不及待地想要摆脱以前工人阶级的历史形象。因此，中国批发业被看作是价值的创造者，给人们重新定义这个城市的形象打开了机会之窗。通过生产，构建和重新调整城市空间，欧贝维利转型成为了一个跨地域的城市，与之截然不同，波宾库则继续进一步强调它的"城市乡村"的形象。我们可以推断欧贝维利是哈维·莫洛奇所说的"城市增长机器"的一个典型例子。凭借"埃科克集体行动连线"，强大的经济参与者和政治领导人之间建立了联系，同时也加强了政治经济精英之间的联盟。

结果，我们看到了城市资本呈现出"主顾"现象，新的社区精英产生。2011 年 12 月，*Megapolis*，一份月刊杂志用黄先生作为封面人物，写上大标题"他会买下整个巴黎吗？"这句话警觉地提醒大家黄先生是否会成为未来"巴黎的主人"。文章指出，这些商人并不是中国出生的企业家，他们通过与其他当地参与者交流变成了中国商人。巴黎与欧贝维利边郊地带边界正在移位，越来越多的商人选择定居在巴黎，然后再搬到巴黎郊区，引进中国进出口商业将会在大众眼里产生怎样不同的看法，又会导致怎样新的一轮的唐人街问题的产生，这些问题都值得以后进一步探讨。

致谢

关于欧贝维利部分的讨论已经由特雷蒙在 AAA 年会（2011 年 11 月，蒙特利尔）上进行了报告。在此，她希望感谢 Stéphane Tonnelat 和 Sophie Corbillé 提供的宝贵意见和鼓励。庄雅涵希望在此感谢 Didier Lapeyronnie 对此项研究的支持，以及 Martine Cohen 和 Alain Gauthier 提供的文件，还有 Eleonora

Elguezabal 对本文参考文献的帮助。本文作者感激所有在欧贝维利和波宾库接待过他们的人们。特别致谢 Benjamin Ross 帮助修饰文章的语言以及所有细心修改文章的编辑们。

庄雅涵　泰孟·安林

参考文献

APUR, 2001. "Elements et Diagnostics sur le Quartier Sedaine-Popincourt." Article published online: http://www.apur.org/sites/default/files/documents/equiperson-1. pdf

Backouche, Isabelle « Entrepôts et Magasins Généraux de Paris (EMGP), *Les mutations d'un espace parisien* » actualites.ehess.fr/fichiers/2006-11-24_EMGP.pdf

Bacqué, M.H. 2006. "En attendant la gentrification: discours et politiques a la Goutte d'Or (1982-2000)." *Sociétés contemporaines* 63: 63-83.

Benveniste, A. 1999. *Du Bosphore à la Roquette. La communauté judéo-espagnole à Paris* (1914-1940). Paris: L'Harmattan.

Bidou-Zachariasen, C., and J.F. Poltorak. 2008. "Le 'travail' de gentrification: les transformations sociologiques d'un quartier parisien populaire." *Espaces et sociétés* 132: 107-124.

Bidou, C., D.H. Nicolas, and H.R. d'Arc. 2003. *Retours en ville: des processus de "gentrification" urbaine aux politiques de "revitalisation" des centres.* Descartes.

Blumer, H., 1971. "Social Problems as Collective Behavior." *Social Problems* 18 (3): 298-306

Carpenter, Juliet, and Loretta Lees. 1995. "Gentrification in New York, London and Paris: An International Comparison." *International Journal of Urban and Regional Research* 19 (2): 286-303.

Cefai, Daniel, 1996. "La construction des problèmes publics. Définitions de situations dans des arènes publiques." *Réseaux* 14 (75): 43-66

——, 2009. « Postface » to Gusfield, J. *La culture des problèmes publics. L'alcool au volant : la production d'un ordre symbolique.* Paris, Economica.

Clerval, A. 2008. "Les anciennes cours réhabilitées des faubourgs: une forme de gentrification à Paris." *Espaces et sociétés* 132: 91-106.

——. 2011. "L' occupation populaire de la rue: un frein à la gentrification? L' exemple de Paris intra-muros." *Espaces et sociétés,* 144: 55-71.

Cohen, M. 2003, "Les commerçants chinois du quartier Popincourt." *Panoramique,* No.65

Collet Anais. 2008. "Les gentrifieurs du Bas Montreuil: vie résidentielle et vie professionnelle." *Espaces et Sociétés,* No. 132-133: 125-141.

Corbillé Sophie and Lallement Emanuelle. 2007. "Quand le commerce fait la ville." In *Paris sous l'oeil des chercheurs,* pp. 59-74. Paris: Belin

Corbillé Sophie. 2009. "Tourisme, diversité enchantée et rapports symboliques dans les quartiers gentrifiés du nord-est de Paris." *Genèses,* 76: 30-51.

Dalla Pria, Yan et Jérôme Vicente. 2006 "Processus mimétiques et identité collective: gloire et déclin du 'silicon sentier' . " *Revue française de sociologie* 47 (2): 293 317.

Giraud, C. 2009. "Les commerces gays et le processus de gentrification. L' exemple du quartier du Marais à Paris depuis le début des années 1980." *Métropoles,* vol. 5. Article published online: http://metropoles.revues.org/3858

Green 1997. *Ready-to-wear and Ready-to-work: A Century of Industry and Immigrants in Paris and New York.* Durham: Duke University Press

Gusfield, J. 1981. *The Culture of Public Problems: Drinking-Driving and the Symbolic Order.* Chicago: University of Chicago Press.

Harvey David 2003. *Paris, Capital of Modernity.* New York: Routledge.

Jessop, Bob 1998. "The Enterprise of Narrative and the Narrative of Enterprise: Place Marketing and the Entrepreneurial City." In *The Entrepreneurial City.* T. Hall and P. Hubbard, eds. Chichester: Wiley.

Kitsuse, John I., and Malcolm Spector. 1973a. "Toward a Sociology of Social Problems: Social Conditions, Value-Judgments, and Social Problems." *Social problems* 20 (4): 407-19.

——. 1973b. "Social Problems: A Reformulation." *Social Problems* 21 (2): 145-59.

Low, Setha. 1999. "Spatializing Culture." In *Theorizing the City: The New Urban Anthropology Reader.* Low Setha, ed. Brunswick, New Jersey: Rutgers University Press.

Ma Mung, Emmanuel. 2000. *La Diaspora Chinoise: géographie d'une migration.* Paris: Orphys.

——. 2009. "Le prolétaire, le commerçant et la diaspora" *Revue Européenne des Migration Internationales* 25 (1):97-118.

Pinçon, Michel, and Monique Pinçon-Charlot. 2004. *Sociologie de Paris.* Paris: La Découverte.

Préteceille, Edmond. 2007. "Is Gentrification a Useful Paradigm to Analyze Social Changes in the Paris Metropolis?" *Environment and Planning* A, 39 (1):10-31. Retrieved January 10, 2012.

Pribetich, Justine. 2005. "La construction identitaire d'un quartier: l'exemple du Sedaine-Popincourt". *Hommes et Migrations,* No. 1254: 82-90.

Poisson Véronique. 2004, Franchir les frontières: Le Cas des Chinois du Zhejiang en Diaspora. Unpublished doctoral dissertation, EHESS.

——, 2005. « Les grandes étapes de cent ans d'histoire migratoire entre la Chine et la France. » *Hommes et Migrations,* No.1254: 6-17.

Raulin Anne. 1988. « Espaces marchands et concentrations urbaines minoritaires. La petite Asie de Paris » *Cahiers Internationaux de Sociologie* NOUVELLE SÉRIE 85: 225-242

Schneider Josephe. 1985. "Social Problems Theory: The Constructionist View." *Annual Review of Sociology* 11: 209-229.

Smith Neil. 1987. "Of Yuppies and Housing: Gentrification, Social Restructuring, and the Urban Dream." *Environment and Planning D: Society and Space* 5 (2): 151-172.

Tardieu Marc. 2001. *Les Auvergnats de Paris.* Edition du Rocher.

Van Criekingen Mathieu and Fleury Antoine. 2006. "La ville branchée: gentrification et dynamiques commerciales à Bruxelles et à Paris." *Belgeo,* No. 1-2: 113-

134.

Waldinger Roger. 1984. "Immigrant Entreprise in New York Garment Industry." *Social Problems* 32 (1): 60-72.

Zukin, Sharon. 1998. "Urban Lifestyles: Diversity and Standardisation in Spaces of Consumption." *Urban Studies* 35 (5): 6825-839.

第八章
里斯本的唐人街？：
国家背景下全球化的现状

保拉·莫塔·桑托斯

附带现象

[针对基亚多区复苏计划的项目负责人认为，]对中国人的商店宣战是阻止里斯本这一区域衰落的首要措施之一。"如果他们继续在那营业，这块小商圈是永远不会走出困境的。"同时，市政府也不应该允许更多中国商户开张营业了。"鉴于市政府负责颁发营业执照，它可以对外宣称颁发给这块区域的中国商户的营业名额已经满了。"在负责人眼中，这根本就不是谈不谈论自由市场的问题。"对中国商品的来源根本无法控制，所以，要说市场的话，我完全相信这是正当竞争，绝不是非正当竞争。如果，那些商品是由未成年人生产的，而他们只能吃上一碗饭……"尽管有这些怀疑，负责人还是承认"她自己也从这些中国商店里买许多东西，像煎锅、特百惠、厨房用纸、电池等。但是真的，我无法确定这些东西是哪里生产的。"但是，这仅是其中一

半解决方案，并非全部。理想的方案是把这些中国商户全部集中在里斯本的某个区域里，就像其他一些大城市里的唐人街一样。这位负责人觉得中国移民守秩序、工作勤奋，但也认为既然中国人有商业头脑，那么他们就应该在一个专属于他们的地方做生意。她还说在解决这一问题时，里斯本市政府应该和中国方面合作，"这些中国人是在他们政府的安排下过来的。所以，这其中有一个官方代理机构。因此市政府可以向中国大使说明想要建立一个中国城，那么，沟通协商便会顺理成章。"

（Expresso，里斯本，8/09/2007）[①]

正是这番话激起了葡萄牙社会的千层浪。2007 年的夏天。在这番话发表以后，公共、私人场所里都有针对这番发言的不同声音。一些人反对这些排外的、种族主义的观点；另一些人觉得创办唐人街是有理可依、有利可图的。这些观念上的分歧并没有严格遵循文化/民族的分界：我们发现在这两个阵营中都同时存在葡萄牙人和中国人，但是他们参与和发表意见的程度截然不同。葡萄牙人是公开发表意见，而中国人主要是在他们社区的小圈子里，尽管也有个人发表公开声明（这些人多是在当地中国社区有些名望的）。媒体（报纸、电台和电视）[②]上有几次针对唐人街的激烈的讨论；十月份，也就是复苏计划项目人

[①] 摘自"Zezinha quer expulsar chineses da baixa", *Expresso*, September 08-09-2007, p.1, and from Costa, F S, 'Baixa sem lojas chinesas', *Expresso*, September 08-09-2007, p.9.

[②] 一项在 2008 年展开的网络调查证实，虚拟世界中的个人博客也是此次事件讨论的一个主要平台。

发表唐人街言论后的一个月，这位负责人下台了，她声称不会再负责该项目，并坚信她的唐人街提议引发出来的所有言论都是来自民间的，并深受左翼分子的政治操控，其目的就是让她下台，不再领导这个项目。

尽管这个事件与城市空间管理有关，但它还是反映了在以全球化（Sassen, 2006）为标志的超现代性社会（Pred, 1997）里，葡萄牙社会与他者关系上的几个方面。因此，我们的讨论关注中国人在葡萄牙社会的存在和两者之间的纠葛牵连，这种纠葛在城市空间管理的公共政策上得到了很好的体现，正如2007年关于在里斯本建立唐人街的提议里所呈现出来的那样，而这样的分析也必须考虑当今中国经济在世界市场的影响力和中国在世界象征性经济中愈发重要的影响力。北京2008年奥林匹克运动会和2010年上海世博会便反映出了中国正受到越来越多的关注。这些大规模的变化不仅影响到在葡的普通中国人，不管是新移民还是出生、成长在葡萄牙社会的华人；本文探讨的这些现实不仅是由更广范围内的全球变化造成的，而且它们自身也推动了这些变化。因此，它们不仅反映了这些变化，而且对于理解我们所生活的当下是非常必要的。本章旨在分析在文章引言部分背后存在的各种结构性思路，探讨空间概念在其中发挥的重大影响。因此，我们必须强调新自由主义治理的手段（Ong, 2006），并将它运用在比葡萄牙社会更广的社会语境中。

唐人街是一个城市区域，是一种全球化的、跨民族的现象，在这里，两个相互关联的方面产生了交集：空间身份与社会身份。本章将会首先讨论这两方面的理论研究。

社会身份和空间

萨森（Sassen）认为，目前，个人生活在一定程度上受到全球化的影响，因此，在空间——时间这两个顺序之间（国家的和全球的），我们发现互动大大多过排斥。萨森把移民劳工看作是一种具有策略性的研究对象，他们能够帮助解释国家与全球的关系。我同意萨森的看法，该研究决定把关注点放在了那些必须生活在不同文化中的移民身上，他们所处的社会文化环境决定了他们必须面对应付日常生活的多样性。我有一点必须声明：萨森认为移民劳工扮演着策略性角色，而这点与我的研究出发点大不一样。我的研究兴趣是关注社会身份是如何被构建和再构建的，以及话语的、物质的和现象学观点是如何在社会身份的构建中得到具体化的。那些远离祖国的移民个体似乎正好代表了这样具有战略意义的主体。空间作为一种地理概念，不仅是一种分析工具，而且是我们理解社会身份的理论范式和政治意义的重要因素（Santos，1998）。

主体的身份给我们提出了一个复杂的、多层次的现实问题，这其中涉及到好几种生存条件，它们以一种持续的、过程化的方式参与构建了主体的自我认知感（不管是个体的还是集体的）。在这里所涉及到的现象学的例子中，身份和空间是紧密的、经常性地连接在一起的，因为自我永远是一个"处于世界中的自我"，也就是海德格尔说的"存在"。因此，一个身份的存在总是指向一个地方，而这个地方可以是地理上存在的、神话世界里想象的或者是虚拟空间里的，它也可以是一个零星的点，或者是地点的集合。[①]然而，地点的重要性，或者说"扎根"的感觉（即归属感）并不是一成不变的。我们倾向于采用静止的观点来理解人类空间的理论化，而这是非常有问题的。列斐伏尔（Henri Lefebvre）早在 20 世纪 70 年代就对数学家和哲学家们对空间思考的各种形式提出了批判。列斐伏尔认为，数学家们发展出了关于空间的各种理论和类型，但是他们却没能在概念的、现实的、物理的和社会的空间中建立一种清晰的联系。哲学家接手了这个任务，试着从精神层面上将数学上的空间进行转化，"……首先是自然界的，其次是实践中的，最后是社会生活上的"（Lefebvre，1991：3），但是，他们也失败了。相反，他们所做的是将空间与它的物理性和它在世界上的位置相分离了。笛卡尔对于"广延物"（res extensa）与"思想物"（res cognitans）的划分也被视为提出了一种二元性，这使得在几个世纪中，都无法对空间这一概念进行理论化，除非将其视为抽象的、精神上的物质（Lefebvre，1991）。

列斐伏尔坚持认为空间是社会性的，它并不是由事的集合组成的，也不是由感官上的数据构成的，不是一个强加于现象、事物和物质性的空洞的集合体，更不是一种虚无（其中包涵着各种无法简化到一个"形式"的东西）。列斐伏尔明确地告诉我们："空间是一种（社会化）的产物"（Lefebvre，1991：26）。

[①] 对于位置、归属不同形式的理解，请参考 Lovell（1998）。

他认为空间在根本上是社会化的现实。他的这一观点产生了重大的影响，以至于人们更倾向于使用地点（place）一词，而非空间（space）用来指代空间。因此，地点是一种建构起来的空间；它囊括了秩序、意义和情感：我们将这些地点命名，我们对某些地方充满感情或者憎恶，"地点是一种物质，（地点）定义了空间，是所有价值观的中心所在。"（Tuan，2001：17-18）20世纪90年代，人类学对于"景观"的概念有了进一步发展，例如本德（Bender，1993）、蒂利（Tilley，1994）、希尔施和奥汉隆（Hirsch and O'Hanlon，1995）、格罗特和布雷西（Groth and Bressi，1997），他们进一步丰富了对空间的理解，折射了地点内在的多义性和经验性。尽管后期出现了新的转折点，但是人们仍然认为空间（或者地点、区域）并没有失去它在本质上的稳定性，即它的非移动性和非活动性，这恰好反映出了它的物理特性。然而，如果时间和空间都是人类生活不可逃脱的两个维度，那么，一个维度必然无可避免地和另一个编织在一起，反之亦然。因此，如果时间是流动的，那么空间也必定如此。

以上提及的空间和身份相互牵连是一种流动的观念，这是基于人们把空间理解成为一个流动着的，标记着归属感的地图（Santos，2004）。在移民路上，个人生活反映了多个地点的生活方式，它们与多个地点的（这里我们主要从民族国家及其文化这两个角度考察）关系发挥着重要的作用。所以，在本研究中，地点是一个主要考虑因素，因为它有助于解释身份问题。很多地方充满了归属感，同时也充满了排外。地点不仅将社会领域具体化，它更是社会身份的组成部分，而关于在里斯本建立唐人街的各个议题便清楚地折射了这样一个角色。

研究语境

　　这项研究的出发点是为了探究在某一个地点两个不同的移民社区如何受到了不同程度的关注。这两个群体分别是在里斯本北部城市波尔图及其周边的中国人和乌克兰人。我对波尔图和它的城市系统很了解，因为我生长于此，现仍生活于此。正是由于生活在这个熟悉和喜爱的城市，我注意到这两个群体在城市不同地方受到了不同的关注度。从20世纪90年代后期开始，这两个群体在波尔图地区的人数都有所上涨；这个趋势也存在于整个葡萄牙。然而，这两个群体的人数是非常不同的。基于我对这两个群体的调查经历，2006年，我受邀加入一个为期三年的调查项目 TRESEGY。这个项目由意大利的热那亚大学牵头，受欧洲委员会资助，旨在研究移民后裔中的年轻人在公共场域里的融入感和被排斥感。正因为这个三年的研究项目，我得以接触到生活在波尔图大区的中国裔和乌克兰裔的年轻一代。

　　尽管 TRESEGY 这个项目采用相同的研究方法对这两个群体进行了分析，但是本章选择聚焦在中国群体上，辅以乌克兰群体的研究数据作为比较，借此突出在葡萄牙人与其他族群的关系中，一些现实问题是特定存在于中国群体中的。同时，因为对中国人的民族学调查是在波尔图展开的，所以本章涉及到的案例及分析是利用搜集到的波尔图的调查结果和相关知识的

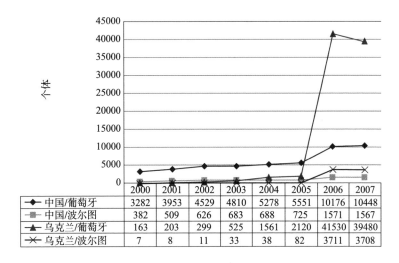

	2000	2001	2002	2003	2004	2005	2006	2007
◆ 中国/葡萄牙	3282	3953	4529	4810	5278	5551	10176	10448
■ 中国/波尔图	382	509	626	683	688	725	1571	1567
▲ 乌克兰/葡萄牙	163	203	299	525	1561	2120	41530	39480
✕ 乌克兰/波尔图	7	8	11	33	38	82	3711	3708

图 2：2000—2007 年中国大陆与乌克兰移民人数（资料来源：SEF）

背景下展开的。这样做是可行的，一方面因为中国人最早在葡萄牙定居时便优先选择了波尔图而不是里斯本，另一方面，因为决定葡萄牙人与他者关系的因素不仅仅局限于波尔图的特殊性中（正如针对波尔图的中国人和乌克兰人的研究，以及本研究呈现的一样），它还在国家层面上具有一定的相关性。

最后，有一点需要说明：外国移民数量在 20 世纪 90 年代后期和接下来的几十年间突然极速增长，这对葡萄牙来说是一个新现象，因为葡萄牙在传统上是一个人口输出国家，而非接收国（Falcão，2002）。直到 1980 年，在葡萄牙的外来人数从未超过 5 万。然而，在十年间（1986—1997），生活在葡萄牙的外国公民人数几乎翻倍，从 8.7 万增加到 15.7 万。葡萄牙在 1986 年加入欧盟，这对移民来说更具吸引力，因此，除了来自非洲国家的移民，一些其他地方的移民也陆续来到葡萄牙，他们大多为欧洲公民，但也有巴西人、中国人和印度人。在2010年间，在葡萄牙持合法居留的外国人达到445626（SEF，2010：7）。[①]葡萄牙总人口为1060万，因此，移民是葡萄牙社会的一个新兴的、非常重要的特性。[②]

　　本章将会对在葡萄牙的中国群体做一个概述。通常，学者对于海外华人的研究采用传统方法，即关注那些使中国人在国外立足的文化策略：家族企业行为、信用和关系（Nonini & Ong，1977：8）。但也有一些学者认为离散地的中国人适应了他们所处的新的社会关系并且创造了第三种文化（Featherstone，1995）；这些新的关系在很大程度上都被忽略了，因为他们通常藏匿于传统的家庭和人际网模式之下。这些离散地的中国人"要同时面向通往中国以及其他亚洲国家的多条道路，有时还要面对西方的多种现代性视角，而这些视角是他们在流动过程中经历了旅居、缺席、思念甚至有时是流放和迷茫所换来的代价（Nonini & Ong，1997：12）。事实上，不仅不同程度的文化适应——尤其是语言上的——和同化会导致不同中国身份的产生，至少在考虑读写能力、种族和社会身份关系时，我们必须将能读写中文的中国人与那些不能的中国人区分开来。虽然散落在

[①] 数据来自 SEF 颁布的 2010 年年度报告 Serviço de Estrangeiros e Fronteiras（外国人口和国家边境局 Bureau of Foreign Nationals and National Borders）。

[②] 总人口数据取自国家数据署—— Instituto Nacional de Estatística http://www.ine.pt/xportal/xmain?xpid=INE&xpgid=ine_princindic&PINDpagenumber=1&contexto=PIND&PINDtemas=1115；查询于 2011 年 6 月）。

世界各地的中国人的后代都被称为华人，他们主观上对于身份的认同和感知是不一样的，并且在认同政治中，他们并不会强调某一种文化特征代表了他们的"华人性"。因此，葡萄牙的所谓的"中国社区"便是这样一个普遍的、异质的群体。

葡萄牙的华人：概述

学界对中国人在葡萄牙的历史的研究甚少。最早的历史记录可追溯到 19 世纪，那时，中国人经澳门抵达亚速尔群岛，为群岛上的茶园种植提供顾问，即波尔图福尔莫索—圣米格尔岛（Porto Formoso — S. Miguel）（Camões, 2005）。在整个 19 世纪，都只有零星的关于个别中国人在葡萄牙领土上的报道（不管是葡萄牙的欧洲大陆或者是海外领土）。[1] 从 20 世纪早期开始，不断有中国人前往葡萄牙，因此产生了在葡萄牙的第一个华人社区，那里居住着为数不多的中国人（五位男性），他们通过长期项目侨居于此，并逐渐开发了这块土地。[2] 除了 19 世纪 20 年代中后期到达的最早的移民之外，19 世纪 80 年代也有一股值得注意的移民潮。根据戈伊什、马尔库斯和奥利弗拉的研究（Góis, Marques and Oliveira, 2005），随着葡萄牙帝国在 1975 年的解体，大批华人开始进入葡萄牙，他们大多数是居住在东帝汶、安哥

---

① 关于在葡萄牙非洲殖民地的中国人口情况，请参考 Costa (1998)。

② 关于最初的中国定居者的详细信息，请参考 Santos (2007)。

拉和莫桑比克的广东裔移民。在 1975 年印尼占领东帝汶时，当地大约有一万名华人移民，其中有两千名移居到了葡萄牙大陆。事实上，只有小部分人最终留在了葡萄牙，大多数人都去了澳洲（Costa，1998）。

　　20 世纪 90 年代，中国人再次涌入葡萄牙。一份针对中国企业家的研究（Oliveira，2003）表明，大多数在葡萄牙的中国人（44.2%）都是在这个时期抵葡的。在这些人中，59.6% 的人是直接从中国过来，34.9% 的人是从其他欧洲国家过来的，比如西班牙（Góis, Marques and Oliveira 2005）。最近的研究（Oliveira 2000，2003；Góis, Marques and Oliveira 2005）表明，中国移民人数的激增不仅是因为中国本身的变化，它还与葡萄牙加入欧盟，以及葡萄牙被人们当作跳板进入申根区的优势相关。直到 1999 年，在澳门变成中国的特区前，它也曾作为中国人进入欧盟的跳板。在这里，经常会有中国人通过非法移民网络购买护照或者伪造葡国护照（Oliveira，2000：10；Cabral，2002）。

　　今天，大多数在葡萄牙的中国人都来自浙江省（Oliveira，2000：6），但自从 20 世纪 90 年代的移民潮开始，也有来自广东、贵州和黑龙江的移民（Góis, Marques and Oliveira，2005：3）。华人群体在葡萄牙分布广泛，尽管在里斯本和波尔图都会区的华人聚集区域更为明显。值得注意的是，后者（包括葡萄牙南部的法鲁行政区）本身就有很多外来移民，其人数占据了整个葡萄牙移民的大多数。尽管里斯本和波尔图两个区域都有很多中国人在此做生意（大多为批发），我们并未发现有像欧洲（或者东南亚和北美）那样的唐人街存在。中国移民的商业活动主要集中在中餐馆和打折零售店。进口和批发生意也逐渐变得重要起来。交易的货物品种多样，零售业不仅面向中国商户，也服务于类似的葡萄牙客户。瓦尔齐埃拉（孔迪镇，波尔图大都会区）和波尔图高地（贝纳文特，里斯本大都会区）两个地方便有许多中国人在此经营零售业。这些商店集中在都市中心的外围区域，整个区域的运作接近欧洲的唐人街运作模式，但是即使这样，也依然不能称作唐人街，至于原因，本文会解释。

　　华人社区在波尔图区的处境反映了其在整个葡国的境遇。据一位波尔图华人社区的领导人说，从 2003 年起，就地理上的原乡地而言，中国群体变得越来越多样化，他们往往来自不同的省份。现在，因为世界经济危机的影响，许多在 20 世纪 90 年代来到葡萄牙的中国移民已经向其他欧洲国家转移，以寻求更好的商业机会。在 2000 年，有 382 名中国公民在波尔图区合法注册，占总人数的 11%，而里斯本为 58%；[①]在 2005 年时，波尔图的合法居留的中国公民人数为 1762，[②]占总人口的 19%，而里斯本为 45%。2007 年，在波尔图的中国人口数量有所下降，有 1567 名，占总人口的 15%，而里斯本为 41%。[③]然而，这样

---

① Serviço de Estrangeiros e Fronteiras — Núcleo de Planeamento Relatório Anual 2000（可查阅 http://sefstat.sef.pt/Docs/Rifa_2000.pdf）.

② 数据由 SEF 提供：Núcleo de Planeamento, year 2005.

③ Serviçode Estrangeirose Fronteiras, DPF—Núcleode Planeamento, "População Estrangeira em Território Nacional: Por nacionalidade segundo o sexo e distribuição por Distritos. Dados pro-visórios de 2007,"（本国的外国人口：根据各区的人口性别和国别划分。2007 年初步数据。www.sef.pt/documentos/56/DADOS_2007.pdf.

的现象可以一直追溯到 20 世纪上半叶。

按经济身份进行的分类

如前文所说，在国际移民潮中，葡萄牙作为接收国是最近出现的一个新现象。在刚进入 21 世纪那几年，如果你和一个波尔图或里斯本居民聊天时，她/他都有认识的东欧移民，或者知道谁认识。在超市或者购物中心，经常会听到有些来购物的人讲东欧话，尤其是周末的时候（这个时候城里人通常会出来逛逛），但几乎听不到有人讲中文。[①] 当然，一些东欧国家移民比中国移民更多见，这是因为东欧人口比中国人口涵盖范围更广，总量更多，除了这些人口统计数据外，接下来将要提到的差异性才是这两个群体受到不同程度关注的决定性因素。

中国移民在葡萄牙经济社会求得生存的方式也遵循了著名的中国移民模式，即建立在民族身份和经济资源为基础之上的

---

① 　2003 年，有 65199 名乌克兰人在葡萄牙持合法居留证，是该时期在葡国最大的移民群体，其次为巴西人和佛得角人（Santos & Sousa，2006）；在 2004 年，有 5197 位中国人合法居住在葡萄牙的国土上（Góis, Marques and Oliveira，2005），在 2005 年，人数为 9206（SEF _DPF — Núcleo de Planeamento）。在 2000 至 2004年间，在葡萄牙合法注册的中国人数呈现出 58.4% 的增长（Góis, Marques and Oliveira 2005：5）。虽然本章的写作时间是在 2009 年，在这之前，因葡国经济受世界经济影响，在葡国的东欧移民人数有所下降；SEF2008 年发布的数据显示乌克兰移民是葡萄牙的第二大群体，合法居留的共计 53494 名。中国社区的一位领导 Y-Ping Chow 估计有 15000 名中国人居住在葡萄牙（含非法居住）。

跨国移民。因此，在这样的移民模式下，新到达的移民能够在当地的中国社区里找到工作。对外界社会而言，中国人的生活方式建立在传统的、紧密联系的社会关系中。所以，可以说，现在讨论的中国群体呈现了一种矛盾：他们在某些领域（即商业领域）很突出（在他们搞促销的零售店中，我们总是能看到，无处不在的"中国特色"的汉字和符号把店铺布置得明亮欢快），然而，在社会生活的其他领域却见不到他们的身影，即除了他们为葡萄牙人熟知的商业领域以外的其他社会生活里。这样的矛盾在葡萄牙社会也激起了一些思考，反映出在对待异族群体时，葡萄牙人站在民族角度考虑问题时所带来的差异性。

另一方面，乌克兰人采用了与中国人截然不同的方式进入葡萄牙的经济网络。他们从事的工作通常是葡萄牙人不愿从事的，要么是在像建筑、工业（通常为男性）和农业（男女皆有）这些要求体力工作的行业，要么是像家政工人（女性）或者服务行业（男女皆可）这样不需要特殊技能的岗位。因此，中国人多从事与中国有关的工作，或者是在这样的单一环境里工作，而乌克兰人通常受雇于葡萄牙人，多从事与葡萄牙相关的工作，而对那些做清洁工人的妇女来说，她们实际上进入人们的家庭，因此成为葡萄牙雇主家庭生活中的一部分。在华人社区里，异族通婚很少见，而在乌克兰社区里，已经有人与葡萄牙人或者其他国籍的人恋爱、结婚。这两个群体在葡萄牙社会不同程度的融入，即在葡国的经济生活中的融入，也导致了两个群体对葡萄牙语掌握的不同程度：乌克兰人比中国人对葡语掌握得更加熟练。因为语言是身份和集体归属感很重要的一个标志，因此，我认为，根据葡语的掌握程度，葡萄牙人对这两个群体做了不同形式的分类、定位并划定了不同的民族身份。

相对来说，乌克兰人更能融入葡萄牙社会，更有归属感，这是因为：1）他们更能讲当地语言；2）因为上文中已提到的工作类型和不同程度的开放的社会氛围，双方更加了解彼此（就进入劳动市场来说，乌克兰妇女进入葡萄牙人家，担任清洁工人对此十分重要）。除了以上两个因素，还有两点需要补充：3）乌克兰人移民至葡萄牙的特殊形式；和4）两个群体在外貌上呈现出与葡萄牙人不同程度的相似和差异。就第3点来说，乌克兰年轻一代将孩子（至少在移民的最初阶段）留在家中由亲戚照顾（通常是孩子的祖父母），与葡萄牙在20世纪60年晚期以及70年代早期的移民情况相似，尤其是，乌克兰人的离散地情结也从某些方面折射出葡萄牙人离散地的情结。[①] 这样的认同和相似感减少了乌克兰移民从葡萄牙本地居民那里感受到的异乡之感。然而，我们却未发现葡萄牙人对中国移民有类似的认同。

就第四点来说，两个群体在外貌上呈现出与葡萄牙人不同程度的相似和差异，根据这点，我们对乌克兰和中国移民后代的调查显示了这两个群体在公共场域里不同的活跃程度。[②] 我所接触到的中国年轻一代大多在20世纪80年代于葡萄牙出生，或者在幼儿时期便来到葡萄牙。[③] 他们在葡国接受教育，因而能

---

① 关于葡萄牙人在20世纪的移民，请参考 Trindade（1995）。

② 信息来源于在2007—2009年间 TRESEGY 研究项目的深度采访

③ 在20世纪80年代，中国开放了移民政策，这导致了包括葡萄牙在内的欧洲国家的中国移民潮。

说流利的葡萄牙语。由于外形差异，他们在不同场合（如学校操场、公共交通）受到了不同程度的歧视；另一方面，我接触到的乌克兰移民后代是近期作为家庭重聚的一部分才来到葡萄牙的，时间大致在 20 世纪 90 年代后期。在抵葡时，他们处于青少年早期或更为幼年时期，因此大多数接受的教育都不在葡萄牙教育体制里。① 这些乌克兰年轻人提到了这样一个事实：如果他们的皮肤不够白皙或者不是金发碧眼，只要他们克制住不说母语，那他们便不会受到注意。

　　本文所谈及的四个因素共同促成了葡萄牙公民对移民群体的概念化，即"更像我们"的（乌克兰人）或者"不太像我们"，或者"不像我们"的（中国人）。通过看他者与当地人的相像程度来决定少数族群在社会空间中的不同位置，这种做法导致了不同的政策，以及人们对两者的差异性的情感，相比于中国移民，葡萄牙人对前者，即乌克兰移民，普遍持有更强烈的情感。思想的形成是建立在规则的基础之上，而规则的实现需要让物质世界的现实参与到对物质和身份的分类中来。这样便产生了列维－斯特劳斯所称的"具体科学"（1967）。因此，除了上述的四个因素，我们还需补充西方文化/社会所建构的关于中国人的表征体系。这些体系正符合萨义德（Said）所称的"想象的地理国家和它的表征系统"（Said，2003：49）。他们是对身份的分

---

① 葡萄牙法律将 18 岁以上的移民后裔排除在"家庭团聚"外，即将 18 岁及以上的移民视为个人的移民行为，而非家庭团聚的一部分，因此使得移民葡萄牙更加困难。因此，如果乌克兰父母希望将子女带在身边，他们必须在孩子年满 18 岁之前将其带到葡萄牙。

类，就像对认知和探索的工具，表明了在定义一个实体和它所处位置时，人们对该物体的特征进行有选择性的分类，比如说，在一个分类结构中该实体所处的位置。并且，规则往往产生意义。本文所谈及的表征系统所发挥的作用便是下一部分的重要内容。

想象的地理：西方世界想象中的"华人身份"

如今，我们脑海中的外国人是一个新兴的概念，它的产生可以追溯到第一次世界大战之后，从那时起，政府开始管理控制难民的流动，而在这之前国家政府从未进行如此大规模的掌控（Sassen，1999：5）。欧华联会（EFCO，1999）曾出版了一本书，该书介绍了在 20 世纪 30 年代早期以及二战爆发之初，华人在纳粹主义横行时所遭受的苦难。1938 年，纳粹政权建立了一个所谓的中国人部门，专门监视在德华人的生活，他们坚决反对德国女人和中国男人通婚的行为，并实施了监控。在意大利，墨索里尼政权视华人为侵吞他们财产的"外国敌人"。20 世纪 90 年代，一些老华人仍可以清晰地回忆起华人在欧洲各地普遍遭受到歧视境况。一些白人不愿意在公共交通工具上与华人同坐，一些业主拒绝出租他们的房子给华人，还有一些酒吧的服务生拒绝为华人服务（EFOC，1996：16）。

在田野调查中，我们从波尔图华人社区的老人们搜集了一些信息，老人们尤其提到了华人因为外形差异而被歧视的事实。最多被提到的歧视例子便是葡萄牙人称华人为中国佬（chinoca）。但是该阶段的研究，尤其是这里的这个例子表明，至少葡萄牙政府没有像一百年前的美国一样，把种族歧视写入法律中。[①]

根据布拉加米尼奥大学的法学教授佩德罗·巴塞拉（Pedro Bacelar，一位著名的少数民族权益捍卫者）的研究，葡萄牙的民族歧视从未被写进法律，而是通过"文化机制"表现出来（个人交流，2006）。但是必须要指出的是葡萄牙也不是完全没有以种族差异为基础的歧视性法律，例如本国人法规（*Estatuto do Indígena*，1926—1961）和殖民法条（*Acto Colonial*，1930—1951）明显就是两项有歧视性的法律。[②] 但是根据欧华联会的资料显示"在战后尤其是 60 年代，西欧的华人为争取公民权利而掀起了一系列轰轰烈烈的维权运动……越来越多的正派的欧洲人开始对种族偏见言论嗤之以鼻。这并不意味着种族偏见已经被消灭了，但是战后相对稳定的外部环境和宽松的政治氛围已经让华人感到一种安全感，因此战后的欧洲对他们而言是非常有吸引力的（EFCO，1996：16）。

在北美，尽管华人移民是一个被广泛研究的课题，但关于欧洲华人移民的现状的研究并不是很多。其中的原因有许多，

---

① 例如在 19 世纪初期，就产生一系列法律来限制旧金山港口的华人获得某些权益。这方面论述将在本章下一节做详细讨论。

② 这两项法律条例区分了"真正的"葡萄牙人和本土的被殖民人口，为给予不同水准的公民权奠定了基础（例如，权利和义务）。关于这两条法律，参见 Matos（2006）。

我指出其中两点：时间和规模。关于时间，我以美国移民的开端为例子进行阐述。至于规模，我以不同时期到达并定居于美洲的华人（尤其是美国和加拿大）为参考。华人在北美定居的历史、时间和形式同他们在欧洲的情况是非常不同的。尽管在19世纪80年代，华人是以一定规模的数量登陆欧洲的，但是大量华人涌入欧洲是发生在二战之后，20世纪80年代注册记录显示这段时间内有更大量中国公民进入了欧洲（EFCO，1996：7-20；Christiansen，2003：3)。[①]但是，在大西洋两岸（北美和欧洲），两边社会都不约而同地强调了华人个体与他们主流社会的格格不入。[②]

19世纪，与"华人是完全的他者"这一说法相关的欧洲叙事中，最常见的是把华人比喻成一种污染，具体表达为（1）华人带给白人女性的性威胁；（2）华人在所谓的中国人的鸦片巢穴中抽鸦片。值得注意的是，尽管华人对鸦片的消费被英国社会构建成这样一种"邪恶"的事情，但是英国社会本身却是鸦片制剂最大的消费者，在这里，鸦片酒可以在大范围内流通，甚至不放过好动的小孩子（Lee，2003：27）。维多利亚时代，非法的毒品消费（会对健康产生威胁）以及跨种族性行为（会影响种族的纯洁性）清晰地展现了当时西方文化和社会的表征系统，即在这个系统里，生物医学不仅被认为是一种关于健康和

---

① 有关华人移民至欧洲的简明又精彩的论述，参见 Pieke（1998：1-17）。

② 关于美国人如何构建华人，以及其构建如何在唐人街中得到体现的，参见 Lin (1998) and Wong (1998)。

疾病的知识，而且还是决定正常和非正常行为不言而喻的标尺，例如，个人行为的道德系统。

差异可能造成不自在；无知通常会滋生恐惧；这两种情况一叠加便促成了排外势力的形成。在格雷戈里·李（Gregory Lee）在2003年的一本书中展示了维多利亚时代的英国人是怎样用刻板印象将华人定型的，把华人想象成洗衣工、瘾君子、淫虫、有奴性的人和邪恶的傅满洲，这些偏见甚至还不断出现在今天英国的报纸和媒体上。但是，值得注意的是，在欧洲人的叙事中，它们把华人身份构建成一个"完全的他者"，即一个外来者，"不是我们中的一员"，这种构建并不仅在个别欧洲国家语境中产生的，而是一个共有的现象。于西欧（Yu-Sion）在研究法国华人的历史和现状时，曾经做过如下的描述：

华人街区把各种表征符号具体化了，它集中体现了法国人观念中的贫民窟、毒品、喧闹声、妓女、赌博、黑手党等等。但是对公众的想象产生最大影响的莫过于关于巴黎第13区失踪的死亡人口的流言了。Le Canard Enchaîné（一家以讽刺著称的法国报纸）在1982年2月10号做出了相关报道，随后许多其他报纸跟风报道，散布流言称华人为了获取多余的身份证，会将死去的人秘密埋葬。国家新闻媒体也声称发生第13区的地下室的葬礼的确是存在的。老一套故事类似于中国人把尸体秘密运回中国的事情又被弄得流言飞起。流言散播到了社会各个圈子里，每当提及在法华人或者亚洲人时，这些素材都成为了人们茶余饭后最热闹的话题。（Yu-Sion，1998：120）

于西欧 1982 年所描述的情形可以一个字不差地运用到 2006
年在葡萄牙口耳相传的另一则谣言，尽管有 24 年的间隔，但是
其内容惊人得相似，并且也是被同样的媒体曝光：国家报纸。
2006 年 7 月，在葡萄牙一家著名的杂志 *O Expresso* 上刊登了这
样的标题，

为什么在葡萄牙找不到死亡的中国人？

（Expresso，里斯本，13/07/2006）

据报道，在过去的五年时间里，人们在葡萄牙注册的死亡
名单里找不到任何一个华人。对此李（Liga dos Chineses，从 7
岁起生活在葡萄牙，现已逾 50 岁的华人）的发言人做出了回应，
他声称来到葡萄牙的华人倾向于在死后葬于故土，这篇文章的
确反映了一些长久以来的隐患，例如华人如何叶落归根？非法
贩卖人口和身份证的的比例有多大？如果真的存在非法交易身
份证的行为（无论是哪个国籍，这个现状在移民流动人口中已
经很普通了），那么导致死亡人口信息缺失必定还有其他因素在
里面（如果真的有的话）。我并没有掌握在葡死亡华人的准确数
据，即使是媒体上频繁出现的类似主题的报道也缺乏参考价值。
但是卡布瑞（Cabral）参考了国家数据统计局的资料，资料表
明从 2000 年至 2004 年，系统里并没有记录到死亡的华人人口
数。但是，在 2003 年，波尔图启动了一个针对传统家族成员的
家族史的收集项目，从中我们得知，许多华人都葬于波尔图的

墓地。^① 不过这些家庭并不像刚到的移民那样引人注目，因为他们已经以葡萄牙公民的身份在官方数据中"隐形"很长一段时间了。

除了受文化上的叶落归根的观念的影响之外，现有数据还清晰地表明大部分移民葡萄牙的中国人都是年轻人——因此从数据上分析，这部分人的死亡概率在一段时间内是微乎其微的。即使是那些 80 年代才移民而来的人，在数据上他们也还远不到死亡的年龄。这种"不可能性"在与乌克兰群体的比较中得到了进一步证实，即华人从事的专业性工作不会给他们的身体带来危险，不像乌克兰人那样，他们大多在建筑行业和重工业行业工作，这些工作的致死率更高。因此，考虑不同的工作环境，乌克兰籍公民的死亡信息常常被刊登在葡萄牙报纸上（可见性），而中国籍公民却没有（不可见性）。

2001 年，葡萄牙爆发的手足口病引起了一场经济和环境的双重灾难。三月末，国家农业部的官员发布消息说，中式餐馆的肉类是污染源，它们被用作食物残渣进入猪的体内，导致了疫情的爆发。对这次手足口病的爆发，新闻界撰写了大量文章，发布了大量与中国菜有关的图片。在这种毫无事实依据的言论影响下，尽管政府急忙收回了之前的说法，但中式餐馆及其相关的原料运输业仍是损失惨重。五年之后的 2006 年 3 月，葡萄牙开展了一次全国范围内的对中式餐馆的卫生检查。这次行动代号为"视检东方"，涉及了 130 家餐馆。事实上这次检查只针

---

① 我用这个概念（传统家庭）来指代最初一批定居者的后代。

对中国餐馆（事实上，他们的检查忽略了其他亚洲餐馆／远东餐馆，比如日本餐馆或印度餐馆）。从民族关系的角度看，这件事本身就是有问题的，但更有问题的是媒体对该次行动的大肆报道。

ASAE——食品安全及执照管理处，是负责这项检查的政府机关，该部门在调查过程中携带了一位电视台的职员一同前往。[①]这一天，早间新闻开始报道这次"掠夺"式的检查，接下来一整天的新闻报道里都充斥了这样的图像。当天以及接下来的几天，葡萄牙居民目睹了一场如洪灾般的"可怕"景象，检查队闯入中国餐馆的厨房和储物室，电视摄像机不断放大那些公然违反卫生条例的场面，却不报道那些遵守法律的行为。这种处理方式与两个月之前 ASAE 低调地处理法蒂玛餐馆（基督天主教徒在葡萄牙的朝圣中心地所在）的行为大相径庭。仅在法蒂玛这一个地点进行的检查导致了十间餐馆被迫关门。针对中国餐馆的全国范围的检查却只致使 14 家中国餐馆关门。从电视里反馈的现场检查行动中，我们常常看到满脸困惑的中国人。当 ASAE 把电视台的人带去现场时，他们并没有让中文翻译者同往。因此镜头上出现的华人的不知所措的场景往往表现出这些华人缺乏对 ASAE 检察官的指令的理解。即使是在这件事过去三年之后，当我与一些华裔年轻人谈及此事时，他们仍表现出了强烈的不满，强调了在 ASAE 队伍中缺少中国话／普通话翻译人员，这对他们是极为不公平的。

---

① 电视媒体是 SIC(Sociedade Independente de Comunicação)。

　　这一系列新闻报道导致葡萄牙的中式餐馆的顾客数量明显减少，严重者丧失了一半的客源。关于这次事件的谣言数量巨大，内容严重，它们在葡萄牙人日常的交谈中滋生泛滥，造成了非同一般的影响：有谣言说餐馆把煮熟的米饭成堆堆积在厨房地板上，还有些说餐馆把死狗的肉盛给粗心的顾客们食用。通过电视煽风点火的报道，加上几世纪以来西方把"黄祸"这一东方主义概念化（Said，1979），这些谣言激发了人们疯狂的想象。四月，CICDR——Comissão para a Igualdade Contra a Discriminação Racial——全国平等和反种族歧视委员会发表了一份正式的声明，控诉 ASAE 这次行动激化了葡萄牙人对华人的仇视排外情绪。两个月后事情的余波仍未过去，驻里斯本中国大使和华人创业协会一同邀请里斯本市长，ASAE 主席以及媒体界朋友参加一个在中式晚宴，希望将本次大范围检查所造成的影响降到最低。但是已有很多酒店不堪重压而不得不关门了。甚至有一些酒店改变了经营方向，转向投资日本餐馆并重新开业了。

　　这次大灾难后不久，又有其他的一些谣言开始流传了，其中一个是这样的，有位华人老板劫持了毫无防备心的儿童，将他们带到自己商店的地下室，为了得到他们的器官残忍地杀害他们（华人会是这些器官的买主）。把华人表征为潜在的危害，尤其是会对主流社会最弱势的群体（例如孩童）发动攻击的邪恶的人，这和 19 世纪在英国盛行的谣言如出一辙，那时人们认为华人会把掺和了鸦片的糖果给孩童吃下（Lee，2003：33）。这个器官非法交易的谣言通过电子邮件在葡萄牙大范围流传开来，直到 2006 年 12 月 CICDR 发表了另一份声明，公开谴责造谣者和传播者的行为。由于公众的态度和消极的影响，许多华人的生意日渐惨淡，于是许多华人老板认为他们应该雇用一些葡萄牙人。

新闻上任何与中国相关的威胁到健康的事件都会引起欧洲人民对华人更为强烈的敌视。最近的一次食品安全问题是发生在 2008 年 9 至 10 月的三聚氰胺毒奶粉事件。我接触的一些调查对象中包括了一位葡萄牙华裔青年，一名年轻的葡萄牙女性，以及一位在波尔图大学就读工程学的大学生（他的父母开了一家打折零售商店），他们都谈到在那段时期有一名男子闯入店内，粗暴地大声嚷嚷着华人售卖的牛奶饼干致使儿童死亡。在大学，面对周围同学对中国的食品安全恐慌，她提醒他们不仅只有中国有食品安全方面的疏漏，20 世纪 90 年代意大利的公司 Parmalat 在牛奶上也有类似问题。这次事件以及其随后的来自非华人群体的反应再一次陷入了华人威胁论，与维多利亚时代人们认为中国人把有鸦片成分的糖果分给孩童如出一辙。这种针对中国制造的威胁论是把中国看成是一个与西方对立的"完全的他者"，（不管是个体公民还是作为社会集合的民族身份），而且，这种威胁论在其他方面更加根深蒂固，例如，它会具体化为一种人们对本土社会身份特有的情感，这点将在下面两个案例中得到诠释。

第一个案例是和当地手工业相关的，事情发生在德国的一个小村庄塞芬。根据佩瑟曼（Peselmann，个人交流）描述，埃尔茨山脉当地的手工业是与当地的矿业生活方式紧密相关的，而以矿业为生也是该地区几个世纪以来的一大特色。采矿业依赖于丰富的矿藏资源，比如说在塞芬拥有丰富的银矿，这些银矿从中世纪便开始沉积，而人们对银的开采也一直延续到了19世纪中期。但是自17世纪开始——远早于19世纪50年代最后一家矿石馆关门的时间——矿工们已经能够制作木制的家具用品，后来又在一家小型的村舍里生产出了玩具以及装饰品。产品通过中间商人售卖到莱比锡和纽伦堡的集市上。因为价廉物美，来自埃尔茨山脉的木制玩具和装饰品不久就出口至欧洲甚至远销美国。矿业式的生活方式深深地影响了雕像的主题，赋予了这些产品独特的性格（比如拱形蜡烛上雕刻的形象就是以矿工为原型的）。但是在2006年，原本是安静的圣诞节被一件让人不安的事件打破了，这件事发生在德国边陲的厄尔士山脉（Erzgebirge）的一个小村庄，正如以下报道所描述的：

> 但是那一年不仅有爱好者和收藏者前来搜集这些著名的手工制品，例如核桃夹子、抽烟的男子、金字塔、圣诞天使以及拱形蜡烛等，同时还见证了全国范围内的电台记者和报纸从塞芬小镇（它自称这块土地是圣诞节的中心）发来的报道。事情的起源是一家小商店，老板来自德国西部一个靠近不来梅市的商人。他卖的商品和塞芬小镇的商品几乎一模一样，除了唯一的差异，即所有的产品都是在亚洲生产，由亚洲工人制作。当地手工业者和店家的愤怒转化成了明目张胆的鄙视：年度举行

的山地游行中[①]人们纷纷在这家售卖亚洲手工艺品的小店门口停了下来，公然地背向着店门以示歧视。[②]这些当地发生的事件使全国人都把注意力放在了这个小地方，包括政治团体：左翼《日报》以嘲讽的口吻说道"没有灵魂的中国天使"，而德国民族党（NPD）则呼吁通过法律途径来抵制国外的非法竞争。[③]（Peselmann，2009：11）[④]

第二件事将我们带回了葡萄牙。2004 年葡萄牙承办了欧洲的一大盛事，欧洲杯足球赛。每四年举办一次的欧洲杯不仅仅是体育盛事，而且举办国在比赛期间可以倚仗足球赛的国际转播权获得高额收益。2004 年 6 月，葡萄牙不仅是联赛的承办方，而且其国家队是冠军的有力候选者。随着赛事进程，葡萄牙国家队一步步迈进四分之一决赛、半决赛、总决赛，国民的

[①]　Kleine Bergparade（山地游行）在圣诞节前夕的星期六举行，自从 1991 年起一直由当地的矿工协会（Berg-und Huttenknappschaft Seiffen e.V.）和儿童服装协会（'Living Toys'）操办。参加游行的人员都会身着当地传统的矿工服饰，穿过村庄的主街道。游行代表了一年一度的圣诞节市场的开幕。自从很久以前展览馆被关闭之后，这个矿工协会就不是由真正的矿工组成了，但其成员还是会照看画廊，供游客参观。

[②]　cf. Gerlach, Thomas: Von drauß 'von China komm ich her. In: Die Tageszeitung. Issue Decem-ber, 23, 2006: http://www.taz.de/pt/2006/12/23/a0185.1/textdruck; consultation: March, 31, 2009.

[③]　NPD-Fraktion: Antrag an den Sächsischen Landtag vom 01.12.2006. http://npd-fraktionsachsen.de/pdf/antr/4_Drs_7147_1_1_2_.pdf; consultation: March, 31, 2009.

[④]　由 Peselmann 翻译。我在此要感谢 Arnika Peselmann 提供给我的关于德国小镇 Seiffen 的信息。

激动之情和民族自豪感不断升温。葡萄牙人民购买了各种带有国家标志的商品，并且自豪地展示以作为他们对国家队的支持。其中之一便是葡萄牙的国旗，人们将旗子插在车子上，自家的窗户和阳台上。在联赛举行的这一周内，走在葡萄牙的街道上，双目所见皆是红绿旗帜（红色和绿色是葡萄牙国旗的主色调）的海洋。市场上对国旗的需求量剧增，而市场也做出快速反应，商家纷纷开始提供亟需的商品：国旗能在许多地方买到，从小型的传统商店（包括中国人经营的折扣店）到大型的连锁超市。一家大型的周报 O Expresso，在 6 月 10 号（葡萄牙日，即一个国家公共假日）的这个星期，向大众提供了自制版本的国旗；大约 15 万面国旗以这种方式分发完了。

正当全国人民的自豪感膨胀的时候，国家媒体界流传着这样一条新闻并且伴有大量的大众评论：有面国旗没有正确地呈现出国徽上的五个城堡，它们应该置于旗帜红绿交叉的那个部分。[①] 这面不准确的国旗是在中国生产的，上面印的不是欧洲的城堡而是中国的宝塔（图 3）。罪魁祸首是一家连锁超市 O Continente，它生产并售卖了成套的"葡萄牙装备"，这套装备上的国旗印的就是中国宝塔而非原版的城堡。这套装备总计售出 75 万套。人们后知后觉才意识到自己购买了中国"宝塔旗"。

全国范围内对"宝塔旗"的讨论和反对不仅仅是针对"中国制造"及其给欧洲经济带来的消极影响，更暗示着葡萄牙人

---

① 公众评论的例子详见网站 http://www.oesteonline.pt/noticias/ noticia.asp?nid=6433 or http://barnabe.weblog.com.pt/arquivo/051695.html (2011 年 12 月的咨询摘要)。

抗议任何对葡萄牙民族身份不恰当的表述方式。这些中国制造的旗帜不仅仅错误地展示了旗帜其中一个要素，破坏了国家应有的、有效的象征意义，以及葡萄牙人对民族国家的归属感，更严重的是它印上了外来的他者的元素，即中国宝塔。把中国特色的符号印在所有葡萄牙主体中最具象征意义国旗之上，让许多人觉得这是中国在世界舞台崛起的具体表现形态，例如，权力。

在这里，我们探究了西方对中国人身份是如何进行想象的，进而如何产生了想象的地理，现在我们要接着探讨空间的几何形状，我们将选择其中一个适当的、浓缩的地点进行分析，它就是与华人社会身份息息相关的唐人街。

权力的地理：围堵、限制和掌控

王保华在追溯华人移民旧金山的历史过程中，罗列了在 19 世纪制定的一系列法律条规，美国通过这些法律途径来限制中国人获得某些权利。例如，华人不得在唐人街以外的地方购买房产，华人的子嗣不得在公共学校接受教育，华人也不得进入联邦的、州的，或者是当地政府的机构工作（Wong 1998：11-12）。王保华认为正是这些歧视性条规把华人社区变成了族群聚居地，推动了华人形成了自己的民族经济，即洗衣业／餐饮业。华人一开始把经济重点放在这两方面大概是因为这些工作（洗衣服和烹饪）传统上都是妇女的工作，而根据王保华的研究，妇女在移民社区里通常是不存在的，直到1945年，中国妇女进入美国土地仍然是美国移民法律明令禁止的（Wong，1998：13）。当中国人在二三十年代移民葡萄牙时，类似的法律歧视似乎并不存在：人们对过去的复述和回忆中并没有提及这类形式的歧视。但这并不意味着葡萄牙没有这类种族歧视，它们肯定是存在的。

正如上文所提，华人在欧洲的情况与他们在北美大相径庭。尽管本顿和和彭轲（Benton and Pieke，1998）编辑的书中描述到一些华人移民受歧视的状况，但是所有作者都没有明确提及歧视是否写进了国家的法律条例，不管是在国家层面上还是在当地，这点便与北美的显示差异甚大。

北美和东南亚唐人街是在隔离式聚居、族群分工、种族主义以及当地殖民者的间接管理这些因素下形成的，因此它们是华人文化特性发展下的自然产物。在战后欧洲，不同的是，华人移民遭遇了微乎其微的种族歧视，他们有许多商业机会，没有来自其他社区的商业竞争，还能依赖政府对所有种族都开放的一系列多种多样的服务。（Pieke，1998：13）

这样一个更加"开放的环境"意味着当一个华人移民刚踏上这块土地需要寻求帮助时，他只能通过个人关系获得资助和建议，从而才能立足。20世纪上半叶，大部分移民欧洲大陆的中国人来自浙江省的温州和青田地区，他们大多数是街头小贩（EFCO，1996：11）。因此，在30年代时：

大部分欧洲港口城市，例如马赛、鹿特丹和汉堡都能找到来自温州和青田的移民，他们专门负责中国移民的接收和分派工作。从巴黎到里昂、阿姆斯特丹、鹿特丹、米兰、巴塞罗那到马德里，到处可以看到温州人和青田人经营的旅馆，这些旅店是为迎接他们的同乡准备的住宿，并同时也给这些新来的移民提供货源做零售。（EFCO，1996：11）

这意味着在华人移民欧洲的语境中，他们并不需要一个强大的组织结构来支撑，而这种组织在美国却是唐人街产生伊始的支柱。在此基础上，我们看到华人特有的经济活动餐饮业也呈现类似特征，他们的餐馆遍布各地（这也是华人在欧洲的一个显著特色），欧洲唐人街向来都没有像北美和东南亚唐人街那样形成一个自己的形式和特色，因为他们最多也就是"一系列的商店、餐馆和赌馆"。（Pieke，1998：13）

克里斯藤森（Christiansen，2003）认为，在所有的欧洲唐人街中，只有在巴黎的三个华人社区之一（即第13区），呈现出类似北美和东南亚唐人街的功能，这里聚居着一大群70年代从东南亚逃难而来的难民。在13区的华人社区里，我们找到了以下几点与北美和东南亚唐人街类似的功能：（1）居住模式；（2）商业活动；（3）专门面向华人社区内部的服务行业以及；（4）公共符号。最后一个公共符号在两方面得到体现：其一是面向华人社区内部成员（游客、消费者和劳工，他们包括当地的华人社区成员，但同时也是"大中华"整体的一部分）；另一个层面是面向非华人游客和消费者，他们来到唐人街期待体验这里特有的氛围和服务，即一个以中国为主题的空间。把北美和东南亚唐人街的四大功能放到欧洲的语境中，我们发现这四大功能都缺少一定的聚焦点，因此我们只能在其中找到两项功能是被以上三个不同地理上的唐人街所共有的：商业功能和公共符号功能。

同北美唐人街和东南亚唐人街相比，欧洲唐人街作为一个特殊的城市空间是新兴的现象。尽管早在19世纪就有大量的华人在欧洲居住，而且如今我们看到的欧洲唐人街的确与先前华人在城市聚居的历史相关（例如阿姆斯特丹和伦敦），但现实是直到60年代（伦敦），唐人街才发展出当代的形式，它们其中一些到90年代才经历这一过程（例如安特卫普）。构建一座中国大门通常被看作是一项特权和本事，它体现了成事者与当地权力机构协商并且从中国大陆筹集资金的能力。尽管伦敦唐人街（Soho）的历史可以追溯到30年代，但是直到60年代它才开始发展出现在的形式。它比曼彻斯特唐人街岁月更久，规模更大，但是确实曼彻斯特唐人街第一个建造了它的中国式大门。1987年曼彻斯特唐人街正式成立，它的大门也是欧洲第一个。阿姆斯特丹和巴黎唐人街就没有这样的大门，而安特卫普却有。

根据克里斯藤森的研究显示，直到20世纪90年代中期，安特卫普的唐人街包含了一些"建在火车站附近的店铺、餐馆、华人会馆的会议室和办公室"（Christiansen，2003：73）。90年代中期，一小部分商铺和餐馆老板开始组织成立一个华人会馆。1995年，在市政府的支持下，几个华人机构组织承办了第一个中国节日活动。凭借着这次节日活动的成功，当地华人团体得以从中国的当局者处筹集了一笔捐款，用来购买一条中国龙。接下来的目标是要筹得一笔资金来建造一个唐人街的拱门（Christiansen，2003：75-76）。2010 年 9 月 29 日，安特卫普唐人街的龙门最终正式开放了，人们还在上海世博会上直播了欢庆仪式。

他者化的技术手段

伴随着差异性，人们还会把相似点（归属感）和不同点（无归属感）的进行分门归类，例如，对不同地点采取不同政策，把特定主题归入特定的地方。城市是一个地点，它作为一个结构性的空间，可以看作是有秩序的，因此它也可被认为是一个有型的物质。在城市中，社会的或空间的隔离便是城市的一大特点。对城市空间的组织规划是由历史语境中的权力／知识机制所决定的，因此它们是更广义上的表征机制的一部分。通过强行执行土地使用和发展的规章制度，人们实质上是按照社会差异性对某部分人进行安置（即把人置于某个位置和地点），以此来执行强制性措施。对强制／安置这一双名词的执行可以让我们看到社会团体之间的关系，这正是里斯本唐人街的建立以及紧随其后发生的激烈讨论所揭示的内容。

正如本章开头所述，各方为了建立里斯本唐人街都各抒己见。一些人反对它，一些人支持它，而人们观点的差异性并没有遵循文化／国家的差异性展开：在两边阵营里我们既能找到葡萄牙人也能找到华人。由华人企业家和商人组成的会馆选择支持唐人街，[1]因为他们希望通过唐人街享受到像安特卫普唐人街那样由超现代性和新自由主义带来的福利，一些华裔年轻人则表达了许多担忧，其中他们最担心唐人街的建立会带来一个封闭的"华人空间"，因此给后代带来不好的影响。[2]右翼政客大部分是支持这项提议的，而一些里斯本市政府的官员们、非政府机构以及一些左翼政客则持反对态度，因为他们认为这项提议旨在建立一个少数民族聚居地。但实际上，里斯本大都会区早就对少数民族他者的聚居地见怪不怪了。

里斯本大都会区有着超过 50% 的不同国家的移民，这里的几块居屋地大部分都被非裔移民占据。但是那些反对唐人街提案的声音中并没有要求取消非裔移民聚居地，或者直接否定少数民族聚居原则。那些叫嚣最大声的反非裔者们关注的是公共秩序以及犯罪问题；但是在普罗大众之中或者政治阵营里，从未出现改变空间聚居这一情况（事实上的种族群居）。我们认为在里斯本甚至是整个葡萄牙的非裔的现实情况是不能和华人情况相比较的，因为两者的历史语境完全不同。尽管历史语境不同，但少数民族的空间聚居模式，像非裔聚居在里斯本大都会

---

[1]　参见 Filipe Morais, "Chineses aprovam 'chinatown' em Lisboa." *Diário de Notícias*, 14 September 2007. http://www.dn.pt/inicio/interior.aspx?content_id=984931.

[2]　其他的一些担忧包括，把唐人街商业活动强制性迁移到唐人街背后的非法的目的。然而这些年轻人对唐人街有着复杂的情感，因为一方面他们觉得每当去到一个陌生的城市，那里的唐人街让他们感到舒服，他们喜欢去唐人街游玩。这种情感和他们的社会认同以及文化亲密感紧紧相关。

区以及唐人街议案，这些都把文化不同的各个族群封闭在各自的圈子里，可以看作是他者化手段在城市空间的具体体现。

北美唐人街／东南亚唐人街和欧洲唐人街共有的特点之前已经有所涉及，加上欧洲唐人街特有的历史，让我们更能理解后者在当代的表现形式，因为它与超现代性和后资本主义的崛起都密切相关。跨国主义的形式、标准以及实践都是被相互重叠的现代资本主义、国家和科技手段不断规约和设定的（Ong，2006：58-5）。跨越时间和空间，领土、权力和权益已经被整合成为一个独特的形式（Sassen，2006）。里斯本唐人街的提案不能仅仅看作是城市再生项目的一个策略性优势，比如通过交易异域文化商品来推销某个地方，像伦敦的红砖巷，斯皮塔佛德和格林街，以及韦斯特汉姆的肖恩、已格韦尔和卡摩斯卡（Shawn, Bagwell and Karmovska，2004）。在形式上，里斯本唐人街必须依照分配名额进行规划，在市区内要开新的商店是被禁止的，华人店铺被强制地重新安置在里斯本市区的划定区域，这样一来，唐人街变成了一个集土地、权力和权益为一体的综合体。对那些提出提案的人而言，他们还希望通过建立唐人街来控制里斯本的华人，限制华人商业的竞争性，因为这些在他们眼里是会给"本地"商业带来冲击的破坏性因素：比如把华人商业活动聚集在某一块地方，而限制他们在里斯本市中心的其他地方活动。从华人商会的角度看（大部分是商业组织），他们认为唐人街既能提供好的商业机会，又能强化华人社区的团结；而且同时，可以肯定的是，公众从此会认可华人社区的重要性，因为他们不仅看到了一个可见的、值得一游的中国主题城，而且唐人街的建立也是华人社区与当地议会的协商结果，这意味着双方在协商的过程中处于一个平等的地位。

我们生活的这个时代里，"政治决策被去政治化了，政治被赋予一种技术化的真理，［这个时代］政治已经被溶解到技术中去了"（Comaroff and Comaroff，2005：129）。2007 年的里斯本唐人街提案以一种进步的、有效的技术形态出现在公众面前，通过把华人商铺集中在新安置在特定的区域：马尔提姆·莫尼兹（Martim Moniz），① 这项提案帮助解决了市中心"本地"小商业的危机。两个月以来，建立一个有中国特色的城区在全国媒体中引发了一系列激烈的争论，这其中还涉及到葡萄牙政府对待差异性的少数民族他者（中国公民）采取的政策，这些政策都在城市规划（里斯本唐人街提案）中得到了具体体现。于是，争论进一步散播到不同的语境中去。人们逐渐把重点放在了本土性（属于这块土地的人）和对他者的排斥之上，而这些争论都是基于一个事实，即民族作为一个社会身份，能够激发人们强烈的情感，从而划定出清晰的社会界限（Geschiere and Nyamnjoh，2000：423-25，448）。正是出于对"本土归属感"的强调，我们现在可以完全读懂大众媒体（报纸电视）强加于中国人（葡萄牙社会空间中的他者）的过分的仪式性行为：这

---

① 这本身就是里斯本最多元化最多种族性的区域，这里聚居了大量的亚洲次大陆人种的后裔（印度人和巴基斯坦人），他们大多数是生意人。当地的小商贩提到，自从 2002 年以来，该地区一直有中国商铺进驻，以至于印度人和巴基斯坦的商铺被迫迁走。(http://www2.fcsh.unl.pt/cadeiras/plataforma/foralinha/atelier/b/www/view.asp?edicao=07&artigo=313).

种暴行旨在建立国家权力，实现民族统一。

里斯本城市再生项目提议的唐人街计划并没有得到实施。但是对此展开的公众争论让我们看到了国家政府是如何看待当下的全球化，在这其中，我们看到了认同以及与其相关的政策和情感扮演的重要角色，这一重要性在另一个实体中得到了具体体现，即后资本主义新自由主义下的欧洲唐人街。本章开篇的短文以及这里描述的其他事件体现了葡萄牙和欧洲社会在对待他者问题时的内部矛盾。萨森（Sassen，2006）暗示到，如果全球体制进入国家领域时（以去国家化的微观程序进入）仅仅是操作性的或者表演性质，那么这些全球化动力（跨国唐人街及其后资本主义逻辑）也无法把强大的国家力量物质化，或者说它不得不屈服于国家权力。尽管提议的里斯本唐人街从未见光，但是在里斯本有一块地区被报纸称为是"里斯本的中国"；但同一份报纸又强调说人们千万不要期待看到一个"唐人街"。这块穿过马尔提姆·莫尼兹和莫拉亚（Mouraria）的地区有着比其他地区都要多的中国人经营的商店。自 2007 年提议的可能的唐人街之外（本章开头所述），里斯本的城市再生计划再也没有新的进展。

注释

* 这篇文章中叙述内容有些地方会与我之前一篇文章（Santos，2007）重复，特在此感谢 SPAE 允许我摘录前一篇文章中的部分内容。

** 该研究是在两项项目的支持下展开的，它们是：Migrant Communities and Urban Systems: Chinese and Ukrainian Communities and their Integration in Greater Porto — An Exploratory Study (financed by Fundação para a Ciência e Tecnologia) and TRESEGY — Toward a Social Construction of European Youthness: Experience of Inclusion and Exclusion in the Public Sphere among Second Generation Migrated Teenagers (financed by the European Commission within the 6th framework program).

保拉·莫塔·桑托斯

参考文献

Bender, Barbara, ed. 1993. *Landscape and perspectives.* Oxford: Berg.

Benton, Gregor, and Frank N. Pieke, eds. 1998. *The Chinese in Europe.* Basingstoke: MacMillan Press.

Cabral, João P. 2002. *Between China and Europe: Person, Culture, and Emotion in Macao.* London: Continuum.

Cabral, Luís P. 2006. "Morte em Chinês". *Única — Expresso.* Number 1753, 3 June, p. 68.

Camões, Afonso. 2005. "A vingança do chinês". *Única — Expresso.* Number 1698, 14 May, pp. 78-79.

Chan, Kwok-bun. 2005. *Migration, Ethnic Relations and Chinese Business.* Abingdon & New York: Routledge.

Christiansen, Flemming. 2003. *Chinatown, Europe : An Exploration of Overseas Chinese Identity in the 1990s.* London & New York: Routledge Curzon.

Comaroff, John and Jean Comaroff. 2005. "Naturing the Nation: Aliens, Apocalypse and the Postcolonial State". In *Sovereign Bodies — Citizens, Migrants and States in the Postcolonial World, eds.,* Thomas Blom Hansen and Finn Stepputat, pp. 120-147. Princeton, NJ: Princeton University Press.

Costa, Carlos S. 1998. "O caso dos chineses de Moçambique emigrados em

Portugal". In *Estudos sobre* a China, eds., Ana M. Amaro and Carlos Justino, pp. 305-328. Lisboa: Universidade Técnica de Lisboa, Instituto Superior de Ciências Sociais e Políticas.

Douw, Leo. 2000. "Diasporas and Transnational Institution-Building: Some Research Questions." In *New Studies on Chinese Overseas and China*, eds., Zhuang Guotu, Cen Huang and Kyoko Tanaka, pp. 5-29. Leiden: International Institute for Asian Studies.

EFCO. 1999. *The Chinese Community in Europe.* Amsterdam: European Federation of Chinese Organisations/EFCO.

Falcão, Luisa. 2002. *Immigration in Portugal* — Report presented by Delta Consultores under the Socrates Program- Immigrant Language Learning.

Featherstone, Mike. 1995. *Undoing Culture — Globalization, Postmodernism and Identity.* London: Sage Publications.

Geschiere, P, and F. Nyamnjoh. 2000. "Capitalism and Authoctony: The seesaw of Mobility and Belonging." In *Millennial Capitalism and the Culture of Neoliberalism,* eds, John and Jean Camoroff. Special Edition of Public Culture 12(2):423-52.

Góis, Pedro, José C. Marques, and Catarina Oliveira. 2005. "Dévoilement des liens transnationaus des migrants chinois au Portugal". *Oficina do CES,* number 241. Coimbra: Centro de Estudos Sociais — FEUC.

Groth, Paul and Todd W Bressi, eds. 1997. *Understanding Ordinary Landscapes.* New Haven and London: Yale University Press.

Heidegger, Martin. 1977. *Basic Writings from 'Being and Time' (1927) to 'The Task of Thinking' (1964),* David F. Krell, ed. London: Routledge & Keagan Paul.

Hirsch, Eric and Michael O' Hanlon, eds. 1995. *The Anthropology of Landscape: Perspectives on Place and Space.* Oxford: Clarendon Press.

Kwong, Peter. 1996. *The New Chinatown.* New York: Hill & Wang.

Lefebvre, Henri. 1991 [1974]. *The Production of Space.* Oxford: Blackwell.

Levi-Strauss, Claude. 1967. *The Savage Mind.* Chicago: University of Chicago Press.

Lee, Gregory B. 2003. *China's Unlimited — Making the Imaginaries of China and Chineseness.* Honolulu: University of Hawai' i Press.

Lovell, Nadia, ed. 1998. *Locality and Belonging.* London and New York: Routledge.

Matos, Patrícia F. 2006. *As Côres do Império — representações raciais no Império Colonial Português*. Lisboa: ICS.

Meinig, Donald W., ed. 1979. *The Interpretation of Ordinary Landscapes*. Oxford: Oxford University Press.

Nonini, Donald, and Aihwa Ong, eds. 1997. *Ungrounded Empires: The Cultural Politics of Modern Chinese Transnationalism*. New York & London: Routledge.

Oliveira, Catarina. 2000." *Chineses em Portugal: comunidade ou comunidades?" SociNova Working Papers Number18,* Lisboa: FCSH-UNL.

——. 2003. "Immigrants' entrepreneurial opportunities: the case of Chinese in Portugal". In special issue on *Economic Growth and Innovation in Multicultural Environments, Note di Lavoro 75.2003* ENGIME, Fundazione Eni Enrico Mattei. (available at http://www.feem.it/NR/rdonlyres/076B874F-3A94-4754-9600-67DEB77/789/7503).

Ong, Aiwha. 2006. *Neoliberalism as Exception: Mutations in Citizenship and Sovereignty.* Durham & London: Duke University Press.

Pereira, Micael. 2004. "Os Pioneiros." *Grande Reportagem.* Number 160, 3ª série, 31 January-6 February, pp. 22-33.

Peselmann, Arnika. 2009. "Re-privatisierte Volkskunst. Eigentumsansprüche an erzgebirgischen Kunsthandwerk aus kulturanthropologischer Perspektive ". *Kulturen 2,* pp. 11-19.

Pieke, Frank N. 1998. "Introduction." In *The Chinese in Europe,* eds., Gregor Benton and Frank N. Pieke, pp. 1-17. Basingstoke: MacMillan Press.

Pred, Allan. 1997. "Re-Presenting the Extended Present Moment of Danger: A Meditation on Hypermodernity, Identity and the Montage Form." In *Space & Social Theory: Interpreting Modernity and Postmodernity,* eds., Georges Benko and Ulf Strohmayer, pp. 117-140. Oxford: Blackwell.

Said, Edward. 2003 [1978]. *Orientalism.* London: Penguin Books.

Santos, Paula M. 1998. "Os Lugares como Espaços de Memória — temporalidade, identidade social e agência humana como elementos arquitecturais". In *Cultura e Arquitectura — Incursións Antropolóxicas no Espacio Construído, eds.,* Paulo Seixas, Xerardo Pereiro and Paula M. Santos, pp. 91-109. Santiago de Compostela: Edicións.

——. 2004. Porto's Historic Centre and the Materiality of Belonging. Ph.D thesis,

University College London.

——. 2007. "Being in or Out of Place: Shifting Visibilities of a Collective Ethnic Other In the City of Porto." *Trabalhos de Antropologia e Etnologia* 47 (3-4): 49-69.

Santos, Paula M., and Hugo Morango. 2007. *Monographic Reports on qualitative/ quantitative and comparative national and trans-national analysis on second generation migrated teenagers in local contexts — Porto Greater Metropolitan Area,* TRESEGY- Scientific Deliverable n°7 (available at www.tresegy.eu).

Santos, Paula M., and Sousa, João B. 2006. "Visibility & Invisibility of Communities in Urban Systems." *Social Science Research Network Electronic Paper Collection: Fundazione Eni Enrico Mattei,* Nota di Lavoro 70.2006 (available at http://ssrn.com/abstract=903077).

Sassen, Saskia. 1999. *Guests and Aliens.* New York: The New Press.

——. 2006. *Territory, Authority, Rights: From Medieval to Global Assemblages,* Princeton, NJ: Princeton University Press.

SEF. 2010. *Relatório de Imigração, Fronteiras e Asilo — 2010,* SEF, Oeiras. (available at http:// sefstat.sef.pt/Docs/Rifa_2010.pdf).

Shawn, Stephen, Susan Bagwell, and Joanna Karmowska. 2004. "Ethnoscapes as Spectacle: Reimaging Multicultural Districts as New Destinations for Leisure and Tourism Consumption." *Urban Studies* 41 (10): 1983-2000.

Tilley, Chris. 1994. *A Phenomenology of Landscape: Places Paths and Monuments.* Oxford: Berg.

Trindade, Maria Beatriz R. 1995. *Sociologia das Migrações.* Lisboa: Universidade Aberta.

Tuan,Y-Fu. 2001[1977]. *Space and Place: The Perspective of Experience.* Minneapolis and London: University of Minnesota Press.

Wong, Bernard. 1998. *Ethnicity and Entrepreneurship: The New Chinese Immigrants in the San Francisco Bay Area.* Boston: Ally and Bacon.

Yu-Sion, Live. 1998. "The Chinese Community in France: Immigration, Economic Activity, Cultural Organization and Representations." In *The Chinese in Europe,* eds., Gregor Benton and Frank N Pieke, pp. 96-124. Basingstoke: MacMillan Press.

Zhou, Min. 1992. *Chinatown: The Socioeconomic Potential of an Urban Enclave.* Philadelphia: Temple University Press.

第九章

东京的池袋唐人街：
日本的第一个"新式唐
人街"

山下清海

　　根据唐人街的形成过程，世界上的唐人街大致可以划分为两种类型。第一种类型囊括了传统的唐人街，通常它们形成于一个大都会城市的附近。笔者把它们称作"旧式唐人街"，比如纽约曼哈顿、旧金山、温哥华、伦敦、阿姆斯特丹、悉尼、墨尔本等市中心城市的唐人街，都属于"旧式唐人街"。

　　近来，除了位于大城市中心的旧式唐人街，新式唐人街也开始出现在市郊。从旧式唐人街迁移到市郊的华人建立了这种新式唐人街。为了寻求更高水平的居住标准，人们纷纷搬离了"年老色衰"的老唐人街。这些人中包括来自中国香港、台湾的富人，以及来自中国大陆日渐富裕的新移民。笔者把这类唐人街称作"新式唐人街"。新成立于旧金山老唐人街西郊里士满区域的唐人街便被人们称作"新唐人街"。在洛杉矶东部市郊蒙特利公园附近还有一个大型的唐人街（Fong，1994；Li，2009；Zhou，2009：77—96）。在温哥华南部地区的里士满还有一个新兴的唐人街（Lai，2003）。与这些新唐人街形成同步的是，中南半岛地区（越南、老挝和柬埔寨）的华人正不断涌入洛杉矶和旧金山，并且越来越受到关注。

在日本，唐人街已经在三个港口城市扎根：它们分别是横滨、神户和长崎。这三个地区在江户末期就已经对外国人开放，吸引了许多外国人纷纷在此聚居。但当时的政府实行闭关锁国的国策，而长崎是唯一对外贸易的港口。日本江户末期，由于日本与英国、俄罗斯、荷兰和美国签订了相关条约，长崎港口再度开放了。现在横滨中华街、神户南京街和长崎新地中华街成为了吸引日本游客的重要旅游景点（Yamashita, 2003）。当然，它们是典型的旧式唐人街。拥有 200 家中式餐饮店的横滨中华街无疑是日本最大规模的唐人街。200 家中国餐馆连同其他类型的商铺，在 500 平方米土地上建立起了有 600 家店铺的繁荣商业区。与此相比，神户南京街的 100 家店铺和长崎新地中华街的 40 家店铺规模就小得多了。

直到最近，随着新移民数量的增长，在东京丰岛区的池袋出现了新式唐人街。再回过头来看看这三大唐人街，以旅游氛围浓厚的横滨中华街为例，它们都将目标锁定在日本游客身上。但是，池袋唐人街作为一座新式唐人街的特殊之处在于，它是由来自中国大陆的华人建立的，这些人大多受 20 世纪 80 年代改革开放政策的影响而走出国门。

本文接下来将要讨论日本的第一座新式唐人街的形成过程和背景。通过与日本的三座大型唐人街的比较，本文要考察的第一点是日本新移民数量的增长，第二点是新移民的民族商业在日本的发展，以及在日本社会中，华人与日本社会的关系。过去，日本的外国劳工和移民是非常少的，但最近这个数字在不断增长。鉴于此，有关人士担忧外国人群和日本本土社会的矛盾将滋生并不断扩大。因此对于唐人街的研究不仅是重要的学术贡献，而且有重要的社会意义。

之前我已经从地理学角度研究中国社会和唐人街，[①] 在本文中，我将再次运用地理方法考察唐人街的生活空间和景观。因为日本每一个地区的族群的人口和经济数据尚未公开，所以对唐人街进行定量分析是相当困难的。因此，本研究将关注点转向了对华人居民和日本居民的访谈上，充分利用唐人街的地图，并仔细分析了出现在中文报纸上的广告（免费的社区报纸）。

奥田和田嶋两位学者已经在他们的研究中提到了最近一段时间池袋地区亚洲人口的增长。他们在 1988 年和 1994 年对池袋地区的亚洲外国人进行了一个社会调查（奥田、田嶋，1991，1995；Tajima，2003）。尽管已有很多研究是关于日本的韩国人，但除了三大唐人街之外，我们几乎找不到任何华人社会在日本本土的记录。笔者已经在日本出版了一本书，该书通过对池袋唐人街新移民的采访呈现了华人在池袋的生活状况（山下，2010）。

---

① 本章最早发表于 *Journal of Overseas Chinese*, Volume 7 Issue 1（2011）。
　　山下（2000）从地理学角度研究了日本和其他国家的唐人街，该研究是基于作者在全球范围内进行的田野调查。山下（2002）将焦点对准了东南亚华人社会和中国侨乡之间的社会文化与经济联系。山下编（2005）召集了日本国内著名的中国社会专家，共同探讨了日本和其他国家的华人圈的特性。山下编（2008）是一本汇集了日本著名的民族地理学家的著作，其中也包括了山下自己。

华人新移民在日本的增长

自中国 1978 年改革开放以来，越来越多的人选择到国外工作学习，其中就包括到日本的第一批中国人。根据外国人在日登记数据库的有关数据，[①] 1980 年日本官方登记在册的中国人人数（中国国籍持有者）就有 52896 人。至 2009 年，这个数字已经增长了 13 倍，有 680518 名华人居住在日本土地上。尤其是持有大学预科学生签证的人数在 20 世纪 80 年代后期急剧增长（大学预科学生签证是提供给在日本语言学校、职业学校学习的学生）。

在日本，自中国改革开放后到来的中国人被称为"新华侨"，相对于"老华侨"。"老华侨"是在新移民到来前就已经居住在日本的华人。在这篇文章中我称前者为新移民。很多"老华侨"来自中国南部沿海地区，比如福建省、广东省和海南省，相较之下，新移民来自中国各地，尤其是上海、福建和东北三省（黑龙江、辽宁、吉林）。其中一些人是拥有大学本科以上学位的高级知识分子。

这些新移民希望生活在国际大都市，比如东京或者东京郊外，像神奈川县、埼玉县和千叶县等地。这些都是华人的聚居

---

① 《在留外国人统计》（外国人在日登记数据库）每年由日本司法部发布，提供了全国范围内的注册在案的外国人口的数据。

地，而且有很多工作机会。根据《在留外国人统计》的数据显示，在 2009 年，居住在日本的中国人中有 23.0% 的人生活在东京，44.5% 的人生活在东京大都会地区（包括神奈川县、埼玉县和千叶县）。

他们在中国的籍贯也发生了很大改变。1964 年，适逢东京奥林匹克运动会，那时居住在日本的华人人数为 48003 人，其中有 49.3% 的人来自台湾，12.4% 的人来自福建，11.0% 的人来自广东，9.8% 来自江苏，6.3% 来自浙江，3.7% 的人来自山东。在横滨和神户的"旧式唐人街"中，大多数华人来自广东。相比之下，2009 年时来自东北三省的中国人人数飞速上升，几乎占了日本社会华人总人口数的 34.9%，其中有 16.0% 的人来自辽宁，10.6% 的人来自黑龙江，8.3% 的人来自吉林。

日本国内的外国人口数量也在增长，2009 年东京的外国人口最多，达到了 415098 人，占了日本总人口总数的 20.7%。而在东京的华人（156844 人）也已成为人数最多的外国人，紧随其后的是韩国人（114273），菲律宾人（31567）。

池袋唐人街的形成以及华人商业的发展

华人新移民在池袋聚集

20 世纪 80 年代初期，中国政府和一些公共机构开始资助中国学生到日本读书。1984 年，中国政府宣称自费出国读书的学生申请一部分短期贷款，这一措施大大加快了留学生出国读书的进程。同时，日本政府在 1983 年发起了"10 万名留学生接受计划"①，通过该计划，外国学生离境手续大为简化。几乎同时，中国在 1986 年通过了《中华人民共和国公民出入境管理法》，开始允许公民以个人身份出入境。随着相关措施的施行，原本没有机会出国的中国人开始大规模来到日本，他们持有大学预科学生签证，进入了日语学校和职业学校学习。这导致了从 1987 年到 1988 年赴日人数的快速增长。

池袋唐人街以游乐场而著名，它靠近东京丰岛区的池袋车站。像新宿和涩谷一样，它是大都会地区的几个新兴的市中心之一。池袋车站是东京非常重要的一个总站，这里汇集了八条线路（JR，也可以用来指代日本铁路，私营铁路以及地铁）。就运输旅客数量来说，该站也成为仅次于新宿站的日本第二大站。

至于新移民为什么集中于池袋唐人街，大致有以下三个原因。一、20 世纪 80 年代末，在东京的日语学校，大多数位于池袋和新宿两地；二、在距离池袋车站 5 至 10 分钟路程的范围内有很多老式公寓，这些公寓的租金往往很低，来自附近大学的学生大多数会选择这里，但当他们逐渐富裕之后会搬到租金偏高，看上去更加体面一点的住宅区。通常而言，在刚来的那段日子里，中国学生会选择合租的方式来节省租金，这种情况下，一间 15—20 平方米小房间里可以容纳 2—4 人；三、因为池袋

---

① 因为日本国内的外国学生数量远远少于其他发达国家，就有了"100000 名国际留学生计划"，旨在到 2000 年提高日本国内的外国学生人数至 100000 名。另外在 2008 年日本政府宣布了"300000 名国际留学生计划"，计划截至 2020 年将日本国内的外国学生人数从 120000 名提升至 300000 名。

是东京地区最大的娱乐场所，所以即使是只会讲一点点日语的中国学生也可以轻易在里面找到一份兼职工作，比如在餐馆和酒吧洗盘子或者当一个服务员。

居住在租金廉价的老式公寓里的中国学生，大部分来自福建省（尤其是以省会城市福州福清地区的人最为多）。20 世纪 80 年代，随着人数的快速增长，这个地方就被称作为"丰岛区的福建乡"。很多来自福清的人关心着家乡的发展，他们经常捐赠数目可观的资金帮助家乡发展。在福清当地有不少人的家人或者亲戚生活在日本。福清和日本之间的网络支撑着新这些新来的福清人，帮助他们在当地生存下来（山下等，2010）。

根据外国人在东京登记在册的数据的显示，[①] 1987 年有 3799 名华人生活在丰岛区，这个数字在 1988 年上升为 5394，在 1989 年达到了 9330。从中可见在短短两年的时间内，华裔人口数有了 2.5 倍的增长。值得注意的是，在那个时期的中国留学生中，有很多人是非法工作的，一部分人的工作时间超出了规定时间，甚至有一部分人只是在日语学校注册了学籍，把时间都花在了赚钱上。随着日本移民局开始限制签证的发行，丰岛区的华裔人口数在 1990 年和 1991 年分别下降至 8399 人和 7823 人。直到 2008 年此地的华裔人口数一般都是在 7000 和 8000 之间波动，但是到了 2009 年，这个数字再一次上升至 9340 甚至在 2010 年达到了 10601。

在这些不断增长的人数中，有一部分人来自中国的东北三

---

① 详见网站 http://www.toukei.metro.tokyo.jp/gaikoku/gaindex.htm.

省，而且不少是朝鲜族人。对他们来说，因为朝鲜话和日语很相似，学习日语对他们而言比较容易。另外，东北三省早先是满族人的聚居地，清朝时已有许多日本的商业机构在这里成立了分公司。那时很多大连人都非常认真地学习日语，从中可以看出中日之间的渊源了。甚至在今天，人们都带着有朝一日能在日本学习的希望而努力学习日语。事实上，到 2008 年年末，来自东北三省的中国人（43894）就已经占了东京中国人人口数的（144469）的 30.4%。在池袋唐人街，朝鲜族人经营的餐馆数量也有所增长，甚至还有售卖狗肉的餐馆。

在东京唐人街筹备委员会建立之前——关于这一点我们稍后讨论——池袋唐人街一直都没有专门的组织机构把店铺和商业活动团结起来。从事同一行业的商人也没有成立一个统一的组织。而且从采访可以看出，很多经营者将其他的同行看作竞争对手，而非同道者。

在教育方面，在距离池袋火车站北出口 10 分钟路程的地方，有一所汉语学校。中国人喜欢把孩子送去学校接受汉语教育。这些中国孩子平常都在日本的小学和初中学习，他们的父母为了让孩子不忘母语，周末便送他们去这所学校学习中文（这所学校只在周末开放）。该学校的生源不仅来自池袋唐人街，还来自东京的其他地方和埼玉县。在池袋火车站的东西方向各有一所托儿所专门照看这些新移民的孩子。与旧式唐人街不同的是，池袋地区没有宗教机构。

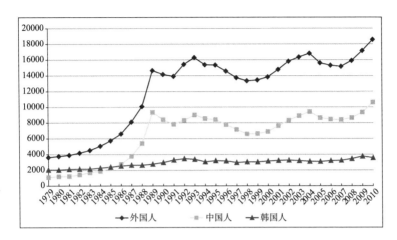

图一：1979—2010 年在东京都丰岛区的外国人数量

新移民的民族商业

尽管新移民在到达日本后不久就以低廉的租金占据了池袋地区的老式公寓，但是，这片老式公寓区还不能被称作唐人街，原因在于此地并没有因而汇集一批新移民的商业和服务设施。如果新移民想要发展商业，其中非常重要的一点就是他们的"核心商业"必须扮演起重要的功能性角色，在池袋唐人街，两家中国超市的开张运营就尤为典型，这两家超市（知音超市和阳光城）已经成为了池袋唐人街的标志。

早在 1991 年，知音超市就在池袋车站北出口附近开业了，一开始它仅限于提供中文磁带的租借服务，随后它开始向百货超市和书店发展，成为了池袋唐人街最大的超市和书店。此后它接着多样化发展商业，经营范围涵盖了旅游代理和华人餐厅，还建立了《知音报》（这份报纸为半月刊）的出版社。但是该出版社在 2010 年 1 月倒闭了。

知音超市的成功吸引了很多华人前来投资经商，不仅有居住在池袋附近的华人，还有居住在东京其他地方以及其边郊地区的华人（埼玉县和千叶县）。很多属于华人的店铺和公司也开始在知音超市周围发展它们的业务，比如中国餐馆、电脑的分销商，移动电话的分销商，网吧等等。

2002 年，知音超市附近又开了一家阳光城，这家超市曾极有可能成为知音超市竞争对手。阳光城红黄相间的外观设计极具中国风，它标志着池袋车站北出口区域的新移民商业活动的快速增长。除了经营日常百货，阳光城也经营中国餐馆，发行免费的中文报《阳光报》。在池袋唐人街另有十多种中文报，专门传递中国和日本的消息以及明星娱乐新闻，除此之外，报纸上也会刊登中国餐厅和华人商铺的商业广告和招工信息。中国人来到池袋唐人街的一大原因就是为了获取这些报纸，因为这些报纸在其他地方是看不到的。

自 20 世纪 90 年代开始，池袋车站北站出口附近新移民经营的商铺不断增加。2002 年建立的阳光城更是在一定程度上促进了池袋唐人街的形成。在研究了唐人街早期的发展进程的基础上，我在一份地理杂志月刊《地理》上提议把这块区域命名为"池袋唐人街"，该杂志于 2003 年 8 月发行（山下，2003）。2007 年 3 月，我与一位地理专家一同绘制了一份唐人街指引地图，我们同时制作了中文版和日文版的“池袋华人街指南”①，并把它贴到了网上。这份地图在媒体间引起了强烈反响，报纸和杂志都纷纷报道池袋唐人街，电视和广播都以池袋唐人街为特别题材进行宣传；②中文报纸上介绍唐人街的报道和文章也是随处可见。③

总的来说，族群聚居地的名称以当地社会的命名方式为准则，例如唐人街、韩国城、小意大利等等。至于池袋唐人街，新移民们往往简单地称呼它为“池袋北口”。在那些免费的中文报广告中，商店的经营者们常用这句话来描述商店的地理位置："距离池袋站北出口一分钟路程处"，这说明了华人商业已经具有了品牌效应。

池袋唐人街是在池袋站北出口的西部地区形成的，由于缺少当地华人经营的商店和公司的具体的官方数据，所以作者通过实际调查，以中文报上出现的广告为依据，自建了这一方面的数据库。今天我们看到的池袋唐人街地区包括了池袋的一区至四区加上西池袋的一区至五区（除去第四区）。2010 年 8 月，作者统计了 161 家华人经营管理的店铺和公司（山下，2010：9）。其中有 47 家中国餐馆，占总数的 29.2%，13 家旅行社，13 家

---

① "池袋华人街指南"可以在作者的网站上得到 http://www.sakura.cc.tsukuba. ac.jp/~yamakiyo/IkebukuroChinatownGuide.pdf.

② 至于非日语报，像《朝日新闻》（英文版）在 2007 年 10 月 1 日刊登的一篇文章的标题为"新式唐人街的服务设施落实与新一代移民。"

③ 此类文章可以在以下网站获得 http://www.dfdaily.com/node2/node23/ node220/userobject1ai78948.shtml.

美发店，14 家电脑配件商店（这 14 家店铺业务范围涵盖了电脑手机的组装和维修以及网站建设），还有 12 家房地产代理商等等。值得注意的，另有 12 家以日本名字注册的公司，主要从事行政方面的公证和律师类业务。这些公司雇用华人，为需要申请签证和规划入籍的中国移民提供代理服务。但是因为新移民的身份在日本很难从事行政公证和律师等行业，所以这些日本人开的公司便进入了唐人街，以满足新移民日益增长的需求。

新移民企业的一个特性就是，多数企业将顾客范围固定在华人身上。虽然三大唐人街的目标顾客都是日本游客，但池袋唐人街的服务对象却是华人。因为中式餐馆的日益增多，出现了低价竞争的情况，结果价格战愈演愈烈，许多餐馆因为入不敷出而面临严峻的财政危机。为了提高价格进而获得更多的利润，这些餐馆开始设法吸引日本顾客。餐馆的菜单纷纷改头换面，使用口语，配以美食的图片。在菜品革新方面，中国大厨根据日本人的清淡口味减少了油和香料的用量，在餐馆环境方面，这些餐馆更加注重整洁，尤其是提供干净的洗手间，另外中国老板也不忘培训服务员，为日本顾客提供更优质的服务。

2007 年，小尾羊羊肉火锅店在池袋唐人街开张了，这是一家著名的内蒙古羊肉火锅店。而在池袋的这家分店将目标人群锁定在日本顾客而非华人顾客。坐落于池袋唐人街，它更多地关注日本顾客看重的环境和服务，这种运营模式取得了成功并且一直延续至今。在 2009 年，中国工商银行在池袋设立了隶属于东京总行的一个支行。像这样的中国大陆的商业进军池袋唐人街的例子数不胜数，这一切都有力地证明了池袋唐人街日益上升的经济地位。

最近，中国的年轻一代 80 后（指的是在 1980 年后出生的中国人）也开始进军池袋唐人街。A 先生的经历可以作为一个实例，身为一名 80 后，他在 2007 年从四川省的一所大学毕业，接着来到日本进入日语学校学习，继而升入了东京的一所私立大学。早在中国的时候 A 先生就梦想在日本创立一番事业。2010 年，当他在日本还在读研究生课程的时候，就已经雇用了两名中国厨师，在池袋唐人街开了一间四川菜餐馆。餐馆的启动资金由 A 先生的父亲提供，他父亲本人也在中国经营自己的公司。

新移民与当地社会

在池袋唐人街的发展进程中，华人和当地社会的关系是非常浮于表面的。举两个典型的日本当地社会的组织来说，其中一个叫作居民委员会（町会），一个叫作当地商会（商店会）。居民委员会是一个由镇上居民自发组织的志愿者协会，旨在建立友好关系，发展共同兴趣；它在促进会员之间的交流和合作方面颇有建树，并协助维持了地区的环境整洁，有效地阻止了疾病和犯罪的发生。当地商会是一个由当地商铺老板组成的行会，这个行会致力于举办联谊活动，发起卫生清扫，组织巡查以预防犯罪等种种活动。但这些当地的组织中却很少见到华人的身影，可见华人新移民和当地人之间尚未建立交流和联系。

图 2：中国零售超市阳光城。

在 2008 年 1 月发生的一件事可以反映当时的这种情况。池袋唐人街的 40 位华人老板，包括池袋唐人街的餐馆老板等，组成了一个"东京唐人街"筹备委员会。在他们的构想中，这个组织将致力于商业网络的建设，将位于池袋车站 500 米的范围内的商铺、企业和餐馆联合起来。这个"东京唐人街"计划借着发布会的名义向公众公布，并请了多家中文媒体，包括为新移民服务的各个中文报纸。但是，2 月 6 日，日本的一份小报《夕刊富士晚报》）却以标题"池袋唐人街的华人骚动：日式店铺和中国店铺之间的对抗"，报道了整个事件。这篇报道引述了当地商会代表的一番评论：当地商会从未听说过这个唐人街的方案；这实在是一个晴天霹雳，华人竟然在未与当地商会商榷的情况下自行提出了建立唐人街的想法，这使我们无法接受。

随后，关于池袋唐人街的报道越来越多，日本的媒体，包括报纸和电视频道都从"新移民和日本人的对抗"的角度报道了这一事件。在这样的影响下，日本民众的心里就留下了这样的印象：中国新移民和当地社会的对抗越来越激烈了。从一些对当地人的采访中可以看出，大多数日本人有这样的认知："东京唐人街"计划将会建立一块有着独特的中国风的族群领地，就像日本最著名的唐人街横滨中华街一样。许多人对此表示非常担忧。

2008 年 4 月 26 日，奥运火炬传递到日本长野县，而长野县曾是 1998 年冬季奥运会举办地。在本次的火炬传递过程中，日本人和从日本各地赶来长野县汇集的华人发生了冲突。加上毒速冻饺子事件①和有关西藏问题的争论，2008年成为了日本社会的反华情绪高涨的一年。恰在此时，池袋唐人街公布了"东京唐人街"计划，使得越来越多的日本人担心华人数目的不断增长会对日本社会产生不良影响。

在2008年8月8日，北京奥运会开幕之际，"东京唐人街筹备委员会"改名为"东京唐人街促进委员会"并宣布了池袋唐人街的成立。②

作者对当地商会代表和新移民的进行了一系列采访，结果如下：

（A）当地商会代表的看法

自20世纪90年代以来，池袋地区华人数量不断增长，随之而来的是当地华人和本地人之间不断滋生的矛盾。尽管有垃圾分类回收的严格规定，但大多数华人仍不会遵守。与华人相关的犯罪案件也在不断增加，导致了社会治安的恶化。中式餐馆和店铺往往在人行道上竖起巨型广告牌展示自家的商品，他们忽视了人行道是公共空间这一事实，故而给大众带来了诸多

---

① 从2007年12月至2008年1月，一批从中国进口的速冻饺子被检测出含有杀虫剂，数名日本人在食用后出现了食物中毒的症状。其中有一个小女孩陷入了昏迷状态，并一度情况危急。日本当局声称这批速冻饺子在中国就已经被污染，但中国方面否认了这一说法。此事在日本国内导致反华情绪高涨，许多日本消费者对中国的食品安全丧失了信心，并开始避免购买中国食品。2010年3月，中国逮捕了一名工厂老板，他名下的工厂曾经生产过有毒的速冻饺子，至此"有毒速冻饺子"事件终告解决。

② 东京唐人街建设委员会在网站http://www.tokyochinatown.com/Index.html首次使用中文介绍唐人街内部的商铺。

不便。大多数新移民并不加入居民委员会或者当地商会，也不会支付电费账单上的路边灯的税费。

横滨中华街也出现过类似的情况。自 2000 年以来，越来越多的新移民在横滨中华街开起了餐馆。由于当地新移民既不加入横滨中华街当地商会（即"横滨中华街发展会"），也不遵守垃圾分类回收的规定，加上许多店家采用激进的手法诱骗顾客购买商品，横滨中华街的老华人们担心横滨中华街的良好口碑会消失，他们的多年经营会付诸流水。

（B）新移民代表在采访中表达的观点

大多数池袋地区的新移民都是合法经营的，他们希望建立一个组织来消除华人商业圈内的违法因素。当然有一些华人不懂得日本社会的规则，这也是东京筹备委员会成立的目的，即建设者希望通过这一组织给予新移民以必要的指导。与日本不同的是，中国没有像居民委员会或者当地商会这样的本土组织，一些新移民并没有认识到缴纳会员费加入这类组织的好处。不然的话，新移民当然会为双方的长远发展和合作做出一些贡献。

居民委员会的代表认为日本本土组织的初衷不是驱逐新移民，而是建立与其的良好关系。居民委员会主张的一个先决条件就是新移民要遵守当地规则，俗话说得好，入乡随俗，为了达到这一目标，双方的充分交流是必不可少的。

双方的会谈已经举行了两次，分别在 2008 年的 1 月份和 3 月份，但是自那时起，会谈就暂停了。

在这种情况下，一些反华的政治团体发力攻击"东京唐人街"计划，他们在街道上进行宣传活动，大喊"将华人从池袋赶出去"、"推翻唐人街计划",但是这些活动并没有获得广泛支持,而这些孤立的政治宣传活动继续在大街小巷里进行着。还有例如"将华人从池袋赶出去"、"誓死反对池袋的唐人街计划"这样的标语也出现在了电子告示牌上。

为了应对华人数目的日益增长,丰岛区政府开设了一个咨询柜台,这个柜台一周开设两天,配有中文翻译人员可给华人提供一些日常生活的建议。当局也在华人聚集区发布一些信息公告。鉴于新移民的"东京唐人街"计划,丰岛区政府既没有提供支持也没有表示反对,只是持续关注着当地商会与新移民之间的矛盾冲突。

结论

本文分析了日本的第一座新式唐人街,即池袋唐人街的形成,集中探讨了它的形成过程,民族商业的发展以及华人与当地日本社会的关系这三方面的内容。

日本横滨、神户和长崎的三大唐人街都是旧式唐人街。它们主要是吸引日本游客的重要旅游景点。在另一方面,池袋唐人街属于新兴的唐人街,它形成于 20 世纪 90 年代后期。

作者研究了日本唐人街并从地理学角度对世界范围内的唐人街进行了比较研究,范围涵盖东南亚、北美、欧洲、大洋洲、南美洲等。根据这些研究,作者把唐人街的发展阶段分为三个阶段:萌芽期、发展期、成熟期。希望随着越来越多的学术探讨，该分类能够得到进一步发展，以在将来形成特定的学术理论。以下是笔者如何在这个三阶段分类的指引下定位日本池袋的唐人街的。

池袋唐人街的大多数顾客都是华人，中式餐馆、网咖、百货市场，电脑手机组装维修店、房地产代理商，它们无一例外的都是面向华人顾客。这一点足以证明池袋唐人街的萌芽期，萌芽期的显著特点就是商铺主要为华人提供服务。

一些中式餐馆、美发店、贸易公司已经改变了经营策略，尝试同时吸引日本顾客和华人顾客。在某种程度上来说，池袋唐人街正从第一阶段转向第二阶段，即发展阶段。而第三阶段的唐人街的范例当属横滨、神户和长崎的三大唐人街。如今，池袋唐人街正处于发展的转折期，让我们拭目以待，看它是否会进化到第三阶段。可以预见的是，外国人与日本社会的摩擦将会在日本的不同地区发生。池袋唐人街便是我们探讨如何解决外国人和当地人之间矛盾的一个实验案例。

山下清海

参考文献

Fong, Timothy P. 1994. *The First Suburban Chinatown: The Remaking of Monterey Park, California.* Philadelphia: Temple University Press.

Lai, Chuenyan, David. 2003. "From Downtown Slums to Suburban Malls: Chinese Migration and Settlement in Canada." In *The Chinese Diaspora: Space, Place,*

Mobility, and Identity. Laurence J.C. Ma and Carolyn Cartier, eds. Lanham: Row-man & Littlefield, pp. 311-36.

Li, Wei. 2009. *Ethnoburb: The New Ethnic Community in Urban America.* Hono-lulu: University of Hawai'i Press.

奥田道大・田嶋淳子編:《池袋のアジア系外国人——社会学的実態報告—》, 東京: めこん, 1991 年。

奥田道大・田嶋淳子編:《新版 池袋のアジア系外国人——回路を閉じた日本型都市でなく》, 東京: 明石書店, 1995 年。

Tajima, Junko. 2003. "Chinese Newcomers in the Global City Tokyo: Social Net-works and Settlement Tendency." *International Journal of Japanese Sociology* 12: 68-78.

山下清海:《チャイナタウン——世界に広がる華人ネットワーク—》, 東京: 丸善, 2000 年。

山下清海:《東南アジア華人社会と中国僑郷——華人・チャイナタウンの人文地理学的考察》, 東京: 古今書院, 2002 年。

——. 2003. "Formation and Development of Chinatowns in Japan: Chinatowns as Tourist Spots in Yokohama, Kobe and Nagasaki." *Geographical Review of Japan* 76: 910-23.

山下清海:《世界各地の華人社会の動向》,《地理》48 巻 8 号（2003 年）, 第 35-41 頁。

山下清海:《池袋チャイナタウン——都内最大の新華僑街の実像に迫る》, 東京: 洋泉社, 2010 年。

山下清海編:《華人社会がわかる本——中国から世界へ広がるネットワークの歴史, 社会, 文化》, 東京: 明石書店, 2005 年。

山下清海編:《エスニック・ワールド——世界と日本のエスニック社会》, 東京: 明石書店, 2008 年。

山下清海・小木裕文・松村公明・張貴民・杜国慶:《福建省福清出身の在日新華僑とその僑郷》,《地理空間》3 巻 1 号（2010 年）, 第 1-23 頁。

Zhou, Min. 2009. *Contemporary Chinese America: Immigration, Ethnicity, and Community Transformation.* Philadelphia: Temple University Press.

第十章
唐人街：反思

陈志明

绪言

　　唐人街在英美国家是众所周知的文化景观。提及唐人街，人们就会联想到华人移民和他们的移民历史。唐人街为当时的政治经济所塑造，并在不断变化。李胜生和李晓玲在本书中恰当地把北美的唐人街称为"一种意识形态的构建和一个自给自足的社区"。唐人街的形成与当时加拿大和美国对华人移民的种族排斥和边缘化政策密切相关，它们为异乡的华人移民开辟了一条专门的生存道路，特别是在北美艰难的排华时期。华人移民积极地参与建设这些后来被称为"唐人街"的社区。接着一波又一波新移民则进一步改造唐人街，使它们重新焕发活力。本书的各个章节也着重展示了20世纪80年代以来，新移民对唐人街产生的重要影响。例如，格斯特在其所著章节中提到，福州移民涌入纽约，从空间和文化上改变了纽约唐人街的面貌，具体表现在华人教会、寺庙以及中国餐馆数量和类型的增加。令狐萍在其所著章节中则展示了来自中国的新移民在扩张和改造芝加哥唐人街过程中所扮演的角色。除此之外，她还看到了来自东南亚的华人在这过程中所付出的努力。内部多样性是唐人街的本质特征，当其华裔移民来自不同国家时，更是如此，正如芝加哥唐人街所展示的那样。但澳大利亚的唐人街对这一点有着更为充分的展示，一如英格利斯在描写悉尼唐人街时所提到的。乐山所著章节则展示了新涌入的福建移民在秘鲁唐人街的华人之间引起的分裂、竞争和冲突。

北美有着大量关于唐人街的研究，特别是美国。除了纽约市和旧金山的旧唐人街，美国迈阿密、休斯敦、圣地亚哥以及一些市郊华人社区，例如洛杉矶的蒙特瑞公园和旧金山港湾区的奥克兰都有较新的唐人街。事实上，纽约唐人街是世界上被研究得最多的唐人街。通过一些重要的研究，例如邝（Kwong，1979）、王（Wong，1979，1982）、陈（Chen，1992）、周（Zhou，1992）、林（Lin，1998）、格斯特（Guest，2003）加上其他学者的研究，纽约唐人街成为学术界最著名的唐人街。林语堂的《唐人街》（1948）也是以纽约唐人街为创作背景。所有这些研究，以及其他相关研究都帮助我们更好地从社会学角度以及理论层面去了解美国的唐人街。学者们通常把美国的唐人街看作是种族排斥和边缘化政策的产物。但理论视野渐渐得到拓宽，从把唐人街看成是一个转变中的贫民窟，到把唐人街视为移民与主流社会的融合，再到把它们看作一个民族聚居地，从中移民可以通过亲属关系和社区团体获得机会改善自身经济条件，就像周敏（Min Zhou）提出的族群聚居地—经济（enclave-economy）模式一样。周（1992）赞颂唐人街的成功，邝（Kwong，1979）却从经济和阶级的角度提出，在唐人街，贫穷的华人劳工不仅受到雇主剥削，而且还深受主流社会的歧视。彼得·邝（Peter Kwong）批判了所谓的族群聚居地的理论，他认为这个论点理所当然地认为族群之内部是统一的，因此反而鼓励了族群隔离（Kwong，1996：203）。无论我们怎么看待唐人街，正如中国早期的社会学家吴景超说的，唐人街为中国移民提供了自己的世界，让他们可以用自己的语言沟通并感到安心。吴景超于1928年把自己关于美国唐人街的博士论文提交给芝加哥大学。这篇论文被翻译成中文并于1991年发表。

事实上唐人街内既有团结也有冲突，过度强调民族团结或者全盘否定民族团结都不明智。而且唐人街也不应该被视为中国移民适应移居地的必然途径。但是唐人街的确为华人开辟了专门的生存路径。由于大量华人经济活动都在唐人街集中，因此把它作为这样一个空间、一个社区进行研究仍是有益的。它们的形成既有历史原因，也受到当时政府政策的影响，而这些政策通常都是根据社会主流群体对少数族群的看法而制定的。其实这就是美国唐人街的现状。各种各样关于唐人街的研究表明，美国社会对华人的看法正在改变。人们对它的态度从种族歧视转变到把它们视为少数族裔的模范，从强调同化华人变为支持多元文化。然而无论他们怎么看待华人，多数族群的霸权是无法消灭的，即便是在加拿大文化多元主义的背景下，那儿的华人依然被视为他者。因此，在主流社会的大环境下研究唐人街是十分必要的。在早期的关于唐人街的重要研究中，王保华曾指出，"历史、法律、社会和经济因素制约了，有时甚至杜绝了华人参与到美国主流社会生活中去"（Wong，1979：169）。他在对纽约唐人街的研究中也分析了这些因素。把唐人街放在一个更大的语境中研究，这是一种有效的研究视角——尽管也有值得商榷之处——但在当下，对唐人街的研究更要被放在一个全球的语境中去。

关于美国唐人街的历史和社会学研究实际就是一部关于中国人移民并且定居美国的历史，这个历程受到了不同时期的种族划分和政治经济的影响，其中就包括了种族排斥。与其他地方的移民故事一样，这些华人的后代已经本土化了，并获得了当地的身份认同，这些认同很好地反映了他们本土化的经历。这种本土化视角让我们从一个更加广阔的角度看待移民及其后代在异国扎根的经历，这一视角既囊括了种族，也涉及到当地的政治经济情况。不管我们对唐人街持什么看法，对中国移民来说，它毫无疑问为华人开辟了一条专门的生存之路。华琛（1975）在研究英国唐人街的香港移民时，也持有相同的看法。

唐人街的本质，包括其繁荣与衰落，都深受政策和政治经济的影响。事实上，北美唐人街是历史上最早发展出来的，它们的形成很大程度上受到种族歧视的影响，这包括中国移民可以在哪里落脚，和他们必须从哪些地方搬走。黄玫瑰（Marie Rose Wong）在其研究中生动展示的波特兰唐人街就是一个例子。到如今，它也还只是"市中心的一个小区域"（Wong，2004：3）。1882 年歧视华人的排华法案对唐人街产生了很大影响，过去它被视为城市贫民区，居民大部分是男性且商机十分有限。到了更近的年代，随着越来越多华人从唐人街搬到市郊，美国部分唐人街似乎渐渐衰落，但 1965 年后到来的大批移民又使它们重新焕发活力。美国 1965 年颁布的移民法案消除了针对移民的种族排斥，为中国人更轻松地移民美国铺平道路。王保华（1994：239）写道："这是有史以来，中国移民首次和其他国籍移民一样，受到美国移民法律的平等对待，从而结束了长达约 85 年的排华歧视。"新移民法案颁布于 20 世纪 70 年代，这一时间来的刚刚好，70 年代各种国际性政治事件（例如，中国实行对外开放、美国在越南战争中战败，和香港即将回归中国）刺激了大量华人往西方（其中就包括美国）移民。这些华人不仅有来自中国大陆台湾地区的，还有的来自东南亚、南美洲和其他地方。这些来自不同国家和地区的华人形成了新移民浪潮，并对美国和欧洲的华人社区以及唐人街产生了重大影响。值得一提的是，与早期移民不同，1965 年后的移民里夹杂着专业人士以及带着大量资本的有钱人。更多华人的定居地出现了，加利福尼亚州的蒙特瑞公园就是一个著名的例子，到最后，它甚至变了成以亚洲人为主的地区。1960 年蒙特瑞公园 85% 人口都是白人，但到了 2000 年，情况变得大不一样，白人的比例大幅下降，仅占 3%（Fong，1994：177）。来自不同国家的新移民改变了旧唐人街的族裔面貌，同时还形成了新的唐人街。但我们应该知道，不是所有华人聚居地都可以被看作唐人街。随着 20 世纪 80 年代中国融入全球资本主义，并崛起成为世界经济强国，唐人街因与其有着经济和象征上的联系被赋予了新的重要性。

显然唐人街研究应该放在全球和跨国界的背景下来分析，而不是局限为某一国家社会的一个民族聚居地。

虽然美国唐人街的发展受到了种族歧视和种族排斥的影响，但把这看作唐人街形成的唯一原因是不够的。无论一个移民社区是否因种族排斥而形成，作为异国的一个少数族裔聚居地，它自然会成为明显的他者。在城市里建立居住区并不是华人的专利，其他移民群体也会这样做，例如纽约的意大利移民和新加坡的印度移民。由于这些移民在种族上与主流大众不同，他们的居住区也就格外显眼。米易卡尔·S. 拉格尔（Michel S. Laguerre，2000：11）在关于旧金山的唐人街、日本城和马尼拉城的文章中将这种城区的族群聚居地称为族群城邦（ethnopolis），也定义其为"一个受某一族群主导的民族聚居城市（enclave city），其存在与它的外部社会紧密相关，它与外部社会通过各个方面保持着多样的联系，这种联系会很大程度上影响着民族聚居地的发展途径"。在世界各地都可以看到带着"唐人街"标志的各式各样的族群聚居地，正是这种标签才让它们变得与众不同。这还要归功于早期的唐人街在北美的形成，当时美国社会将处于底层的华人视作他者，而美国人的看法和英语的通行都是具有全球影响力的，在这些因素的影响之下，唐人街一词被广泛流传开来了。而中餐厅的出现以及中国菜的全球影响力也使得唐人街独一无二。如今仍不断有中国人或者来自不同国家的华人向美国和欧洲移民。他们的到来保证了美国和欧洲大部分的唐人街能够继续保持活力。我们将会更加清楚地看到，作为身在他乡的有色少数族裔，中国移民在亚洲地区建设唐人街的重要性。

　　对欧洲唐人街的研究进一步表明，并不是只要有华人出现，其所在的欧洲城市就会形成唐人街。欧洲现有的唐人街分别分布在英国、法国和荷兰。英国伦敦、利物浦和荷兰鹿特丹、阿姆斯特丹的唐人街规模较小。它们多数由华人水手建立。当时，这些华人水手的出现被当地的工人阶级，特别是当地的水手，看作是"黄祸"。帕克（Parker，1998：69）提到，"唐人街"一词首次出现在英国是于1902年由一名记者提及。在德国，柏林、汉堡和不来梅均有数量相对较少的华人。古廷格尔（Gutinger，1998：198）报道称"那儿的华人目前还没有形成一个像阿姆斯特丹和伦敦唐人街那样的唐人街，但在柏林似乎能看到一点唐人街成形的苗头。"至于葡萄牙，特谢拉（Teixeira，1998：242）写道，"虽然部分华人趋向集中在某些居住区，里斯本出现唐人街的可能性比许多其他欧洲国家的首都出现唐人街的概率低"。因此，我们可以说只有当一个华人集聚地达到了一定规模，有足够多的中国特色的象征符号并且让当地人意识到这是一个明显的华人聚居地时，它才能被称为唐人街。只要它作为一个华人商业中心，并且象征着中国特色文化，就可以被称作是唐人街，它并不需要成为一个拥有最多华人聚居的地方。正如彭轲和本顿（Pieke and Benton，1998：142）描写阿姆斯特丹唐人街时说的，"阿姆斯特丹的唐人街是一个商业娱乐中心，但经常来光顾的华人大部分都住在别处"。

　　如今唐人街和旅游业建立起了联系，这大大促成了其复兴和发展。有的政府甚至为此努力发展唐人街或者建设新的唐人街。这是因为中国成为了世界经济强国，有些政府将唐人街视为与中国建立联系的一种方式。除此之外，日益增加的中国游客也是这些政府发展唐人街的原因。和其他游客一样，由于听说过或者到过美国和欧洲的一些唐人街，中国游客期待看到唐人街。他们对参观唐人街感兴趣不仅仅因为即使身在异国，他们能在唐人街找到熟悉感，还因为这满足了他们对海外华人以及华裔的好奇心。唐人街不再只是当地华人的唐人街。林（Lin，1998：205）指出，唐人街也是一个"旅游展示区"，"这个民族的内部成员（包括艺术家、保护主义者和餐馆工）的创造性活动和烹饪活动不仅仅是该民族聚居地内部的功能性文化实践，还是一种满足外部观众日益增加的消费以及观看需求的表演性的文化展示节目"。旅游业的整体发展不仅把唐人街与现代的全球化的世界联系起来，还使唐人街传播开来，建立起一批新的唐人街。

今天唐人街的形成和发展也存在着一些敏感的问题。和过去一样，如今，在非华人社会，一座唐人街的发展不仅仅是一种中国性的象征，同时也可能是种族歧视和某一阶级为保护自身利益而对数量日益增加的华人群体进行抗议的表现。本书的各个章节，特别是由庄雅涵和泰孟、桑托斯以及恒安久撰写的章节让我们了解了当地人对唐人街发展的问题的看法。位于巴黎市区的波宾库是一个以居住功能为主的地区，北部城镇欧贝维利则以商业功能为主。通过对比两地空间的生产、构建和重新规划，庄和泰孟展示了阶级、种族和经济发展如何交织在各种各样的政治活动中，而这些政治活动又与唐人街的行政管理和发展有着莫大的联系。在所谓的城区冲突文化的过程中，相关的修辞式的叙事被用以促进不同文化之间的相互理解，从而缓解唐人街里当地人和华人的冲突，并帮助当地人克服恐华情绪。这样的分析说明了即使是同一个国家的唐人街，它们受到的看法和它们的发展水平是参差不齐的。因此，每一个唐人街都必须在其政治经济背景下受研究。

无论唐人街的起源是什么，毫无疑问它能让身在异国他乡的华人过着华人的生活。无论当地的华人是否住在唐人街内，他们都能从那儿买来各种让他们过上中国式生活的物品和食品。林语堂对陈叔叔的店铺的描述十分有趣：

> 店里的生意十分好，卖的东西种类很多，从牛肉，家禽肉、鸡的各个部位、猪脚、内脏、鱼、小虾米、中国蔬菜、来自中国的干货、咸蛋、皮蛋、蘑菇、南京鸭、鱿鱼干、鱼翅、冬粉，到碗、祭祀用的香、搓衣板、药和通书应有尽有。总而言之，凡是华人需要的，觉得在美国用得上的东西店里几乎都有卖（Lin，1948/2007：41）。

尽管这只是对一家小店铺的描写，唐人街的形象还是得到了生动的展示。虽然国际贸易自由的增加和各类华人的到来使唐人街里的中国商品和亚洲商品的种类大大增加，这样的描述在今天却仍然适用。

唐人街在西方是如此著名的文化景观，以至于在全球化日益加深的今天，西方人旅游时总是在各个国家，甚至是在华人随处可见的亚洲地区里，寻找唐人街。如今"唐人街"在英语里已是一个众所周知的词语。人们不仅认可了唐人街，而且连建造一座唐人街也已经变得十分平常。在汉语里，唐人街曾被叫作华埠（Chinatown）、唐人街（字面意思就是中国人的街道），或者甚至是中国城（China City）。主要出于旅游业的考虑，唐人街的街头和街尾各伫立着一座拱门，以此标志着唐人街的空间范围。但是我们还应该意识到一座唐人街的繁荣不仅有赖于当地华人的积极投入，还有赖于当地政府的努力。

随着人们对寻找世界各地的唐人街越来越感兴趣，"唐人街"一词的使用也越来越宽泛，因此对其进行定义成了一个问题。王保华在本书的绪论中就讨论了这一问题。李胜生认为有必要把唐人街区分出来，看成华人社区的一种特殊类型，我同意他的看法。①随着华人定居点的扩张和增加，这样的区分是重要的。因此李胜生和李晓玲在他们所著的章节中提到了列治文唐人街的例子。列治文是一个新兴的"中产阶级华人中心"，它在为华人提供服务方面做得比温哥华唐人街还出色，但它并不被认为是一座唐人街或者是一座新唐人街。我们要记住唐人街是历史中形成的特殊华人社区，我们现在可以探讨一下亚洲和东南亚的唐人街研究。然后，我们再来看看"唐人街"是怎样进行扩散的。

---

① 2012 年 11 月 17 日，用电子邮件与李胜生教授进行了沟通。

亚洲的"唐人街"

在这里我们先讨论东亚和南亚，稍后再对东南亚进行单独讨论。在东亚和南亚，唐人街指的是在主导人口不是华人的国家里，华人商店和中餐馆明显聚集的地区。实际上，这是借鉴了西方"唐人街"一词来标识这样一个华人商业区。日本著名的唐人街分别分布在横滨、神户和长崎，但新移民正在建设新的华人商业区和"唐人街"。山下清海就在本书中对此进行了探讨。作为一个空间，日本的唐人街和北美、欧洲的唐人街有若干相似点：有华人、中餐馆和华人商铺；餐馆和商铺的中文招牌将它们所在的街道和地区与其他地方区分开来，让人们知道那就是"唐人街"。在一些历史较久的唐人街里，人们可以找到旧时的华人组织和寺庙。例如位于神户南京町周围的唐人街就是一个汇集了华人商铺、餐馆、社团、寺庙和博物馆的老唐人街。我在 2008 年 12 月重游了这个唐人街。就是在这里的关帝庙里，我第一次注意到了华人对狗的祭祀崇拜，从那以后我被引向了研究福建泉州地区祭拜狗神的现象。

韩国的例子会比较有趣，因为它是中国的邻居。再者，由于在很长一段历史时期里受到了中国的统治，韩国存在着对中国移民的偏见。虽然有说法认为华人的边缘化促使了北美唐人街的兴起，然而在韩国，人口不多的华人受到排斥对建立起唐人街却没什么作用。当地人对华人商业进行镇压，并没有帮助唐人街的发展。虽然首尔没有一个真正的唐人街，但人们确实能在其中某个地区找到华人经营的杂货铺和餐馆。2010年10月，我第一次去北仓洞，与我同行的还有两位学术界的朋友。我们在那儿发现了不少卖干海参的华人店铺，还发现了各种各样从香港和中国大陆进口的酱油。随着中国经济实力的提高，韩国一些城市开始尝试建设唐人街以吸引华裔投资者和游客。21世纪初期，位于首尔西部的仁川"将一个年久失修的华人社区改造成韩国首个唐人街"（Onishi，2007）。虽然拱门建好了，大红灯笼也挂上了，但是这个新唐人街还没有展示出活力，这说明了要建立一座繁荣有活力的唐人街，足够华商的加入是必不可少的。

在南亚，华人主要分布在加尔各答、孟买、卡拉奇和科伦波，其中聚集在加尔各答的华人形成了一个比较瞩目的社区，有印度唐人街之称。当印度还是大英帝国的殖民地时，加尔各答跟中国广东有着贸易往来，因而华人在很早之前就已来到印度。南亚的华人大多是客家人和广府人。加尔各答的客家人因他们的制鞋业和制革厂生意而被广为熟知。1962年中印边界战争爆发后，在印度的华人受到歧视，3000人被驱逐出境，大约5000人留下（Zhang and Sen，2013）。许多离开的人都去了多伦多。因此加尔各答唐人街的人口减少了，但是在最近几十年，这个独特的华人社区吸引了不少新闻工作者和学者的关注（Oxfeld，1993；Zhang and Sen，2013）。

在东亚，我们发现这里唐人街的崛起是由华人定居者主导的，在这些社会中，华人因为他者的身份而格外引人注目。在日本，新到来的华人不仅增加了日本的华人人口数量，还推动了新唐人街的建立。正如山下清海所描写池袋唐人街那样。在韩国，我们看到近几年来人们都在努力建造唐人街，就像仁川。这些尝试都证明了唐人街最好是从原有的具有活力的华人聚居地发展而来，而不是在一个没有足够华人居民的地方建造一个新的。不过，韩国的例子凸显了中国经济实力的上升对吸引当地政府建设、发展唐人街的重要作用。

图 1：神户唐人街的关帝庙（陈志明摄于 2008 年 8 月）。

东南亚的唐人街

在东南亚，有一种与北美历史上的唐人街有点相似的"唐人街",其形成与西方的殖民主义相关。雅加达和马尼拉"唐人街"就是很好的例子。但如今在东南亚使用"唐人街"一词也只是出于方便而不是出于历史原因。而且此种叫法在当地居民之间并不普遍。雅加达"唐人街"有一个更广为人知的叫法——草埔(Glodok)。1740年,华人移民因为袭击荷兰人在巴达维亚(今雅加达)的前哨站而遭到屠杀,几千华人丧命其中。在那之后,巴达维亚里剩下的华人不得不重新迁居于南面城墙之外,这便是草埔的起源(Suryadinata and Ang,2009:57)。1978年初,我游览了这个古老的华人聚集地,并于2007年8月重访故地。我认为当一个人说英语时,自然地将之称为"唐人街"是无可厚非的,因为那儿到处都是华人商铺和食阁,附近还有一座17世纪时建造的中国寺庙。这是雅加达最古老的华人寺庙,中文叫作金德院,印度尼西亚语叫Wihara Dharma Bhakti。作为一条华人和本地印尼人售卖与华人有关的商品的狭窄街道,雅加达"唐人街"看起来既不发达也不引人注目。只是一座座华人庙宇让它看起来更像一座唐人街。但是草埔之所以如此具有意义,更在于它是一处历史遗迹。

在菲律宾能称为"唐人街"的地区是岷伦洛区,特别是沿着王彬街一带。在西班牙人的统治下,岷伦洛区这个华人聚居地的发源地也历经过非常血腥的西班牙人统治。在一次华人暴动中,总督贡梅兹·皮尔兹·达马里纳(Gomez Perez de Dasmarinas)被杀害,于是他的儿子路易·皮尔兹·达马里纳(Luis Perez Dasmarinas)在1594年1月将华人驱逐出马尼拉。但是两个月后,他又买下岷伦洛区所在的岛屿赠给信仰天主教

图 2：首尔"唐人街"（陈志明摄于 2009 年 10 月）。

的华人（Ang See，2005：142）。岷伦洛区成为"商业活动中心和华人手工业者的据点"（Ang See，2005：147）。如今游览岷伦洛区的游客可以轻松感受到这个古老华人聚居地的中国味。在这个非华人的社会里，华人聚居地很早便已形成，所以虽然受到殖民统治，但如今那些旨在推动其旅游业发展的学者和中介都纷纷宣称这是世界上最早的唐人街。但毫无疑问这个地方早在"唐人街"一词被创造之前就存在了。如果运用这个逻辑去定义唐人街，那么所谓的"世界上最古老的唐人街"也可以指马六甲一处很早就形成的华人聚集区（早在 16 世纪，那儿已经有一个小规模的华人聚居点）。在《马六甲、南印度和中国的说明》（*Description of Malacca and Meridional India and Cathay*）

（1613）中，葡萄牙历史学家依曼努尔·戈蒂何·德·艾尔蒂亚（Emmanuel Godinho de Eredia）提到了马六甲的一个"Campon China"（de Eredia，1930：19）。今天马六甲大部分人口都是华人，所以按理说那儿并不会有唐人街，但是仍然有一些学者找到一个可以被看作唐人街的旧华人聚集地。

即使草埔和岷伦洛区早期形成时受到了殖民主义的影响，但是在以华人为少数民族群体的东南亚社会中，要想寻找一个唐人街，即一个早期便由华人聚居的老城区并不困难。这是大多数东南亚国家的情况，实际上也是世界上大多数有华人少数族群或者在历史上形成了华人聚居区的国家的情况。在柬埔寨，金边中央市场附近聚集了不少中餐馆。当我2009年8月来到这座城市时，甚至在128街发现了两家分别由马来西亚人和新加坡人经营的马来西亚中餐馆。里面卖着肉骨茶（排骨放在中药里）和亚参鱼头（把鱼头放在罗望子汁里煮）等等马来西亚中国菜。在缅甸最大的城市仰光，"唐人街"不仅有中餐馆和华人商店，还有一些华人社团所在的建筑物，上面均标示了中文名字。在泰国曼谷，耀华力路附近有个较为显眼的华人聚居区。老挝万象的一个小规模华人商业中心现已在大批中国移民的影响下已摇身一变。越南北边毗邻中国，华人赴越南已有很长历史。堤岸过去有大量华人，如今已与其他市合并为胡志明市。文莱与马来西亚的沙捞越州接壤，但是其首都，斯里巴加湾市的城市景观与附近沙捞越州几个市镇的景观却大不一样。在沙捞越州，华人商店几乎随处可见。但是在文莱首都，华人店铺并不在崭新摩登的购物中心里，人们只需要走两三条街就会发现几家小型中餐馆，而这些地方还是人们购买华文报纸的去处。虽然中国寺庙和华人学校在这个小城市的其他地方也随处可见，但是它并不能被称为一个唐人街。

在新加坡和马来西亚寻找唐人街是一件十分有趣的事情。新加坡约 74% 的人口都是华人，所以那儿几乎随处都能看见华人。从某种意义来说就是哪儿都是唐人街。在新加坡和香港谈唐人街是没有意义的。对马来西亚大部分乡镇和城市来说也是如此，因为它们有着大量华人。"唐人街"在东南亚实际上是一个输入的概念。这受到了美国和欧洲游客的影响，因为他们总是问唐人街在哪儿。出于旅游业的考虑，1986 年出台的新加坡城区保护总体规划划定了一个"唐人街遗迹区"（Suryadinata and Ang，2009：118）。[①] 由此新加坡有了一个唐人街，即一个重要的旅游景点。这个"唐人街"位于牛车水（Kreta Ayer），中文名字指的是印度人给停在直落亚逸（Telok Ayer）港的船运送淡水的牛车（Suryadinata and Ang，2009：118）。事实上，新加坡最古老的印度寺庙，马里安曼兴都庙就位于该唐人街。如今唐人街所在的地区实际与早期的华人定居点有着密切联系，但是该地区与当时英国当局分配给广东移民的区域也有着联系。因此，作为唐人街发展的一部分，人民在此建造了一间博物馆，命名为原貌馆，这个博物馆展示的便是广东移民的历史。有两个女性群体因突出的历史贡献和对游客的吸引力也受到了特别重视。妈姐就是其中一种，她们是一辈子都保持单身的家政工。

---

① 对该唐人街项目的评价，参考 Kwok et al.（2000）。

另一种是叫三水女人的建筑工人。因为她们总是戴着具有标志性的红色头巾，因此也被叫作"红头巾"。新加坡唐人街是针对旅游业建设唐人街的一个成功范例。而且这是在华人人口占压倒性优势的国家中创建的，因此意义特别重大。就我个人而言，新加坡唐人街最具吸引力的地方是原貌馆、马里安曼兴都庙、附近的麦斯威尔熟食中心和稍微再远一点的、位于直落亚逸街的一个叫作天后宫的华人老庙。

马来西亚的情况与新加坡的大不一样。吉隆坡也是一个有着大量华人人口的多民族城市。其城市发展与华人的定居和商业活动有着密切联系。为了响应游客寻找唐人街的兴致，茨厂街（Petaling Street）被非正式地引入为唐人街。那儿有大量满足当地居民需要的华人摊档，主要售卖食物、水果、衣服和日用品。当地华人把 Petaling Street 称作茨厂街，用吉隆坡的华人通用语——广东话念就是 Chee-Cheong Kai。"茨厂"的意思是木薯粉工厂。而当地确实有过一家木薯粉工厂，为著名华人，同时也是吉隆坡的创始者，甲必丹（当时侨领制度的首领称谓）叶亚来所有。如今茨厂街是一个繁华的地段，但它曾经只是处于吉隆坡最外围的郊区。20 世纪 80 年代受城市发展影响，茨厂街附近的旧市场（其所在建筑仍被称为中心市场，但已经改造为当地的工艺美术中心）被关闭了，而在不远处，则建立了现代化的"宏图大厦"（Dayabumi Complex）。当地政府意识到了茨厂街对游客的吸引力，于是一位华人副部长李裕隆于 1991 年 12 月提议对茨厂街进行现代化改造，将其打造为一个小贩中心。同时他还建议在街头和街尾各树立一个拱门，为与 ASEAN 旅游

年协力举办的茨厂街嘉年华做准备（《南洋商报》1999 年 12 月
10 日）。[①] 这项提议引来了一些马来人团体的抗议，因为他们认
为该举措企图推广中国文化。为此，副部长李玉龙不得不做出
妥协，承诺在嘉年华结束后把拱门拆除。尽管如此，那次嘉年
华是一个用中国大红灯笼装饰茨厂街的好机会。

　　1992 年，副部长李裕隆进一步提议美化茨厂街，将其改造
为一条有遮棚的步行街（《南洋商报》1992 年 3 月 29 日）。从那
以后，一些华人领袖提议将茨厂街打造成唐人街，因此在华人
之间引起了许多争论。尽管当时的总理，马哈蒂尔支持为了旅
游业将茨厂街改造成唐人街（《南洋商报》2003 年 8 月 31 日），
但是大部分华人并不赞成。他们认为唐人街是产生于西方世界，
带有贬损意义的产品。可是吉隆坡，乃至整个马来西亚到处都
是华人社区。如今，茨厂街真的成了一条有遮棚的步行街，两
端也树立起了拱门。两座拱门上并没有"唐人街"三个大字，
而是把茨厂街的马来文放在最顶端，下面排列着字体较小的相
应的中英文。尽管如此，它们还是使茨厂街更有唐人街的味道。
但与新加坡政府努力建设发展唐人街不同的是，[②] 茨厂街的发展
被马来西亚的种族政策所牵制着。

---

① 考查有关茨厂街的报道时，赖宝珠女士给予了许多帮助，我谨在此对她表示
衷心的感谢。我还要感谢谢爱萍博士在 2011 年 12 月陪同我重访茨厂街。

② 在这里要一提新加坡政府的城市规划方法，至少就如新加坡前总理吴作栋所
言："作为一座城市的利益相关者，人们对他们生活的城市的发展应有更大的发言
权……只有这样城市才会不仅仅是工作和做生意的地方，还是一个充满生活气息
的地方。"（引用 Kwok et al. 2000：13）这对于城市的发展，包括一个唐人街的发
展，是一个很好的建议。

对于当地华人来说，他们关心的并不是建立一个唐人街，而是对茨厂街附近地区的华人历史文化遗迹的承认与保护。许多人痛惜政府在开发该地区时没能对当地华人的历史文化遗产给予关注。在华人的眼里，由马来人领导的市政府并不关心华人的文化遗产。它似乎只对借助茨厂街发展旅游业有兴趣，对于保护发扬华人的历史和文化则不以为然。实际上，茨厂街及其附近街道用以创建唐人街的潜力与新加坡唐人街的相当，因为那儿有不少与早期华人社区相关的历史建筑与寺庙。人们应当建立一个博物馆来展示华人在历史上对建设吉隆坡作出的贡献。[①] 但是这会被有民族主义情绪的马来人视为对华人文化及华人对吉隆坡作出的贡献的渲染，而这正是他们一直极力想要否认的。即使当地华人支持建设唐人街，在马来西亚建一座唐人街存在着悖论。正如华人媒体报道的那样，当地华人普遍惋惜茨厂街成为了一个售卖廉价旅游商品的，毫无历史遗迹可循的地方，而且许多华人也选择了搬离。那些曾在此居住的华人带着怀旧的情绪，回忆着在茨厂街哪儿可以买到华人美食，以及在哪儿可以看到华人的传统艺术表演。

今天很多游客去茨厂街体验唐人街，但是很多人因感受不到唐人街的气氛而失望，因为在穿越了人群，好不容易买来了华人商品后，人们恍然大悟这些原本是华人的商铺却越来越多

---

① 茨厂街附近有一座名叫"关帝庙"的老寺庙，里面供奉着著名的中国神"关帝"，是广肇会馆的总局。一座与叶亚来有关的，名为"仙四师爷"的寺庙也在茨厂街附近。

地被南亚移民经营着，已然没有任何唐人街的氛围了。尽管被这样的民族政策和城市发展牵制着，茨厂街还是成为了华人遗产和身份的象征，而这也反映了马来西亚的民族政策和城市发展大环境。事实上，现在政客们会为了获得华人的支持而前去茨厂街拜访。举个例子，2010年春节期间，总理拿督斯里纳吉布高调到访茨厂街为当地华人送上新年祝福。吉隆坡商贩协会（一个华人组织）的副会长趁机向总理反映，当地华人对于只在总理访问时才挂上中国灯笼感到不满意，人们想要的是"老百姓的灯笼"而不是"拿督的灯笼"，因此，无论拿督来或不来，茨厂街都应该挂上灯笼。但是即使是灯笼的数量也会遭到争议（详见《星洲日报》，2010年2月12日，第9页；《太阳报》，2010年2月12日，第1页）。

其实马来西亚有一个在历史进程中形成，与唐人街相当的地方，而它的马来文名字也确实叫唐人街。这就是位于丁加奴州首府丁加奴的华人村（Kampung China），指的是丁加奴市的华人首先定居和集中的地方。如今在这条街上人们可以看到各种各样华人传统商店。在丁加奴这个以马来人为主的城市，华人村过去被马来人和华人公认为唐人街，现在依然如此。当地的华人已经成功说服当地政府在华人村的入口建一座拱门。正因为丁加奴州的华人人口比较少，马来政客在处理这些事情时才更大方。

我们在东南亚的研究表明一些老华人聚居区已正式或非正式地被冠以唐人街的名号。现在人们非常期待在一个国家的首都找到一座唐人街，即使在当地人们根本没有称该地区为唐人街。在这种对唐人街的追寻之中，有时当地的华人都被看作是唐人街的组成部分。在由廖建裕和洪子杰（2009）最近合编的一本书中我们看到，对文莱首都斯里巴加湾市的唐人街的描述实际上记录的是整个地区的华人，而不是针对某块叫作唐人街的地方。来自中国的记者也好，游客也罢，他们都对西方社会的唐人街耳熟能详，以至于他们希望到任何地方都能找到唐人街。香港一份名为《地平线月刊》的杂志，每月都会有个常规的栏目叫作"漫步唐人街"，专门报道世界各地的唐人街。我自己本身就是一个马来西亚人，也曾经在马六甲做过研究，当我读到这份月刊写的"马六甲唐人街"（《地平线月刊》,7月—8月,2010，p.39）时，我感到非常有意思。马六甲是一个历史古城，现在的市中心已然是一个华人主导的地区。当地人并没有区分哪块地方是唐人街。但是这份报告展示了一张马六甲青云亭的照片，暗示说这间老庙（马六甲和马来西亚最古老的华人寺庙）附近的地区就是文中所述的唐人街。现在越来越多的华人作家倾向于使用"唐人街"一词，但他们的用法大多很轻率。例如，沈立新曾写过世界各地的唐人街，包括马六甲的唐人街，他认为马六甲的河仁街（Heeren Street）（即现在的 Jalan Tan Cheng Lock）就是唐人街地区，因为"许多华人的后裔都居住在这条街上，而这条街也被称作中国街"（Shen，1992：103）。这种说法非常具有误导性，因为华人居住在各个角落，而不仅是这块地方，当地人也从来不称这块地方为中国街。河仁街之所以有名是因为很多本土化的海峡华人，也称为峇峇的这群人曾经居住在这里，因此这里沿街矗立着一栋栋海峡华人的居屋。严谨的学者有必要避免草率地使用唐人街标签，把以上这种华人居住地同在非华人社会发展出来的特定的华人聚居地区分开来。

结论

最早的唐人街产生于北美，而这个标签也逐渐被广泛运用在各种族群聚居地之上，但这种用法大多数是随意的。唐人街是华人在种族排斥时期建立起来的聚居地，因此它总是位于城区边缘和低等阶层聚居的地方，这点是完全可以理解的。这也就解释了为什么许多美国和欧洲的唐人街的地理位置都靠近红灯区。唐人街随着时间的推移也在发生变迁，一些随着居民的搬离而逐渐衰落，一些随着新移民的进入而重获生机，还有一些新的唐人街也随着新移民的到来被建立了起来。现在的许多唐人街更多的是华人商业活动的中心，而不是华人的聚居地。克里斯腾森（Christiansen，2003：85）指出在欧洲，大多数华人都不居住在唐人街，他们只是去那里购物而已。因此，唐人街存活的关键在于华人的商业活动，华人是否居住在里面并不重要。我曾在70年代末和最近两次到访火奴鲁鲁和多伦多的唐人街。两者现在的区别甚大。在过去，火奴鲁鲁的唐人街非常有活力，但是当我于2011年4月再次到访那里时，发现它已经不再繁华，连载我去唐人街的出租车司机都在惋惜它的衰落。2012年5月我再次来到了多伦多的唐人街，在那里，我发现它变成了一个繁华的、让人愉悦的街区。我们知道多伦多早已建立了一个华人聚居地，最近几年有更多的中国移民涌入，他们来自不同地区，但大多数来自中国大陆和香港。还有许多人从加尔各答移民到多伦多。我在特立尼达岛采访时还得知那儿的许多华人也移民多伦多，或者在两个城市之间来回穿梭，引领着跨国的生活方式。除了当地华人和当局者对唐人街的发展之外，我们还应看到这些现象都增加了多伦多唐人街的活力。

在一个非华人社会，不管华人是否被边缘化，唐人街都是华人建立的一个族群聚居地；中国特色的象征符号（例如华人商铺的招牌）进一步强化了街区的民族特质。在东南亚也有这种"华人"的街区，人们还很方便地用英文的"唐人街"来指代这些地方。[①] 即使没有唐人街这么一说，在某些华人属于少数群体的国家中，一个聚集了华人商铺的地方也会被指代为"类似唐人街"的地方。当地人甚至期待游客会向他们问起唐人街一事。2012 年 5 月，我来到了特立尼达岛，在我还没开口之前，便有一些西班牙港（Port of Spain）的当地人向我提及当地有一个类似唐人街，但又不完全是唐人街的地方。这块地方便是夏洛特街，在这里，我们可以找到很久以前便存在的华人商铺，尽管整条街更明显是一个当地人贩卖蔬菜、农产品和水果的地方。当地华人认为这并不是严格意义上的唐人街，但是人们至少可以在这里找到一些华人商铺和社团组织。这块地区是当地华人移民历史中非常重要的一部分，因为这里是先辈们最早谋

---

① 考虑到新加坡和马来西亚拥有大量的华人人口，所以我在这里单独分析这两个地方的唐人街。

图 3：茨厂街，吉隆坡，马来西亚（陈志明摄于 2011 年 12 月）。

图 4：多伦多唐人街（陈志明摄于 2012 年 5 月）。

生的地方。丁家奴的例子告诉我们唐人街作为一个辨识度高的华人族群聚居地，不仅仅是北美社会的产物；它是一个世界性的现象，唯一区别在于英文标签"唐人街"（Chinatown）被广泛地使用。但是，由于美国社会的种族排斥，那里的唐人街拥有自己特殊的历史。不管是不是种族主义，人们对唐人街的认识是与华人不断被本土社会"他者化"这一历史紧密相连的。

近几年的发展促使人们对唐人街形成了一种新的观念，即把它看成与旅游业和中国经济力量的崛起相关联的、可以被利用的资本。事实上，人们开始在没有唐人街的地方建立起一个个新的"唐人街"，比如在迪拜、拉斯维加斯还有我之前提到的韩国仁川。桑托斯的章节列举了人们如何试图利用中国经济的崛起在里斯本建立一个唐人街以及与此相关的一系列争论。从争论中，我们不仅看到建立唐人街这一项目的吸引力，而且还看到了对中国移民他者化的过程以及人们仍然存在对华人的固有偏见和种族歧视。恒安久的章节描述了人们如何通过复兴古巴唐人街来搭建一座驾于古巴和中国之间的桥梁。在这几个例子中，唐人街显然成为了中国性的象征和联系。因此，现在的唐人街不仅仅是移民为了适应当地非华人社会的产物，更是旅游业和当地发展项目的重点。在这种发展项目中，通常既涉及到中国企业家，也涉及到当地政府。克里斯腾森（2003：69）指出"唐人街是当地政府的资产，也是当地华人企业家开发项目的对象，即这些华人企业家与市政府规划员和当地政客的利益不谋而合"。

因此，我们可以预期唐人街会继续发展并且有可能大量增加，因为他们越来越多地与当地社会发展、全球旅游业以及与中国相关的全球资本紧密相连。同时，唐人街也成为了政治符号，不管是老一辈华人还是新移民，他们都是象征着民族和文化的符号。唐人街的拱门和红灯笼都是显而易见的中国文化和民族符号，同样的还有在新年庆祝或其他特殊场合表演的舞龙舞狮。唐人街还给主流社会政客提供了一个方便的、可供利用的场合，可以让他们展示对当地华人和中国的支持，正如现在世界各地政客会在新年期间拜访唐人街一样。例如在英国，"社区领导人会在新年期间与当地权贵交往"（Parker，1998：83）。即使是在种族分化的马来西亚，马来领导人和华人政客都会在新年期间拜访茨厂街，以获得政治支持。

某些城市拥有着来自世界各地的移民，因此唐人街不仅仅是华人的，也可能有越南人和韩国人的店铺。同时，许多城市还有着其他民族聚居地，比如意大利人和印度人的据点，但是全球范围内的唐人街更加引人注目。这要归功于早期北美唐人街的形成，源源不断来自大中华地区的移民以及来自东南亚国家的华人的再移民。同时，华人作为少数群体，在许多国家形成了一个引人注目的他者。同时服务于华人和来自主流社会的非华人群体的华人餐饮业是另一个重要的因素。近几十年以来，旅游业和中国的崛起都促成了唐人街的发展和流行。当地华人以及政府都致力于复兴唐人街，或者把它们变得更有吸引力，甚至建立新的唐人街。不管人们如何看待唐人街，它们已经变成了当地社会发展、旅游业、全球资本以及当地政治非常重要的一部分。然而，我们必须谨记，正如安德森（1991：9）指出的一样："唐人街是欧洲社会的产物。"这个产物逐渐散布到了全球各地，但是我们不应该把任何一个在中国以外的老华人聚居地描述为唐人街，正像许多中国记者和作家写的那样。唐人街是在特定历史环境下发展出来的，或者它是受官方认可，并被当地人如此感受到的。它们从美国的城市贫民窟发展成繁荣的族群聚居地，如今它们还是华人的历史遗产、旅游地以及全球经济的一部分。因此，现在的唐人街即包含了历史上形成的唐人街，还包括了特地为历史保护或者推广旅游业而创造出来的华人街区。

已经有许多研究不仅探讨了唐人街，还探讨了当地华人社区及其与外部大社会的关系。有些研究侧重于华人的社会文化适应、同化、族群关系、多数群体与少数群体的关系、民族和商业、社区结构等等，还有对少数群体模式、民族聚居地模式、阶级和斗争模式等等的理论研究。许多研究把重点放在了男性移民之上，但是陈祥水（Chen Hsiang-shui，1992），周敏（Min Zhou，1992：152-184）以及本书中的作者令狐萍加上其他一些学者在他们的研究中涵盖了妇女的角色。美国唐人街继续吸引着学者的关注，而且的确，学者们用不同角度去探索唐人街的话会产生许多有趣的研究题目。例如，温蒂（Wendy Rouse Jorae）研究了旧金山唐人街的儿童，谭碧芳（Judy Yung）则以她丈夫为中心写了一本关于唐人街华人的传记（Yung，2007）。这些研究都非常精彩，为我们研究世界各地的唐人街提供了很好的范例。我们会在将来看到越来越多对全球各地唐人街以及与之相关的城市发展、遗产保护、旅游业和全球联系等方面的研究。

陈志明

参考文献

Anderson, Kay J. 1991. *Vancouver's Chinatown: Racial Discourse in Canada, 1875-1980.* Montreal: McGill-Queen's University Press.

Ang See, Teresita. 2005. "Binondo Byways: Anecdotes behind Chinatown's Streets." In *Tsinoy: The Story of the Chinese in Philippine Life,* eds., Teresita Ang See, Go Bon Juan, Doreen Go Yu Chua, pp. 142-151. Manila: Kaisa Para Sa Kaunlaran Inc.

Chen, Hsiang-shui. 1992. *Chinatown No More: Taiwan Immigrants in Contemporary New York.* Ithaca, NY: Cornell University Press.

Christiansen, Flemming. 2003. *Chinatown, Europe: An Exploration of Overseas Chinese Identity in the 1990s.* London: RoutledgeCurzon.

De Eredia, Emmanuel Godinho. 1930. *Description of Malacca and Meridional India and Cathay (in three treaties).* In *Journal of the Malayan Branch of the Royal Society* 8 (part 1): 1-288. Translated from the Portuguese with notes by J.V. Mills. Original work published in 1613.

Guest, Kenneth J. 2003. *God in Chinatown: Religion and Survival in New York's Evolving Immigrant Community.* New York: New York University Press.

Gütinger, Erich. 1998. "The Chinese Community in Germany: Past and Present." In *The Chinese in Europe,* eds., Gregor Benton and Frank N. Pieke, pp. 197-208. London: MacMillan Press Ltd.

Jorae, Wendy Rouse. 2009. *Growing Up Chinese American in San Francisco, 1850-1920.* Chapel Hill: The University of North Carolina Press.

Kwok, Kian Woon, et al. 2000. *Rethinking Chinatown and heritage Conservation in*

Singapore. Singapore: Singapore Heritage Society.

Kwong, Peter. 1979. *Chinatown, N.Y.: Labor and Politics, 1930-1950.* New York: Monthly Review Press. Revised edition published by The New Press, New York, 2001.

——. 1996. *The New Chinatown.* Revised edition. New York: Hill and Wang. First published in 1987.

Laguerre, Michel S. 2000. *The Global Ethnopolis: Chinatown, Japantown and Manilatown in American Society.* Basingstoke, Hampshire: Macmillan Press Ltd.

Lin, Jan. 1998. *Reconstructing Chinatown: Ethnic Enclave, Global Change.* Minneapolis and London: University of Minnesota Press.

Lin, Yutang. 1948. *Chinatown Family.* New York: John Day Co. Edited with an introduction by C. Lok Chua and published by Rutgers University Press, New Brunswick, NJ and London, 2007.

Onishi, Norimitsu. 2007. "South Korea' s Main Chinatown Lacks only the Chinese." *The New York Times,* 2 March 2007.

Oxfeld, E. 1993. *Blood, Sweat, and Mahjong: Family and Enterprise in an Overseas Chinese Community.* Ithaca, NY: Cornell University Press.

Parker, David. 1998. "Chinese People in Britain: Histories, Futures and Identities." In *The Chinese in Europe,* eds., Gregor Benton and Frank N. Pieke, pp. 67-95. London: MacMillan Press Ltd.

Pieke, Frank N. and Gregor Benton. 1998. "The Chinese in the Netherlands." In *The Chinese in Europe,* eds., Gregor Benton and Frank N. Pieke, pp. 125-167. London: MacMillan Press Ltd.

Shen, Lixin 沈立新. 1992. *Shijie geguo tangrenjie jishi* 世界各国唐人街纪实 (Chinatowns in Different Countries Worldwide). Chengdu: Sichuan Renmin Chubanshe.

Suryadinata, Leo and Ang Cher Kiat, eds. 2009. *Chinatowns in Globalizing Southeast Asia.* Singapore: Chinese Heritage Centre.

Teixeira, Ana. 1998. "Entrepreneurs of the Chinese Community in Portugal." In *The Chinese in Europe,* eds., Gregor Benton and Frank N. Pieke, pp. 238-260. London: MacMillan Press Ltd.

Watson, James L. 1975. *Emigration and the Chinese lineage: The Mans in Hong Kong and London.* Berkeley: University of California Press.

Wong, Bernard. 1979. *A Chinese American Community: Ethnicity and Survival Strategies.* Singapore: Chopmen Enterproses.

———. 1982. *Chinatown: Economic Adaptation and ethnic Identity of the Chinese.* New York: Holt, Rinehart and Winston.

———. 1994. "Hong Kong Immigrants in San Francisco." In *Reluctant Exiles? Migration from Hong Kong and the New Overseas Chinese,* ed., Ronald Skeldon, pp. 235-255. Hong Kong: Hong Kong University Press.

Wong, Marie Rose. 2004. *Sweet Cakes, Long Journey: The Chinatowns of Portland, Oregon.* Seattle and London: University of Washington Press.

Wu, Jingchao 吴景超. 1928/1991. *Tangrenjie: gongsheng yu tonghua* 唐人街：共生与同化 (Chinatowns: Accommodation and Assimilation). Tianjin: Tianjin Renmin Chubanshe.

Yung, Judy, ed. 2007. *The Adventures of Eddie Yung: Chinatown Kid, Texas Cowboy, Prisoner of War.* Seattle and London: University of Washington Press.

Zhang Xing and Tansen Sen. 2013. "The Chinese in South Asia." In *Handbook of the Chinese Diaspora,* ed., Tan Chee-Beng. London: Routledge.

Zhou, Min. 1992. *Chinatown: Socio-economic Potential of an Urban Enclave.* Phildelphia: Temple University Press.

图书在版编目（CIP）数据

唐人街：镀金的避难所、民族城邦和全球文化流散地 /（美）王保华，（美）陈志明编；张倍瑜译 .—上海：华东师范大学出版社，2019
ISBN 978-7-5675-8666-6

Ⅰ.①唐… Ⅱ.①王… ②陈… ③张… Ⅲ.①华人社会—研究—世界 Ⅳ.① D634.3

中国版本图书馆 CIP 数据核字（2019）第 023932 号

唐人街：
镀金的避难所、民族城邦和全球文化流散地

主　　编	王保华　　陈志明
译　　者	张倍瑜
责任编辑	顾晓清
审读编辑	夏文彦
封面设计	周伟伟

出版发行	华东师范大学出版社
社　　址	上海市中山北路 3663 号　邮编　200062
网　　址	www.ecnupress.com.cn
网　　店	http://hdsdcbs.tmall.com/
邮购电话	021 － 62869887

印 刷 者	苏州工业园区美柯制版印务有限责任公司
开　　本	890×1240　32 开
印　　张	13.5
字　　数	276 千字
版　　次	2019 年 8 月第 1 版
印　　次	2019 年 11 月第 2 次印刷
书　　号	ISBN 978-7-5675-8666-6/C.262
定　　价	69.80 元

出 版 人	王　焰